Die beste Lösung für nachbarschaftliche Probleme ist
Das gemeinsame Gespräch und die gegenseitige Rücksichtnahme auf der Grundlage von Gesetz und Rechtsprechung.

Wenn das Problem nur durch eine gerichtliche Auseinandersetzung zu lösen ist, dann
Gewinnen Sie das Herz des Richters!

Die aktuellen Gesetzestexte einschließlich Beispiele für Verordnungen und Satzungen finden Sie im Internet jeweils im Bereich „Recht" unter:
www.mein-schoener-Garten.de
www.das-haus.de
www.super-illu.de
www.guter-rat.de
www.focus.de
www.freizeit-revue.de
www.meine-familie-und-ich.de

Stud. jur. Andrea Schweizer
Univ.-Prof. Dr. jur. Robert Schweizer

Recht in Garten & Nachbarschaft

Grenzstreitigkeiten, Grillen, Lärm, Kinder, Feste, Rauch, Tierhaltung, Laub, Pflanzen und Einrichtungen an der Grenze, Videobeobachtung, Mord und Totschlag, Beleidigungen, Nachbarschaft unter Mietern und im Wohnungseigentum, Mobilfunkanlagen, Abfälle, Bauten, Bäume, Schattenwurf, Räum- und Streupflicht, folgenreiche Versäumnisse, Schäden, Mängel bei Käufen sowie bei der Gartenpflege, Bau- und andere Genehmigungen, Chemikalien, Verkehrssicherungs-Pflichten, Pflichten aus dem nachbarlichen Gemeinschaftsverhältnis, Treu und Glauben, Ungerechtigkeiten, Gerichts- und Anwaltsfehler, Fristen, Dachgauben und Parabolantennen, Umgang mit Wasser, Durchsetzung von Rechten und vieles anderes mehr

KOSMOS

Inhalt

A **24**
Abstand 24
Anlegen eines Gartens 24
  Muss ich beim Anlegen eines Ziergartens auf überhängende Zweige Rücksicht nehmen? 24
Antenne 24
Anwendung von Gerichtsentscheidungen 24
Ästhetische Immissionen 25
  Muss ich Gartenzwerge auf dem Grundstück meines Nachbarn dulden? 26
Aufsichtspflicht der Eltern 26
Auskünfte 28
Ausschlussfristen 29
Aussicht 30

B **30**
Ball 30
  Kann ich mich dagegen wehren, dass Bälle von Sportanlagen ständig auf mein Grundstück fallen? 30
  Darf der Nachbarjunge über den Zaun steigen, um seinen Ball zu holen? 30
Baugenehmigung 30
  Wo ist Bauen erlaubt? 31
  Ist für die Errichtung von Gartenhäuschen und Hobby-Gewächshäusern eine Baugenehmigung erforderlich? 31
Baukran 32
Baulärm 33
Baum 33
  Darf ich meinen Baum fällen oder zurückschneiden? ... 33
  Darf eine Eibe als giftige Pflanze gefällt werden, obwohl für sie eine Baumschutzsatzung gilt? 36
  Darf ein Baum wegen Pollenflugs gefällt werden, obwohl für ihn eine Baumschutzsatzung gilt? 37
  Muss ich Bäume in meinem Garten schneiden oder fällen, wenn der Nachbar durch den Schatten gestört wird? 37
  Muss ich höher werdende Bäume entfernen, wenn mein Mieter durch ihren Schattenwurf beeinträchtigt wird? 37
  Wer muss für den Sturmschaden aufkommen, wenn ein Baum umstürzt? 37

Muss ich meinen Baumbestand regelmäßig auf Krankheiten und
Überalterung sowie sonst auf seine Standhaftigkeit hin kontrollieren? 37
Wie verhält es sich, wenn ich auf einen angeblich bedenklichen
Zustand eines Baumes hingewiesen werde? 40
Steht mir ein Anspruch wegen Wertminderung zu, wenn die Restlebensdauer eines Baumes um die Hälfte wegen einer schuldhaften
Beschädigung der Wurzeln sinkt? 40
Wie verhält es sich bei einem Grenzbaum? 41
Bebauungsplan, Baugenehmigung 41
Gilt der Satz: „Wer zu spät kommt, den bestraft das Leben"? 42
Dürfen Sie sich wenigstens zeitlich auf irgendwelche moralischen
Grundsätze verlassen? 45
Das Ergebnis für den Leser 46
Bestehen ähnliche zeitliche Gefahren bei Baugenehmigungen? 46
Müssen Sie sich um die amtlichen Bekanntmachungen kümmern? ... 47
Welche Chancen habe ich als Nachbar gegen einen Bebauungsplan,
der ein Herz für Kinder, aber nicht für mich hat? 47
Kann ich mich darauf verlassen, dass erlaubt ist, was im Bebauungsplan steht? 47
Beleidigungen **48**
Dürfen Sie Ihren Nachbarn als „Dummschwätzer" abtun? 48
Kann ich ein Schmerzensgeld verlangen, wenn ich vom Nachbarn
beleidigt werde? 48
Wie verhält es sich mit denunzierenden Internetportalen? 49
Betreten des Nachbargrundstücks **49**
Unter welchen Umständen ist das Betreten des Nachbargrundstückes
erlaubt? 49
Darf ich für Renovierungsarbeiten das Nachbargrundstück
betreten? 50
Was ist das Notwegrecht? 50
Gibt es weiterreichende Mitnutzungsrechte? 51
Bienen **51**
Bruchteilseigentum **51**

C **52**
Chemikalien **52**
Was muss ich bei der Verwendung von Pflanzenschutzmitteln
beachten? 52
Darf ich den Zaun mit jedem Holzschutzmittel streichen? 52

D ... 52
Dachgaube ... 52
Was kann ich tun, wenn mir der Nachbar eine hässliche Gaube vor die Nase baut? ... 52

E ... 54
Einfriedung ... 54
Einsichtsmöglichkeiten ... 54

F ... 55
Fallobst ... 55
Wer muss herübergefallene Früchte beseitigen? ... 55
Was kann ich dagegen unternehmen, dass Laub, Nadeln, Blüten und Fallobst von den Bäumen des Nachbarn über den Zaun fliegen oder fallen? ... 56
Feiern im Garten ... 56
Fenster- und Lichtrecht ... 56
Früchte ... 57
Wem gehören die Früchte, die über den Zaun herüberhängen oder -fallen? ... 57
Wer darf die Früchte eines Grenzbaumes ernten? ... 57

G ... 57
Gartenabfälle ... 57
Ist das Verbrennen von Pflanzenabfällen, anderen Gartenabfällen und Müll erlaubt? ... 57
Kann ich Garten- oder Pflanzenabfälle auf dem eigenen Komposthaufen entsorgen? ... 60
Gartenfest ... 60
Kann man Gartenfeste grundsätzlich verbieten? ... 60
Was kann ich gegen häufige und laute Feiern im Garten meines Nachbarn unternehmen? ... 62
Wie kann ich mich als Eigentümer gegen Lärm-, Geruchs- und Rauchbelästigungen wehren? ... 63
Gartenhäuschen ... 64
Ist für die Errichtung von Gartenhäuschen und Hobby-Gewächshäusern eine Baugenehmigung erforderlich? ... 64
Gartenteich ... 64
Gartenzwerg ... 64
Gefälligkeiten unter Nachbarn ... 64
Der Nachbar haftet unter Umständen verhältnismäßig schnell ... 64

Entschiedene Einzelfälle 64
Wie löst man eventuelle Probleme einer Haftung aus Gefälligkeit? 65
Geruchsbelästigung 65
Können wir verlangen, dass unser Nachbar sein Hausschwein und
andere Tiere wegen der Geruchsbelästigung abschafft? 65
Was muss ich als Mieter tun, um mich gegen Lärm-, Geruchs- und
Rauchbelästigungen durch Nachbarn zu wehren? 67
Wie kann ich mich als Eigentümer gegen Lärm-, Geruchs- und
Rauchbelästigungen wehren? 67
Steht dem Nachbarn eine Entschädigung wegen Geruchsbelästigung
zu? 68
Mir ist das so peinlich, wenn Gäste kommen und es stinkt nach
Gülle. Kann ich nichts unternehmen? 68
Gewächshaus 68
Ist mein Hobby-Gewächshaus genehmigungspflichtig? 68
Grenze 69
Welchen Abstand müssen Bäume, Sträucher, Hecken und sonstige
Pflanzen von der Grenze haben? 69
Was ist ein „einzeln stehender Baum"? Ein im Juli 2008 entschiedener Rechtsstreit als Beispiel für die Mühen von Lesern zur Durchsetzung von Rechten.. 71
Kann ich von meinem Nachbarn verlangen, dass er eine zu hohe
Pflanze entfernt? 73
Mein Nachbar möchte, dass ich meinen Bambus wegen der
Abstandsbestimmung von der Gartengrenze entferne. 73
Welche Grenzabstände müssen Pflanzen hinter geschlossenen
Einfriedungen einhalten? 74
Welchen Abstand müssen Gebäude (Gartenhäuschen inbegriffen),
Sichtschutzwände und -zäune und anderes (Klettergerüst, Sitzplatz,
Spaliere, Terrassen) von der Grenze haben? 74
Wie wird der Grenzabstand gemessen? 76
Darf der Nachbar seine Garage zwanzig Zentimeter über die Grenze
bauen? 77
Muss ich einen Komposthaufen an der Gartengrenze dulden? 77
Darf ich Äste, Zweige oder Wurzeln eines Nachbarbaumes, die über
den Zaun beziehungsweise die Grenze wachsen, zurückschneiden? ... 78
Gibt es weitere Ausnahmen von dem Recht, überhängende Zweige
zurückzuschneiden? 78
Wem gehören die Früchte, die über den Zaun herüberhängen oder
fallen? 84
Kann ich verlangen, dass mein Nachbar die an die Grundstücksgrenze gesetzten Bäume und Sträucher wieder entfernt oder abholzt? 84

Ich fürchte, dass die Wurzeln der Fichte meines Nachbarn in wenigen Jahren die Platten meiner Terrasse anheben. Kann ich dagegen etwas unternehmen? ... 86
Grenzeinrichtungen, Einfriedungen ... 87
Was sind Grenzeinrichtungen, und wie dürfen sie in der Regel genutzt werden? ... 87
Muss der Teilhaber einer gemeinsamen Giebelwand Maßnahmen des anderen Teilhabers zur Wärmedämmung dulden? ... 88
Was sind Einfriedungen? ... 88
Wer trägt die Kosten für Einfriedungen? ... 88
Wer darf Grenzeinrichtungen errichten oder entfernen? ... 89
Muss ich mein Grundstück einfrieden? ... 90
An welcher Stelle muss der Zaun stehen? ... 90
Darf mein Nachbar über die Pflanzen am Grenzzaun mitbestimmen? ... 91
Was ist ein Grenzbaum? ... 91
Wem gehört der Grenzbaum, und wer darf die Früchte eines Grenzbaumes ernten? Verkehrssicherungspflicht. ... 92
Muss ich dem Fällen eines gemeinsamen Grenzbaumes zustimmen? ... 92
Darf man Hecken, Bäume oder Mauern ohne Zustimmung des Nachbarn auf die gemeinsame Grundstücksgrenze setzen? ... 94
Wie darf der Zaun gestaltet werden? ... 95
Kann ich mich auf Angaben im Bebauungsplan allein verlassen? ... 96
Grillen ... 96
Gibt es für öffentlich Flächen Grillverbote? ... 97
Kommen bei Fragen zum Grillen – wie bei anderen „Immissionen" – unterschiedliche Rechtsgrundlagen in Betracht? ... 98
Muss eine Grillanlage genehmigt werden? ... 98
Wann und wie oft ist Grillen zulässig? ... 99
Ist zu unterscheiden, je nachdem, wo und wie Sie wohnen? ... 100
Wie verhält es sich speziell in Wohnungseigentumsanlagen? ... 100
Darf ich auch als Mieter grillen? ... 101
Wie kann ich mich gegen Geruchs-, Lärm- und Rauchbelästigung wehren? ... 101
Wie können Sie gegen einen Nachbarn einen Prozess zum Grillen verlieren, obwohl sie ihn gewinnen müssten? ... 102
Kann ich mich gegen eine Gemeinde wehren, die in meiner Nachbarschaft einen Grillplatz eingerichtet hat? ... 102
Grunddienstbarkeit ... 102

H ... 103
Haftung ... 103
Hahn ... 103
Haltung von Tieren ... 103
Hammerschlags-, Leiter- und Schaufelschlagsrecht ... 103
Hecke ... 104
  Darf man Hecken, Bäume oder Mauern ohne Zustimmung des Nachbarn auf die gemeinsame Grundstücksgrenze setzen? ... 104
  Welchen Abstand müssen Bäume, Sträucher, Hecken und sonstige Pflanzen von der Grenze haben? ... 104
Hund ... 105
Muss ich das Bellen eines Hundes dulden? ... 105
  Ist die Haltung von Kampfhunden erlaubt? ... 105
  Haftet der Hundehalter? ... 105

I ... 105
Immissionen ... 105
  Was sind eigentlich „Immissionen"? ... 105
  Was sind „positive Immissionen"? ... 106
  Was macht die „negativen Immissionen" negativ? ... 106
  Was bedeutet im Unterschied dazu, dass eine Einwirkung „ideell", „ästhetisch" oder „unmoralisch" ist? ... 106
  Warum ist denn die Unterscheidung zwischen positiven, negativen und ideellen Immissionen so wichtig? ... 107
  Wohin entwickelt sich das Recht bei den Immissionen? ... 107
  Wie verhalte ich mich in meinem Fall? ... 108
Immissionsschutzgesetze ... 109
  Was sollte ich auf jeden Fall wissen, wenn mich jemand auf die „Immissionsgesetze" verweist? ... 109

K ... 110
Katze ... 110
Kinder ... 110
  Muss ich den Lärm von spielenden Kindern dulden? ... 110
  Bin ich verpflichtet, meinen Teich wegen der Nachbarkinder abzusichern? ... 110
  Was ist in Bezug auf Kinder hinsichtlich Verkehrssicherungspflichten zu beachten? ... 110
  Dürfen Kinder im Garagenhof spielen? ... 110
  Bebauungsplan und Kinder ... 111
  Baugenehmigung und Kinder ... 111

Allgemeine Tendenz zugunsten der Kinder ... 111
Kleingarten ... 111
Darf mein Kleingartenverein mir vorschreiben, wie der Garten zu gestalten ist? ... 112
Darf ich eine Gartenlaube als Wohnsitz nutzen? ... 112
Kann ich eine Entschädigung verlangen, wenn mir meine Parzelle gekündigt wird? ... 115
Wer zahlt die Pflege öffentlicher Wege in Kleingartenanlagen? ... 116
Ist die Pacht für meinen Kleingarten zu hoch? ... 116
Komposthaufen ... 116
Kann ich Garten- oder Pflanzenabfälle auf dem eigenen Komposthaufen entsorgen? ... 116
Muss ich einen Komposthaufen an der Gartengrenze dulden? ... 116

L ... 117
Lärm ... 117
Schön wäre, wenn die Lärmwitze die Wirklichkeit widerspiegelten? ... 117
Haben Sie unter Lärm zu leiden? ... 117
Wie viel Lärm aus der Nachbarschaft muss ich dulden? Wie verhält es sich bei Vereinsaktivitäten mit Musik ... 118
Welche Ruhezeiten sind einzuhalten? ... 122
Was kann man bei Ruhestörung tun? ... 124
Muss ich den Lärm von spielenden Kindern dulden? ... 124
Wann darf ich laute und lärmintensive Gartengeräte benutzen? ... 126
Muss ich Baulärm dulden? ... 126
Wie verhält es sich bei Umbau- und Renovierungsmaßnahmen? ... 127
Was tun bei Ruhestörungen durch Tiere? ... 127
Muss ich das Krähen eines Hahnes aus der Nachbarschaft dulden? ... 129
Muss ich das Bellen eines Hundes dulden? ... 130
Muss der Froschteich entfernt werden, wenn sich der Nachbar durch das Quaken der Frösche gestört fühlt? ... 131
Was kann ich gegen Verkehrslärm tun? ... 132
Handelt ein Grundstückseigentümer rechtsmissbräuchlich, wenn er umbaut und geltend macht, nun beinträchtige ihn der Lärm des Nachbarn wesentlich? ... 133
Laub ... 133
Was kann ich dagegen unternehmen, dass Laub, Nadeln, Blüten und Fallobst von den Bäumen des Nachbarn über den Zaun fliegen oder fallen? ... 133
Kann ich Schadensersatz für die Beseitigung von Laub des Nachbarn auf meinem Grundstück verlangen? ... 134
Leiterrecht ... 136

Lichtimmissionen 136
Lichtrecht 137

M 137
Mängel beim Kauf und bei Leistungen 137
   Welche Rechte habe ich bei einem Mangel, wenn ich für den Garten etwas kaufe? 137
   Habe ich ein Widerrufsrecht, wenn ich über sogenannte Fernkommunikationsmittel (Brief, Telefon, Internet, Fax, etc.) kaufe sogenannter Fernabsatzvertrag? 140
   Welche Rechte habe ich bei einem Mangel eines Werkes? 140
   Welche Rechte habe ich bei der mangelhaften Ausführung einer Dienstleistung? 142
Mauer 145
Mieter 145
   Wem gehören die Sträucher, die ich in dem von mir gemieteten Garten gepflanzt habe? 145
   Darf ich auch als Mieter grillen – so wie ich sonst die Mietsache nutzen darf? 146
   Darf und muss mein Vermieter im Garten Pflanzen setzen? Darf der Vermieter Bäume fällen? 148
   Was muss ich als Mieter tun, um mich gegen Lärm-, Geruchs- und Rauchbelästigungen durch Nachbarn zu wehren? 149
   Was kann der Mieter gegen seinen Vermieter unternehmen, wenn der Mieter von Nachbarn belästigt wird? Darf die Miete gemindert werden? 149
   Können einem Mieter auch Ansprüche gegen andere Vermieter zustehen, wenn er durch einen Nachbarn beeinträchtigt wird? 150
   Muss ich höher werdende Bäume entfernen, wenn sich mein Mieter durch ihren Schattenwurf gestört fühlt? 151
   Müssen Mieter für Pflegemaßnahmen im Garten bezahlen? 151
   Welche Besonderheiten gelten für die Nutzung des Gartens für Mieter und Eigentümergemeinschaften im Nachbarrecht? Bestätigung der Tendenz, kinderfreundlich zu entscheiden. 152
   Kann ich als Mieter wieder mitnehmen, was ich eingepflanzt habe? ... 155
   Darf der Mieter wenigstens seine Aufwendungen für die Gartenanlage ersetzt verlangen? 157
   Wer haftet dem Mieter für die Einhaltung der Räum- und Streupflicht? 157
   Haftet ein Mieter verschuldensunabhängig einem anderen Mieter? ... 157
   Das Verhältnis von Vermietern und Mietern zur Haltung von Tieren .. 157
   Rechtsunwirksame Klauseln in Formularmietverträgen 158

Die Rechtslage zur Haltung von Tieren, wenn der Mietvertrag nur
eine rechtsunwirksame Klausel oder überhaupt keine Regelung zur
Haltung von Tieren enthält 158
Ist wenigstens das Verhältnis von Vermietern und Mietern zur
Haltung von Kleintieren ganz klar? 158
Mobilfunk 159
Kann ich etwas gegen den Plan eines Nachbarn unternehmen, eine
Mobilfunkanlage auf seinem Grundstück zuzulassen? 159
Was sind die öffentlich-rechtlichen Grundlagen? 160
Hilft mir der privatrechtliche Nachbarschutz? 160
Können wenigstens meine Bekannten als Miteigentümer in einer
Wohnanlage etwas erreichen? 161
Wie finde ich weitere Urteile? 162
Moralisches Empfinden 162

N 162
Nachbarliches Gemeinschaftsverhältnis 162
Nachbarrechtlicher Ausgleichsanspruch, auch: bürgerrechtlicher Aufopferungsanspruch 163
Nachbarschaftshilfe 164
Naturschutz 164
Normenkontrolle 165
Notwegrecht 165

P 166
Parabolantennen 166
Muss ich es hinnehmen, dass mein Nachbarhaus noch stärker mit
Parabolantennen verschandelt wird? 167
Welche Rechte haben Mieter gegenüber Eigentümern zu Parabolantennen? 167
Wie verhält es sich zu Parabolantennen in einer Gemeinschaft von
Wohnungseigentümern? 169
Habe ich richtig gehört, dass ein Teil der deutschen Rechtsprechung
wegen des Europarechts infrage gestellt ist? 170
Kann ich verlangen, dass ich gleich behandelt werde? 170
Kann ein Anspruch auf Entfernung einer Parabolantenne verwirkt
werden? 170
Pflanzen 170
Kann ich als Mieter wieder mitnehmen, was ich eingepflanzt
habe? 170
Wann haftet ein Gartenbauunternehmer für das Eingehen oder
Absterben von Pflanzen? 171

Pflanzenabfälle 171
Pflanzenschutzmittel 172
  Was muss ich bei der Verwendung von Pflanzenschutzmitteln
  beachten? 172
Pollenflug 173
  Kann ich von meinem Nachbarn die Beseitigung von Birken fordern,
  wenn ich auf ihre Pollen allergisch reagiere? 173
  Wo aber muss unbedingt Schluss sein mit einer duldsamen
  Rechtsprechung? 173
  Können sich Pollen auf die Anwendung einer Baumschutzsatzung
  auswirken? 174

R 175
Rasenmäher 175
  Wann darf ich laute und lärmintensive Gartengeräte benutzen? 175
Rauchbelästigung 175
  Was muss ich als Mieter tun, um mich gegen Lärm-, Geruchs- und
  Rauchbelästigungen zu wehren? 175
  Wie kann ich mich als Eigentümer gegen Lärm-, Geruchs- und
  Rauchbelästigungen wehren? 175
Räum- und Streupflicht 175
  Wer ist für das Schneeräumen auf dem Gehweg zuständig, und
  wann besteht eine Räum- und Streupflicht? 175
  Muss ich ein Schneefanggitter anbringen? 177
  Besteht bei öffentlichen und privaten Parkplätzen eine Räum- und
  Streupflicht? 178
Rechtsanwaltshaftung 178
  Was ist, wenn meinem Anwalt ein Fehler unterläuft? 178
Rechtsdurchsetzung 179
  Wie mache ich mein Recht geltend? 179
  Was besagen die Bezeichnungen: „Freiwilliges Schiedsverfahren",
  „Schlichtung bei Privatklageverfahren" und die soeben erwähnte
  „Obligatorische außergerichtliche Schlichtung als Prozessvoraus-
  setzung"? 180
  Können Sie mir einen Beispielfall schildern, bei dem ich zuerst ein
  solches verbindliches Schlichtungsverfahren führen muss? 181
  Schildern Sie mir nun doch ausführlicher, wann ein Schlichtungs-
  verfahren vorgeschaltet werden muss, und was die wichtigsten
  Grundsätze eines solchen Verfahrens sind? 182
  Können Sie mir eine Übersicht zu den einzelnen landesrechtlichen
  Regelungen geben? 184
  Soll ich einen vom Gericht vorgeschlagenen ergleich annehmen? 186

Rechtsmissbrauch 186
Rechtsschutzversicherung 187
Regenwasser 187
Renovierungsarbeiten 187
Richtwerte, technische Standards 188
Rücksichtnahme 189
Ruhestörung 189

S 189
Schäden durch fremde Einwirkungen, wie durch Sturm und Regen, durch Tiere und durch Vertiefung des Nachbargrundstücks 189
Wer trägt den Schaden, wenn Geröll, Erde oder Wasser über die Grundstücksgrenze gelangen? 190
Wer muss für den Sturmschaden aufkommen, wenn ein Baum umstürzt? 190
Wer muss für den Sturmschaden aufkommen, wenn Dachziegel herabfallen? 192
Wie kann ich mich bei Sturmschäden absichern? 194
Haftet der Nachbar, wenn mich eine Vertiefung seines Grundstücks schädigt? 195
Wer haftet für Schäden, die Tiere verursachen? 195
Schattenwurf 195
Muss mein Nachbar in seinem Garten Bäume schneiden oder fällen, wenn ich durch den Schatten gestört werde? 195
Schlichtung 197
Schnee 198
Wer ist für das Schneeräumen auf dem Gehweg zuständig und wann besteht eine Räum- und Streupflicht? 198
Muss ich ein Schneefanggitter anbringen? 198
Besteht bei öffentlichen und privaten Parkplätzen eine Räum- und Streupflicht? 198
Wer haftet für Schäden, die von herunterrutschendem Schnee und Eis verursacht werden? 198
Sichtschutz 201
Darf ich einen beliebigen Sichtschutz errichten? 201
Welchen Abstand muss die Sichtschutzwand oder der Sichtschutzzaun von der Grenze haben? 203
Straftaten 203

T 205

Tauben 205
Teich und Schwimmbecken im Freien 205
 Bin ich verpflichtet, meinen Teich und mein Schwimmbecken wegen der Nachbarkinder abzusichern? 205
 Braucht ein großer Gartenteich eine Genehmigung? 209
 Wie verhält es sich, wenn ich für meinen Teich ein oberirdisches Gewässer, zum Beispiel einen Bach, nutzen will? 210
Tiere im Garten und in der Nachbarschaft 210
 Darf der Nachbar in seinem Garten Tauben züchten? 210
 Dürfen Städte und Gemeinden verbieten, verwilderte Tauben zu füttern? 211
 Darf ich die Bienen des Nachbarn töten, wenn sie über den Zaun fliegen? 211
 Ist die Haltung von Kampfhunden erlaubt? 211
 Ganz allgemein: Kann Nachbarn und Mietern verboten werden, Tiere im Garten oder im Haus zu halten, und kann man mir die Tierhaltung untersagen? 211
 Können wir verlangen, dass unser Nachbar sein Hausschwein wegen der Geruchsbelästigung abschafft? 213
 Muss ich das Bellen eines Hundes dulden? 213
 Muss ich das Krähen eines Hahnes aus der Nachbarschaft dulden? ... 213
 Muss ich fremde Katzen auf meinem Grundstück dulden? 213
 Was tun bei Ruhestörungen durch Tiere? 215
 Wer haftet für Schäden, die fremde Haustiere, zum Beispiel ein Hund, anrichten? 215
Tiere in der Wohnungseigentümergemeinschaft 216
 Gelten für das Leben in der Wohnungseigentümergemeinschaft Besonderheiten? 216
Die Haltung von Tieren im Mietverhältnis 218
Traufrecht 218
 Was ist ein Traufrecht? 218
Treu und Glauben 218

U 220

Überbau 220
Unkraut in Nachbars Garten 221
Unterlassung 222

Inhalt | 17

V **223**
Vergleich 223
Verjährung 225
Verkehrsauffassung 225
Verkehrssicherungspflicht 226
  Wer trägt die Verkehrssicherungspflicht und was besagt sie in wenigen Worten? 226
  Besteht eine Verkehrssicherungspflicht für Trampelpfade? 227
  Welche Verkehrssicherungspflichten bestehen? 227
  Wie verhält es sich im Besonderen mit der Verkehrssicherungspflicht in Bezug auf Kinder? 228
  Was muss bei Bäumen bezüglich der Verkehrssicherungspflicht beachtet werden? 229
  Wie verhält es sich bei Laub? 229
  Muss ich bei einer schadhaften Dachrinne etwas unternehmen? 230
  Hafte ich, wenn jemand aus meinem Vorgarten einen Betonklotz auf die Straße bringt? 230
  Wie muss bei einem Mietshaus die Garagenein- und -ausfahrt gesichert werden? 230
Versicherung 230
Vertragsauslegung 231
Videobeobachtung 231

W **233**
Wäschespinne 233
  Darf ich in einer Wohnanlage eine Wäschespinne aufstellen? 233
Wasser 233
  Wer trägt den Schaden, wenn Geröll, Erde oder Wasser über die Grundstücksgrenze gelangen? 234
    Muss ich dulden, dass Regenwasser oder Wasser vom Nachbarn auf mein Grundstück läuft? 234
    Muss ich zulassen, dass mein Nachbar das auf seinem Grundstück anfallende Regenwasser über eine auf meinem Grundstück befindliche Rinne ableitet? 235
    Gehört dem Grundstückseigentümer auch das Grundwasser? 235
    Darf ich Gießwasser aus dem Bach bei meinem Grundstück oder auf meinem Grundstück nehmen? 235
    Wie verhält es sich, wenn ich für meinen Teich oberirdische Gewässer nutzen will? 236
    Welche Bestimmungen gelten für das Abwasser 236
Widerrufsrecht 236

Windkraftanlagen 236
Wohnanlage, Wohnungseigentum 239
Wohnwagen 240
   Muss die optische Beeinträchtigung durch einen Wohnwagen
   geduldet werden? 240
   Welche öffentlich-rechtlichen Vorschriften müssen eingehalten
   werden? 240
   Wo kann ich mich erkundigen? 240
   Muss der Wohnwagen einen genehmigten Stellplatz haben? 240
   Sollte ein Wohnwagen regelmäßig wieder in Betrieb genommen
   werden? 241
   Ist für einen Wohnwagen eine Baugenehmigung erforderlich? 241
Wurzeln 241

Z 242
Zaun 242
   Was sind Einfriedungen? 242
   Muss ich mein Grundstück einfrieden? 242
   Wer trägt die Kosten für Einfriedungen? 242
   An welcher Stelle muss der Zaun stehen? 242
   Wie darf der Zaun gestaltet werden? 242
   Darf ich den Zaun mit jedem Holzschutzmittel streichen? 242
   Was kann ich dagegen unternehmen, dass Laub, Nadeln, Blüten
   und Fallobst von den Bäumen des Nachbarn über den Zaun
   fliegen? 243
   Darf mein Nachbar über die Pflanzen am Grenzzaun mitbe-
   stimmen? 243
Zuständige Behörden 243
Zweige 243

Vorwort zur dritten Auflage

Die Erfahrungen mit den ersten beiden Auflagen sprechen dafür, dass dieses Buch die in der Praxis auftretenden Fragen verhältnismäßig vollständig beantwortet. Auch für Juristen. Dieses Buch möchte nicht nur eine erste Hilfe geben. In der Regel wollen sich die Leser – oft zu speziellen Fragen – eingehender informieren. Eine erste Hilfe kann nach unseren Erfahrungen zum Garten- und Nachbarrecht sogar irreführen, wenn gerade Ihr Problem abweichend von Grundzügen zu beurteilen ist. Unser Ziel ist, dass Sie sich auch bei schwierigen Fällen orientieren können. Wir schildern deshalb auch die Hintergründe.

Das Buch beschränkt sich nicht auf das „Gartenrecht" im üblichen Sinne. Es befasst sich in einem weiten Sinne mit den Themen um den Garten einerseits und um Nachbarschaftsverhältnisse andererseits; bis hin zu Mängeln in der Gartenpflege durch Dienstleister und zu Nachbarschaftsproblemen innerhalb des Hauses und der Wohnanlage sowie zu Störungen durch Parabolantennen und Mobilfunkanlagen.

Den erforderlichen Raum gewinnen wir vor allem dadurch, dass wir auf einen Anhang verzichten können. Nahezu alle im Buch erwähnten Gesetze und Gerichtsentscheidungen haben wir in die Internet-Urteilsdatenbanken der von uns betreuten Zeitschriften eingestellt. Sie finden die Internet-Adressen dieser Zeitschriften auf der Rückseite des ersten Blattes dieses Buches. Die beiden Bestimmungen, die das Buch am häufigsten nennt, führen wir am Ende dieses Vorworts auf.

Wenden Sie sich bitte an uns Autoren (R. und A. Schweizer, Arabellastraße 21, 81925 München; E-Mail: andrea.schweizer@schweizer.eu), wenn Sie eine Frage in diesem Buch nicht beantwortet finden. Interessiert Ihre Anfrage allgemein, werden wir sie in die nächste Auflage einarbeiten und Sie, liebe anfragenden Leserinnen und Leser, möglichst vorab verständigen.

Unser Ziel ist, dass sich der Kauf dieses Buches für Sie auch wirklich lohnt. Bitte benutzen Sie das Register, das Sie am Ende dieses Buches finden. Ihre Frage – zum Beispiel zu Ihrem oder des Nachbars „Baum" – kann in verschiedenen Abschnitten Bedeutung gewinnen. Im Register sind unter „Baum" alle Seiten aufgeführt, auf denen wir etwas zu Bäumen ausführen.

Die Korrespondenz zwischen den Lesern und den Autoren hat sich vielfach bewährt. Leser haben über Streitigkeiten und – mitunter negative – Erfahrungen mit Gerichten berichtet. Beim Recht in Garten und Nachbarschaft handelt es sich um ein Rechtsgebiet, bei dem auch nicht jeder alle Einzelheiten nach dem neuesten Stand kennt. Es kommt vor, dass wichtige Aspekte nicht gesehen werden. In den meisten Fällen konnten die anfragenden Leser und ihre Anwälte noch rechtzeitig reagieren. Es zeigt sich aber auch, dass ein einmal rechtskräftiges Urteil in aller Regel nicht mehr aus der Welt geschafft werden kann. Es gibt geradezu tragische Fälle. So hat ein Leser noch alles gegen ein rechtskräftiges Urteil versucht – beim Bundesverfassungsgericht und später noch beim Präsidenten dieses Gerichts, beim zuständigen Petitionsausschuss und bei anderen politischen Instanzen – alles vergeblich. Über die uns geschilderten Erfahrungen der Leser berichten wir in den jeweiligen Abschnitten.

Seitdem im Januar 2007 die zweite Auflage abgeschlossen worden ist, wurden Woche für Woche neue Entscheidungen verkündet. Wir haben uns bemüht, alle neuen Entscheidungen in die nun schon dritte Auflage dieses Buches einzuarbeiten. Einige neue Urteile des Bundesgerichtshofs (BGH) zu Themen, zu denen sich der BGH bislang noch nicht geäußert hatte, lassen die bisherige Rechtsprechung der Amts-, Land- und Oberlandesgerichte teilweise in einem neuen Lichte erscheinen. Die zweite Auflage wurde somit nicht nur stark erweitert, sondern auch vollständig überarbeitet.

Die Rechtsfragen zum Garten- und Nachbarrecht sind viel wichtiger, als man annehmen möchte. Unzählige Leserzuschriften sprechen eine eindeutige Sprache: Einerseits entnervte und ratlose Nachbarn, denen wirklich das Leben vergällt wird; andererseits aber auch ausgesöhnte Leser, nachdem sie eine Auskunft erhalten, einen Artikel gelesen oder sich einen Chat angesehen haben. Warum ausgesöhnt? Selbst solche Leser haben sich schon bedankt, für welche sich die Rechtslage verhältnismäßig ungünstig darstellte. Sie mussten sich nichts vergeben, wenn sie dem Nachbarn die schriftliche Auskunft zeigten, den Artikel lesen ließen oder über den Chat berichteten, und so den Nachbarn beeindruckten. Mitunter kann ein in den Briefkasten eingeworfener Artikel mit drei Wörtern am Rande eines Artikels Nachbarn, die nicht mehr miteinander reden, wieder zusammenbringen. Allerdings:

Oft ist es leider eine Illusion anzunehmen, es sei möglich, sich vernünftig zu verständigen und ohne gerichtliche oder polizeiliche Hilfe auszukommen. In den Abschnitten „Lärm" zum Beispiel berichten wir über Fälle, bei denen Nachbarn zu schwersten Straftaten getrieben worden sind.

Zu Prozessen zwingt leider auch die Rechtsprechung oft selbst. Vielfach halten die Gerichte ihre Urteile so allgemein, dass bei künftigen Streitigkeiten anderer Nachbarn jeder nach Lektüre des Urteils meinen kann, dieses Urteil spreche für ihn. In solchen Fällen bleibt dann mitunter leider nichts anderes übrig, als den Einzelfall vom zuständigen Gericht entscheiden zu lassen. Wir weisen in diesem Buch jeweils auf die von der Rechtsprechung verursachten Probleme hin und raten, wie die Betroffenen vorgehen sollten. Viele Beispielsfälle finden Sie, wenn Sie im Register die Seiten nachlesen, auf die unter dem Stichwort „Dezisionismus" verwiesen wird.

Wir weisen darauf hin, wenn wir annehmen, dass sich ein Gesetz oder die Rechtsprechung ändern wird oder nach unseren Erfahrungen geändert werden sollte; so zum Beispiel im Abschnitt „Schattenwurf". Auf verfassungsrechtliche Bedenken machen wir ebenfalls aufmerksam; vor allem in dem Abschnitt „Bebauungsplan, Baugenehmigung".

Solcher Hinweise bedarf es schon deshalb, weil Leserinnen und Leser viel öfter, als die meisten vermuten, mit Urteilen und Verhaltensweisen der Behörden konfrontiert werden, bei denen sie sich sagen, dass so etwas doch überhaupt nicht sein kann.

Bitte blättern Sie gelegentlich auch einfach in dem Buch. Abgesehen davon, dass der Gartenfreund, hoffen wir, interessante Fälle findet: Sie werden vermutlich entdecken, dass Sie das eine oder andere unternehmen müssen. So etwa gegen Nachbar-Bäume an der Grenze, die Sie im Moment nicht stören, wohl aber zu einer Zeit grenzenlos ärgern würden, zu welcher der Beseitigungsanspruch verjährt wäre oder eine Ausschlussfrist entgegenstünde.

Wir gehören übrigens dem Gartenbauverein Icking an.

Der Verlag hat uns bestmöglich betreut. Ohne die frühere Redaktionsleiterin Frau Dipl.-Ing. agr. Angelika Throll würde es dieses Buch bis heute nicht geben. Frau Dipl.-Ing. agr. Carolin Küßner hat diese 3. Auflage geschickt und schnell bewerkstelligt. Die Arbeit mit den Redaktionen und Verlagsleitungen der von uns betreuten Zeitschriften, beginnend mit „mein schöner Garten", hat stets allergrößte Freude bereitet.

Hier nun noch, wie oben angekündigt, die beiden am häufigsten in diesem Buch aufgeführten Bestimmungen:

§ 906 BGB Zuführung unwägbarer Stoffe
(1) Der Eigentümer eines Grundstücks kann die Zuführung von Gasen, Dämpfen, Gerüchen, Rauch, Ruß, Wärme, Geräusch, Erschütterungen und ähnliche von einem anderen Grundstück ausgehende Einwirkungen insoweit nicht verbieten, als die Einwirkung die Benutzung seines Grundstücks nicht oder nur unwesentlich beeinträchtigt. Eine unwesentliche Beeinträchtigung liegt in der Regel vor, wenn die in Gesetzen oder Rechtsverordnungen festgelegten Grenz- oder Richtwerte von den nach diesen Vorschriften ermittelten und bewerteten Einwirkungen nicht überschritten werden. Gleiches gilt für Werte in allgemeinen Verwaltungsvorschriften, die nach § 48 des Bundes-Immissionsschutzgesetzes erlassen worden sind und den Stand der Technik wiedergeben.
(2) Das Gleiche gilt insoweit, als eine wesentliche Beeinträchtigung durch eine ortsübliche Benutzung des anderen Grundstücks herbeigeführt wird und nicht durch Maßnahmen verhindert werden kann, die Benutzern dieser Art wirtschaftlich zumutbar sind. Hat der Eigentümer hiernach eine Einwirkung zu dulden, so kann er von dem Benutzer des anderen Grundstücks einen angemessenen Ausgleich in Geld verlangen, wenn die Einwirkung eine ortsübliche Benutzung seines Grundstücks oder dessen Ertrag über das zumutbare Maß hinaus beeinträchtigt.
(3) Die Zuführung durch eine besondere Leitung ist unzulässig.

§ 1004 BGB Beseitigungs- und Unterlassungsanspruch
(1) Wird das Eigentum in anderer Weise als durch Entziehung oder Vorenthaltung des Besitzes beeinträchtigt, so kann der Eigentümer von dem Störer die Beseitigung der Beeinträchtigung verlangen. Sind weitere Beeinträchtigungen zu besorgen, so kann der Eigentümer auf Unterlassung klagen.
(2) Der Anspruch ist ausgeschlossen, wenn der Eigentümer zur Duldung verpflichtet ist.

Irschenhausen vor München, 6. Januar 2009
Univ.-Prof. Dr. jur. Robert Schweizer
stud. jur. Andrea Schweizer

A

Abstand

Fragen zu Grenzabständen werden unter dem Stichwort „Grenze" (Seite 69) beantwortet.

Anlegen eines Gartens

? *Muss ich beim Anlegen eines Ziergartens auf überhängende Zweige Rücksicht nehmen?*

Beim Anlegen eines Ziergartens muss berücksichtigt werden, dass überhängende Äste, die Schatten auf die neuen Pflanzen werfen, unter Umständen geduldet werden müssen (Oberlandesgericht Köln, Aktenzeichen: 11 U 6/96). Einzelheiten und Gesamtzusammenhang siehe: „Darf ich Äste, Zweige oder Wurzeln eines Nachbarbaumes, die über den Zaun beziehungsweise die Grenze wachsen, abschneiden?" (Seite 78).

Antenne

Besonders heftig umstritten sind störende Parabolantennen. Die Problematik wird deshalb unter „Parabolantennen" (Seite 166) beschrieben. Siehe auch „Mobilfunk" (Seite 159) und „Immissionen" (Seite 105).

Anwendung von Gerichtsentscheidungen

Gerichtsentscheidungen ergehen jeweils zum Einzelfall. Oft entscheiden Richter sogar nach ihren eigenen höchst persönlichen Vorstellungen, die von denen anderer Richter abweichen können. Deshalb begegnet Ihnen in diesem Buch immer wieder ein Hinweis auf den „Dezisionismus". Siehe zu dieser Problematik bitte vor allem den Abschnitt: „Treu und Glauben" (Seite 218) sowie im Register die Seitenhinweise beim Stichwort „Dezisionismus".

Dennoch ist es höchst nützlich für Sie, Gerichtsentscheidungen, die mit Ihrem Fall zu tun haben, heranzuziehen. Es vergeht kein Monat, in dem wir, die beiden Autoren, nicht von einem Rechtsstreit erfahren, in dem wichtige Entscheidungen ohne ersichtlichen Grund außer Acht gelassen worden sind. Die Gerichte sind zwar an die Entscheidungen anderer Gerichte nicht gebunden. Aber selbstverständlich ist es für jeden Richter interessant, wie ein anderes Gericht entschieden hat. Oft gewinnt der Richter einen anderen Blick. Meist weicht ein Gericht nur ungern von einer bereits von einem anderen Gericht vertretenen Rechtsansicht ab. Gerichte wissen, wie wichtig für den Bürger Rechtssicherheit ist. Von einer Entscheidung des Bundesgerichtshofs weichen Gerichte so gut wie nie ab; auch deshalb nicht, weil sie damit rechnen müssten, dass ihr Urteil von der höheren Instanz aufgehoben werden würde. Entscheidungen des Bundesverfassungsgerichts binden grundsätzlich jeden Richter.

Allerdings, machen Sie sich nichts vor. Wenn Ihr „Fall" von einem bereits beurteilten Sachverhalt etwas abweicht, müssen Sie selbstkritisch prüfen, ob diese Abweichung verbietet, ein bereits vorliegendes Urteil auch für Ihren Fall heranzuziehen.

Andererseits ist es durchaus möglich, Urteile auf andere Rechtsgebiete auszudehnen. So kann ein zu Wohnungseigentümern erlassenes Urteil auch für Streitigkeiten unter Mietern hilfreich sein. Es gilt der „Grundsatz der Gleichbewertung des Gleichsinnigen". Es gibt noch weitere Auslegungsgrundsätze. So zum Beispiel der Grundsatz, dass ein Fall nach dem Sinn und Zweck einer Norm dann erst recht so zu entscheiden ist wie ein bereits beurteilter Fall. Die Rechtsmethodiker sprechen hier von einem „argumentum a majore ad minus".

Das ist schon schwierige Juristerei. Wenden Sie sich an uns, wie wir es schon im Vorwort angeboten haben, wenn Sie sich nicht ganz sicher sind.

Ästhetische Immissionen

Nur für spezielle Ausnahmefälle wurde schon gerichtlich eine Einwirkung verboten, weil das ästhetische Empfinden als ideelle Einwirkung verletzt wird. So in dem Fall, dass eine ortsunübliche Mauer neben einem ortsüblichen Holzzaun errichtet wurde. Anschaulich ist auch die vom Amtsgericht Münster zugunsten eines Nachbarn entschiedene Rechtsstreitigkeit: Wohl um den Nachbarn zu ärgern, wurde dem Nachbarn Schutt und Gerümpel vor die Nase gesetzt (Aktenzeichen: 29 C 80/83). Die Rechtsprechung wird sich voraussichtlich dahin entwickeln, dass ästhetische Empfindungen doch immer stärker berücksichtigt werden. Siehe auch: „Dachgaube" (Seite 52) und „Moralisches

Empfinden" (Seite 162). Einen fundierten Ein- und Überblick für eigene Fälle soll Ihnen der Abschnitt „Immissionen" verschaffen (Seite 105).

? *Muss ich Gartenzwerge auf dem Grundstück meines Nachbarn dulden?*

Grundsätzlich darf jeder in seinem Garten so viele Gartenzwerge aufstellen, wie er möchte. Ästhetische Bedenken sind kein Grund, die Zwerge entfernen zu lassen. Insoweit greift in der Regel noch die herkömmliche Vorstellung, dass „ideelle Immissionen" grundsätzlich unangreifbar sind; siehe „Immissionen" (Seite 105). Im Abschnitt „Immissionen" wird beschrieben, dass und warum die Rechtsprechung doch im Laufe der Zeit wenigstens Einzelfälle anders entscheidet. Das Paradebeispiel bildet das Urteil des Amtsgerichts Grünstadt: „Frustzwerge" (Aktenzeichen: 2a C 334/9): Die Gartenzwerge zeigten dem Nachbarn ihr Hinterteil. Wie immer muss beim Wohnungseigentum beachtet werden, dass sich auch die speziellen Bestimmungen des Wohnungseigentumsgesetzes auswirken können. Die Rechtsprechung versucht jedoch, selbst für diesen engeren Wohnbereich in der Regel die allgemeinen Grundsätze durchzusetzen, negative Immissionen also zuzulassen. So hat das Amtsgericht Recklinghausen in einem Beschluss mit dem Aktenzeichen: 9 II 65/95 einen Beschluss der Wohnungseigentümerversammlung, vier normale Gartenzwerge von einer Größe bis zu 75 cm zu entfernen, für offensichtlich rechtswidrig erklärt. Das Oberlandesgericht Hamburg hat dagegen geurteilt, dass das Aufstellen von Gartenzwergen im Gemeinschaftsgarten einer Wohnungseigentumsanlage untersagt werden dürfe, weil mit diesen Gartenzwergen die Anlage übermäßig genutzt und der optische Gesamteindruck erheblich beeinträchtigt werde (Aktenzeichen: 2 W 7/78). Wie stets, diese Gerichtsentscheidungen finden Sie in der Urteilsdatenbank der von uns betreuten Zeitschriften.

Aufsichtspflicht der Eltern

Die in § 832 des Bürgerlichen Gesetzbuches geregelte Aufsichtspflicht der Eltern gewinnt zu mehreren Themen dieses Buches Bedeutung. Siehe zum Beispiel den Abschnitt: „Bin ich verpflichtet, meinen Teich oder mein Schwimmbecken wegen der Nachbarkinder abzusichern?" (Seite 110). In einem weiten Sinne handelt es sich bei der Aufsichtspflicht um eine speziell geregelte Verkehrssicherungspflicht. Wörtlich hat der Bundesgerichtshof erklärt: „Das Risiko, das von Kindern für unbeteiligte Dritte ausgeht, soll nach dem Grundgedanken des § 832 in erster Linie von den Eltern (oder sonst Aufsichtspflichtigen) getragen werden, denen es eher zuzurechnen ist als dem unbeteiligten Dritten, zumal es in zumutbarer Weise versicherbar ist", Aktenzeichen: VI ZR 263/81. Deshalb geht die Aufsichtspflicht der Eltern der allgemeinen Verkehrssicherungspflicht eines Grundstückseigentümers vor; siehe dazu auch die Antwort auf die soeben schon erwähnte Frage: „Bin ich verpflichtet, meinen Teich oder mein Schwimmbecken wegen der Nachbarkinder abzusichern?" (Seite 110). Allgemein bestimmt sich der Umfang der Aufsichtspflicht nach Alter, Eigenart und Charakter des Kindes sowie Vorhersehbarkeit seines Tuns, ferner danach, was dem Aufsichtspflichtigen zumutbar ist, was also verständigen Eltern nach vernünftigen Anforderungen im konkreten Fall tun müssten (so weitgehend wörtlich das Oberlandesgericht Hamm in seinem Urteil Aktenzeichen: 30 U 194/94).

Finanziell kann sich die Verletzung der Aufsichtspflicht besonders stark auswirken, wenn Kinder in Nachbarhäusern zündeln. Einige wichtige Entscheidungen zu zündelnden Kindern:
Der Bundesgerichtshof (BGH) hat in mehreren Entscheidungen zu Streichhölzern dargelegt, dass der Schwerpunkt der Erziehung bei der Aufklärung über die Gefährlichkeit der Verwendung von Streichhölzern und bei der Kontrolle über einen etwaigen Besitz der Streichhölzer liegt. Mit dieser Erziehung endet die Aufsichtspflicht jedoch hinsichtlich Streichhölzern nicht. So müssen Streichhölzer grundsätzlich so verwahrt werden, dass Kinder sie nicht ohne Weiteres erblicken und erreichen können; so der BGH in dem schon erwähnten Urteil Aktenzeichen: VI ZR 263/81 für ein siebenjähriges Kind.

Von Eltern kann aber nicht verlangt werden, „einem noch nicht sieben Jahre alten Kind durch geeignete Maßnahmen das Verbot des psychischen Beistandleistens beim gefährlichen Spiel anderer – hier Spiel mit dem Feuer – zu vermitteln" (Bundesgerichtshof, Aktenzeichen: VI ZR 205/89). Mit „psychischem Beistandleisten" ist gemeint, dass das Kind den Zündelnden aufmuntert oder in ähnlicher Weise unterstützt. Lässt sich nur feststellen, dass ein Kind lediglich anwesend war, so muss für dieses Kind bei einer Brandstiftung nicht gehaftet werden (Oberlandesgericht Oldenburg, Aktenzeichen: 15 U 36/04).

> **DER FALL – GROSSSCHADEN – SCHEUNE ABGEBRANNT**
>
> Für viele Eltern beruhigend ist ein Urteil des Oberlandesgerichts Celle vom 13.12.2006 mit dem Aktenzeichen: 4U 99/06 zur Verkehrssicherungspflicht der Eltern einerseits und speziell zu den Grenzen der elterlichen Aufsichts- und Belehrungspflicht andererseits. Dieses Urteil respektiert, dass einem Kind „ein Freiraum gegeben werden muss, in dem das Kind sich eigenständig bewegen kann, um seine Entwicklung zur Selbstständigkeit nicht zu gefährden". Entschieden hat das OLG Celle einen aufsehenerregenden Fall: Ein Achtjähriger hatte in der Nachbarschaft ein Bündel Stroh mit einem Feuerzeug angesteckt und so eine Scheune in Brand gesetzt. Der Nachbar verlangte einen Schadensersatz von 68.195 Euro; diesen Schaden hatte die Versicherung nicht ersetzt. Das Gericht nahm an, es sei nicht erforderlich gewesen, das Kind auf Schritt und Tritt zu überwachen.

Weitere Entscheidungen zum Umfang der elterlichen Aufsichtspflicht finden Sie über das Register am Ende dieses Buches, siehe dort „Aufsichtspflicht".

Auskünfte

Öfter weisen wir darauf hin, dass Sie sich ergänzend an Ihre Gemeinde oder an andere Stellen wenden sollten; zum Beispiel, weil Gemeinden in Satzungen bestimmte Bereiche regeln dürfen. Mehrfach machen wir in diesem Buch bei einzelnen Themen darauf aufmerksam, dass Sie sich sogar erkundigen müssen, damit Sie sich sorgfältig genug verhalten. Siehe zum Beispiel die Antwort auf die Frage: „Darf ich meinen Baum fällen oder zurückschneiden?" (Seite 33).

Heute ist es für die meisten von Ihnen einfach, eine zuständige Stelle zu finden; erst recht, wenn Sie über einen Internetanschluss verfügen. Die Gemeinden listen oftmals vorbildlich, detailliert aufgeschlüsselt, die kommunalen Aufgaben im Internet auf und benennen auch gleich noch jeweils die zuständige Mitarbeiterin oder den zuständigen Mitarbeiter. Sie finden dort auch Stichworte wie: Abwasserbeseitigung – Allgemeine Fragen, Bauauskünfte, Bodenrichtwerte, Ferienprogramm, Geschirrverleih, Jugendangelegenheiten,

Ordnungsamt, Schulangelegenheiten, Soziale Angelegenheiten, Spielplätze, Umwelt- und Naturschutz. Die Gemeinde Icking beispielsweise listet 106 Aufgaben auf. Klar, dass Sie auf dem Rathaus selbst immer jemanden finden, der Ihnen weiterhilft. Wenn Sie einmal keine Auskunft über eine kommunale Angelegenheit benötigen, sondern über eine Frage unter Nachbarn, weiß man im Rathaus sicher auch, wie Sie am besten weiter vorgehen sollten.

Die Gemeinden führen im Internet meist auch alle ihre Satzungen und Verordnungen mit weiterführenden Klicks auf und fügen oftmals hinzu: „Der vollständige Satzungstext kann jederzeit über die Gemeindeverwaltung bezogen werden." Die von uns betreuten Zeitschriften weisen als Musterbeispiele die Satzungen und Verordnungen der Gemeinde Icking aus. Darüber hinaus finden Sie auf der Homepage der Gemeinden Informationen, zum Beispiel über Hunde. Wenn Sie über keinen Internetauftritt verfügen, werden Sie bestimmt unmittelbar auf dem Rathaus gut versorgt.

Allerdings: So, wie in Bundes- und Landesgesetzen nicht für alle Fälle im Vorhinein alles bedacht und absolut klar formuliert werden kann, so ist es möglich, dass die örtliche Rechtslage zweifelhaft ist. Dem die Auskunft erteilenden Beamten ist vielleicht die Zweifelhaftigkeit gar nicht bewusst. Das heißt, auch wenn nicht der geringste Grund besteht, einem Beamten oder einem anderen Mitarbeiter zu misstrauen, sollten Sie Auskünfte nicht stets unbesehen hinnehmen. Wenn die Auskunft aus etwas Geschriebenem abgeleitet wird, wie meist, empfiehlt es sich, den gesamten Text selbst zu lesen und zu hinterfragen.

Ausschlussfristen

Eine Ausschlussfrist unterscheidet sich von der Verjährung durch ihre Wirkung. Bei der Ausschlussfrist endet das Recht mit Ablauf der Frist. Bei einer Verjährung darf der Verpflichtete die Leistung zwar auch verweigern, aber rechtlich besteht der Anspruch noch. Welche Ausschlussfristen beachtet werden müssen, erwähnen wir jeweils im Zusammenhang bei den einzelnen Themen.

Aussicht

Es gibt in der Regel kein Recht darauf, dass der Nachbar einem Grundstückseigentümer nicht die Aussicht verschlechtert. Es verhält sich ebenso wie beim fehlenden Schutz vor Einsichtsmöglichkeiten; siehe „Einsichtsmöglichkeiten" (Seite 54).

B

Ball

? *Kann ich mich dagegen wehren, dass Bälle von Sportanlagen ständig auf mein Grundstück fallen?*

Aufgrund des nachbarrechtlichen Gemeinschaftsverhältnisses muss geduldet werden, dass gelegentlich ein Ball zurückgeholt wird. Wird dagegen häufig gestört, kann der Eigentümer das Betreten des Grundstückes und das Herüberfliegen der Bälle abwehren (§ 1004 Bürgerliches Gesetzbuch). Er kann verlangen, dass ein Fangnetz aufgespannt wird. Schäden, die durch die Bälle oder das Betreten des Grundstückes verursacht werden, müssen im Allgemeinen ersetzt werden (§ 823 Absatz 1 Bürgerliches Gesetzbuch). Es fehlt Rechtsprechung, die genaue Grenzen zieht. Das rührt auch daher, dass es letztlich einzelfallbezogen darauf ankommt, was sich aus Treu und Glauben ergibt. Siehe Schlagwort: „Treu und Glauben" (Seite 218).

? *Darf der Nachbarjunge über den Zaun steigen, um seinen Ball zu holen?*

Siehe „Unter welchen Umständen ist das Betreten des Nachbargrundstückes erlaubt?" (Seite 49).

Baugenehmigung

Siehe auch den Abschnitt „Bebauungsplan, Baugenehmigung" (Seite 41). In diesem Abschnitt berichten wir über ein anschauliches Beispiel zu dem Thema: Es kann vorkommen, dass Sie als Nachbar mehr oder weniger rechtlos gegen eine Sie beeinträchtigende Baugenehmigung sind, wenn es einem Bauherrn gelingt, die Verwaltung auf seine Seite zu bringen. Bis die Gerichte entscheiden, kann der Bauherr Fakten schaffen, die sich nicht mehr rückgängig machen lassen, – auch wenn sie noch so rechtswidrig sind. Siehe aber auch Schlagwort: „Nachbarrechtlicher Ausgleichsanspruch, auch: bürgerrechtlicher Aufopferungsanspruch" (Seite 163).

? Wo ist Bauen erlaubt?

Ob man im Garten bauen darf, hängt von dem Bereich ab, in dem sich Ihr Garten befindet. Liegt er in einem sogenannten Planbereich, gibt es einen klaren Bebauungsplan, der regelt, was gebaut werden darf und was nicht. Im sogenannten Innenbereich von Ortschaften darf grundsätzlich gebaut werden, was sich optisch in die Umgebung einfügt. Im Außenbereich ist nur eine eingeschränkte Bautätigkeit möglich. Wir dürfen uns hier wohl kurz fassen, weil Sie zum Bauen ohnehin Experten zuziehen werden.

? Ist für die Errichtung von Gartenhäuschen und Hobby-Gewächshäusern eine Baugenehmigung erforderlich?

Es ist von den Bauordnungen des jeweiligen Bundeslandes abhängig, ob Sie für das Errichten eines Gartenhäuschens oder Geräteschuppens eine Baugenehmigung benötigen. Die Bauordnungen aller Bundesländer haben wir für Sie in die Internet-Datenbanken der von uns betreuten Zeitschriften eingestellt. Für kleine Gebäude ist oft keine Genehmigung erforderlich. Entscheidend ist dabei der Rauminhalt, der Grenzwert wird in Kubikmetern angegeben. Oft gelten dabei für Innen- und Außenbereiche von Ortschaften unterschiedliche Regelungen. So ist beispielsweise in Niedersachsen ein Gartenhäuschen innerhalb der Ortschaft mit einer Größe von über 6 Kubikmetern genehmigungspflichtig, während in Bayern Gartenhäuschen innerhalb der Ortschaft erst ab einer Größe von 75 Kubikmetern genehmigungspflichtig sind. Wollen Sie Ihr Gartenhäuschen allerdings mit Feuerstelle und Toilette ausstatten, und wäre es somit zum Wohnen geeignet, brauchen Sie nach den Bauordnungen aller Bundesländer auf jeden Fall eine Genehmigung, auch wenn der Rauminhalt unter dem Grenzwert liegt. Vergewissern Sie sich vorsorglich auf Ihrem Rathaus (zuständig ist die Baubehörde). Sie riskieren sonst einen Baustopp, Beseitigungsverfahren und Bußgelder.

Für das Errichten von Hobby-Gewächshäusern gibt es in Deutschland – wie für Gartenhäuschen – keine bundesweit einheitlichen Vorschriften. Das Bauordnungsrecht liegt in der Hand der einzelnen

Bundesländer. Die entsprechenden Vorschriften stehen wie für Gartenhäuschen in den jeweiligen Landesbauordnungen. In der Regel sind die im Handel angebotenen Kleingewächshäuser – im Gegensatz zu Wintergärten – nicht genehmigungspflichtig. Dies gilt grundsätzlich nur, solange sie keinen Aufenthaltsraum bieten, über keine Feuerstelle verfügen und eine bestimmte Firsthöhe nicht überschreiten. Erkundigen Sie sich vorsorglich noch auf Ihrem Rathaus (bei der Baubehörde).

Vorsicht: Dieser Abschnitt befasst sich nur mit der Baugenehmigung. Auch wenn es für ein Gartenhäuschen oder für ein Gewächshaus keiner Baugenehmigung bedarf, kann es sein, dass Sie aufgrund anderer Bestimmungen doch noch etwas unternehmen müssen; zum Beispiel aufgrund der Baunutzungsverordnung oder aufgrund des Bundeskleingartengesetzes. Im Register finden Sie das Stichwort „Gartenhäuschen". Lesen Sie sich bitte die dort angegebenen Seiten durch. Dort finden Sie Hinweise dazu, was Sie unter Umständen sonst noch beachten müssen. So etwa zum Grenzabstand und dazu, ob die für Sie maßgebliche Baunutzungsverordnung den Bau nur an bestimmten Stellen zulässt.

Beachten Sie bitte, wie immer, wenn es um Erkundigungen geht, den Abschnitt: „Auskünfte" (Seite 28).

Baukran

Auf Baustellen kommt es häufig zur Nutzung von temporär aufgestellten überschwenkenden Baukränen. Dabei wird der Ausleger des Baukrans oft über das Nachbargrundstück bewegt. Da der Eigentümer eines privaten Grundstücks die Benutzung des Grundstücks durch andere Personen untersagen kann, muss dies grundsätzlich auch für den Luftraum gelten. Mehrmals haben schon Oberlandesgerichte und andere Gerichte entschieden: Unter privaten Nachbarn darf der Grundstückseigentümer verbieten, dass ein Baukran sein Grundstück überschwenkt. So das Oberlandesgericht Karlsruhe (Aktenzeichen: 6 U 121/91) und das Oberlandesgericht Düsseldorf (Aktenzeichen: 9 U 36/89). Der Bundesgerichtshof hat noch nicht geurteilt. Aber es ist nicht zu erwarten, dass er anders entscheiden wird. Rechtsgrundlage ist § 905 des Bürgerlichen Gesetzbuches (BGB).

Der Grundstückseigentümer muss aber schnell handeln. Wenn die Arbeiten abgeschlossen sind, kann das Gericht nur noch auf Kosten des Störers feststellen, dass sich, so der Fachausdruck, die Hauptsache erledigt hat. In Betracht kommt insbesondere eine einstweilige Verfügung. Ob § 123 des Strafgesetzbuches („Hausfriedensbruch") erfüllt ist, weil der Kranfahrer in befriedetes Besitztum eindringt, ist noch nicht entschieden worden.

Eine rein subjektiv empfundene Belästigung oder auch Bedrohung reicht aus, um ein Interesse im Sinne des § 905 Satz 1 BGB zu begründen. Das landesrechtliche Nachbarschaftsrecht ist aber zusätzlich zu prüfen.

Eine Geldentschädigung steht dem Grundstückseigentümer nicht zu.

Baulärm

Siehe „Lärm" (Seite 117).

Baum

Fragen, welche die Grenze betreffen, werden überwiegend unter „Grenze" (Seite 69) sowie „Grenzeinrichtungen, Einfriedungen" (Seite 87) beantwortet.

? *Darf ich meinen Baum fällen oder zurückschneiden?*

Wer einen Garten sein Eigen nennt, ist auch Eigentümer der darin wachsenden Bäume. Doch diese stehen seit jeher oft unter besonderem Schutz und man kann sich schadenersatzpflichtig oder strafbar machen, wenn man unberechtigt einen Baum fällt.

Galt der gefällte Baum als Naturdenkmal, ist sogar eine Gefängnisstrafe von bis zu drei Jahren möglich (§ 304 Strafgesetzbuch). Auch die Bußgelder haben es in sich: Das Fällen von acht Eichen wurde in einem Fall mit einem Bußgeld von 20.000 Euro geahndet. Auch wer bei einem alten Baum nur einen Ast absägt, kann sich einen Bußgeldbescheid einhandeln.

Unproblematisch ist nur das Fällen von kleinen, jungen Bäumen. Der sicherste Weg ist der Gang zur zuständigen Behörde in der Gemeinde, denn von der Baumschutzverordnung über das Bundeswaldgesetz bis hin zur Sorgfaltspflicht muss vor dem Fällen einiges beachtet werden. Die Baumschutzverordnungen einiger Gemeinden verbieten das Fällen oder Zurückschneiden von Bäumen oder Sträuchern ab einer bestimmten Größe und einem bestimmten Alter, sowie das Entfernen von Wurzeln. Eine Ausnahmegenehmigung kann zwar jeder beantragen, sie wird aber nur selten erteilt – zum Beispiel bei kranken oder umsturzgefährdeten Bäumen oder zum Schutz vor Pollenflug (Seite 173). Das bedeutet, dass sowohl der Grundstückseigentümer als auch der Nachbar stark eingeschränkt sind. Informieren Sie sich daher bei der Gemeinde und lassen Sie sich Ihr Vorhaben vorsichtshalber rechtzeitig genehmigen. Manchmal muss auch der Nachbar zustimmen.

Wer das Fällen meldet und eine Erlaubnis erhält, riskiert keinen Ärger mit der Polizei oder gar ein Bußgeld. Der Bundesgerichtshof vertritt ausdrücklich die Auffassung, dass es einem Grundstückseigentümer, der seinen Garten umgestalten will, zuzumuten ist, sich bei der Gemeinde zu informieren. Mit einem Strafverfahren wegen Sachbeschädigung, fahrlässiger Körperverletzung oder fahrlässiger Tötung muss man rechnen, wenn beim Fällen ein Unglück geschieht. Wer einen Baum selbst fällt, sollte sicherstellen, dass nach menschlichem Ermessen nichts passieren kann. Um ein Haftungsrisiko zu umgehen, sollte man vor allem bei großen Bäumen einen professionellen Landschaftsgärtner oder Baumpfleger beauftragen.

DER FALL

In einer Wohnanlage versperren Fichten den Lichteinfall. Gerd S. und Winfried H. sind Eigentümer benachbarter Erdgeschosswohnungen einer Wohnanlage und teilen sich ein Gartengrundstück. Beide erhalten nach der Teilungserklärung Sondernutzungsrechte an den Teilen der Gartenfläche, die ihnen jeweils zur „alleinigen und unentgeltlichen Nutzung als Hof- und Ziergarten" zugewiesen wurden. Als Gerd S. die Wohnung erwirbt, stehen auf „seiner" Fläche sieben hohe Fichten. Die Fichten fällt er, um einen Gemüsegarten anzulegen. Der Nachbar beantragt die Wiederherstellung des früheren Zustandes, soweit dies aus fachmännischer Sicht machbar ist. Denn – so begründet er seinen Antrag – durch das Fällen der Bäume sei neben dem Gesamterscheinungsbild der Gartenanlage auch der früher vorhandene Wind- und Sichtschutz für die Wohnungen beeinträchtigt worden. Er fordert, dass sieben neue Fichten entlang der Grenze angepflanzt werden.

DAS URTEIL

Das Oberlandesgericht Düsseldorf hat der Klage stattgegeben und seine Entscheidung so begründet (Beschluss vom 6.4.1994, Aktenzeichen: 3 Wx 534/93):
Das Recht eines Wohnungseigentümers „zur alleinigen Nutzung als Hof- und Ziergarten" rechtfertigt nicht, Bäume eigenmächtig zu entfernen. Durch das von den Miteigentümern nicht genehmigte Fällen der Fichten wurde das Gemeinschaftseigentum beschädigt. Die Miteigentümer waren nicht verpflichtet zu dulden, dass die Fichten gefällt werden. Wer, wie hier, Teile des Gemeinschaftseigentums zerstört, überschreitet die Grenzen des Mitgebrauchsrechts. Rechtlich unerheblich ist, dass die Fichten den natürlichen Lichteinfall in die Wohnung des Antragsgegners beeinträchtigten. Wer rechtswidrig und schuldhaft Gemeinschaftseigentum verletzt (§ 823 Absatz 1 Bürgerliches Gesetzbuch), hat die daraus entstandenen Folgen im Rahmen des Möglichen zu beseitigen.

EIN WEITERER FALL: FRECHHEIT SIEGT NICHT IMMER

Ein dreister Verstoß gegen eine Baumschutzsatzung als Beispiel dafür, dass Gerichte insoweit möglichst Frechheit nicht siegen lassen. Der Beschwerdeführer wollte ein Mehrfamilienhaus mit 36 Wohnungen auf seinem mit zahlreichen Bäumen bewachsenen Grundstück errichten. Er ließ die Bäume fällen, obwohl ein großer Teil unter die Baumschutzsatzung fiel. Eine Ausnahmegenehmigung hatte er nicht beantragt. Ein Mitarbeiter der Stadt schritt ein. Aber zu dieser Zeit standen etwa nur noch die Hälfte der Bäume und noch schlimmer: Am nächsten Tag hat der Beschwerdeführer trotzdem eigenhändig alle weiteren Bäume gefällt. Hierfür wurde dann von der Gemeinde ein Bußgeld für die 37 schützenswerten Bäume verhängt. Der Beschwerdeführer wollte das Bußgeld nicht anerkennen. Er verteidigte sich damit, er habe nicht gewusst, dass er die Bäume nicht fällen durfte. Die Baumschutzsatzung sei nämlich nicht bestimmt genug. Die Satzung lautet wörtlich: „Diese Satzung regelt den Schutz des Baumbestandes innerhalb der im Zusammenhang bebauten Ortsteile und des Geltungsbereichs der

Bebauungspläne". Das Oberlandesgericht Düsseldorf wollte dem Beschwerdeführer nicht recht geben. Es hat deshalb die Sache dem Bundesgerichtshof (BGH) zur Entscheidung vorgelegt.

DAS URTEIL

Mit Beschluss vom 15.3.1996 (Aktenzeichen: 3 StR 506/95) hat der BGH – ganz im Sinne der Ausführungen in diesem Buch zu „Treu und Glauben" (siehe Seite 218) – bestätigt, dass das Bußgeld zu Recht verhängt worden ist. Die Baumschutzordnung ist – so der BGH – bestimmt genug. Es reicht aus, wenn das, was verboten ist, sich durch Auslegen ermitteln lässt. Verfassungsrechtlich geboten ist nicht eine optimale Bestimmtheit um jeden Preis, sondern eine auch unter Berücksichtigung der praktischen Handhabung ausreichende Bestimmtheit. Wer ein Haus bauen möchte, muss sich zu einzelnen Fragen, welche die Baumschutzsatzung aufwirft, bei der Gemeinde erkundigen.

? *Darf eine Eibe als giftige Pflanze gefällt werden, obwohl für sie eine Baumschutzsatzung gilt?*

Ja. Auf jeden Fall muss eine Fällung genehmigt werden, wenn die Gefahr besteht, dass Kinder Beeren oder Nadeln der Eibe in den Mund nehmen. In diesem Falle sind die privaten und öffentlichen Belange zugunsten des Grundstückseigentümers abzuwägen. So das Oberverwaltungsgericht Nordrhein-Westfalen in einem Beschluss vom 30. Januar 2008, Aktenzeichen: 8 A 90/08.

Eibe (Taxus) darf als giftige Pflanze gefällt werden.

? *Darf ein Baum wegen Pollenflugs gefällt werden, obwohl für ihn eine Baumschutzsatzung gilt?*

Siehe Abschnitt „Pollenflug" – „Können sich Pollen auf die Anwendung einer Baumschutzsatzung auswirken?" (Seite 174).

? *Muss ich Bäume in meinem Garten schneiden oder fällen, wenn der Nachbar durch den Schatten gestört wird?*

Siehe „Schattenwurf" (Seite 195).

? *Muss ich höher werdende Bäume entfernen, wenn mein Mieter durch ihren Schattenwurf beeinträchtigt wird?*

Siehe „Mieter" (Seite 151).

? *Wer muss für den Sturmschaden aufkommen, wenn ein Baum umstürzt?*

Siehe „Schäden durch fremde Einwirkungen, Sturm und Regen, durch Tiere oder Vertiefung des Nachbargrundstücks" (Seite 189) und „Grenze – Kann ich verlangen, dass mein Nachbar die an die Grundstücksgrenze gesetzten Bäume und Sträucher wieder entfernt oder abholzt?" (Seite 84) sowie gleich nachfolgend „Muss ich meinen Baumbestand regelmäßig auf Krankheiten und Überalterung sowie sonst auf seine Standhaftigkeit hin kontrollieren?" (Seite 37) und „Wie verhält es sich, wenn ich auf einen angeblich bedenklichen Zustand eines Baumes hingewiesen werde?" (Seite 40).

? *Muss ich meinen Baumbestand regelmäßig auf Krankheiten und Überalterung sowie sonst auf seine Standhaftigkeit hin kontrollieren und kann sich für den Nachbarn ein finanzieller Ausgleichsanspruch ergeben?*

Viele Anfragen zeigen, dass dieses Thema nicht nur für viele wichtig, sondern dass die Rechtslage auch besonders schwer zu verstehen ist. Zudem kann sich die Rechtsprechung verschärfen, weil sich für jedermann ersichtlich die Verhältnisse ändern. So weiß jetzt doch jeder, dass mit Orkanen gerechnet werden muss.

Der Eigentümer des Gartens ist verpflichtet, den Baumbestand regelmäßig auf Krankheiten und Überalterung zu kontrollieren. Überholt ist allerdings die Rechtsprechung einiger Oberlandesgerichte, nach der regelmäßig zweimal pro Jahr zu überprüfen war. Der Bundesgerichtshof hat sich nämlich in einem Urteil vom 2. Juli 2004 von dieser Rechtsprechung gelöst, Aktenzeichen: V ZR 33/04. Der Eigentümer trägt eine „Verkehrssicherungspflicht". Er muss die nach dem jeweiligen Stand der Erfahrungen und der Technik als geeignet und genügend erscheinenden Sicherungen treffen, also den Gefahren vorbeugend Rechnung tragen, die nach der Einsicht eines besonnenen, verständigen und gewissenhaften Menschen erkennbar sind, und diejenigen Maßnahmen ergreifen, die zur Gefahrbeseitigung objektiv erforderlich und nach objektiven Maßstäben zumutbar sind. So hat es der BGH in dem erwähnten Urteil vom 2. Juli 2004 wörtlich formuliert und sich dazu auf ein von ihm früher gefälltes Urteil mit dem Aktenzeichen: III ZR 217/63 bezogen. Ist ein Baum offensichtlich nicht mehr stabil, können die Nachbarn auch die Fällung verlangen. Verletzt der Eigentümer schuldhaft eine Pflicht, ist er für entstehenden Schaden grundsätzlich nach den Bestimmungen über unerlaubte Handlungen ersatzpflichtig; das sind die Paragrafen 823 und folgende des Bürgerlichen Gesetzbuches. Der Eigentümer muss für Nachteile eines anderen jedoch unter bestimmten Voraussetzungen auch verschuldensunabhängig aufkommen. Dieser Anspruch des anderen heißt in der Fachsprache: nachbarrechtlicher Ausgleichsanspruch oder auch bürgerrechtlicher Aufopferungsanspruch. Er wird aus § 906 Absatz 2 Satz 2 des Bürgerlichen Gesetzbuches unmittelbar und für einige Fallgruppen über den Gesetzeswortlaut hinausgehend entsprechend abgeleitet. In den Urteilen steht meist statt „entsprechend": „analog". Gemeint ist dasselbe. In diesem Rechtsbereich entwickelt sich die Rechtsprechung erst noch. Im Kern setzt der nachbarrechtliche Ausgleichsanspruch voraus, dass der benachteiligte Eigentümer aus besonderen Gründen gehindert war, gegen den Nachbarn einen Unterlassungs- und Beseitigungsanspruch durchzusetzen – zum Beispiel, weil der gefährdete Nachbar die von dem Baum ausgehende Gefahr nicht erkennen konnte.

Siehe auch: „Was muss bei Bäumen bezüglich der Verkehrssicherungspflicht beachtet werden?" (Seite 229).

Der Anspruch aus unerlaubter Handlung und der nachbarrechtliche Ausgleichsanspruch können nach der ständigen Rechtsprechung des Bundesgerichtshofs vom Geschädigten alternativ nebeneinander geltend gemacht werden. Die Fachliteratur drückt sich zu diesem Thema zur Zeit noch meist missverständlich aus. Das nachfolgend geschilderte Urteil des Bundesgerichtshofs formuliert jedoch klar.

DER FALL

Überwachung, Pflege, Schadensersatz wegen Verschuldens, nachbarrechtlicher Ausgleichsanspruch.
Am 26.2.2002 ist ein 15 bis 18 Meter hoher Walnussbaum vom Grundstück der Beklagten bei windigem Wetter um- und teilweise auf das Grundstück des Klägers gefallen. Es wurden Pflanzen und Rankelemente beschädigt. Der Kläger verlangt die Zahlung des Schadens.

DAS URTEIL

Der Bundesgerichtshof fällte sein Urteil am 08.10.2004, Aktenzeichen: V ZR 84/04. Das Urteil legt dar: Der Eigentümer eines Grundstücks muss, im Rahmen des Möglichen, dafür sorgen, dass von den Bäumen auf seinem Grundstück keine Gefahr ausgeht. Die Bäume müssen im Rahmen des nach forstwissenschaftlichen Erkenntnissen Möglichen gegen Windbruch und Windwurf, insbesondere auch gegen Umstürzen aufgrund fehlender Standfestigkeit, gesichert sein. Der Grundstückseigentümer muss nicht nur überwachen, sondern auch pflegen. Wenn sich Krankheitszeichen zeigen, dann ist eine eingehende fachmännische Untersuchung erforderlich. Verletzt der Eigentümer schuldhaft seine Pflicht, muss er nach § 823 Absatz 1 des Bürgerlichen Gesetzbuches (BGB) den Schaden ersetzen. Im entschiedenen Falle spricht – so führt das Urteil aus – einiges dafür, dass der Eigentümer schuldhaft gehandelt hat. Wenn der Eigentümer nicht schuldhaft gehandelt hat, steht dem Geschädigten wahrscheinlich wenigstens ein nachbarrechtlicher Ausgleichsanspruch zu. Ein solcher Anspruch besteht nämlich, wenn „von einem Grundstück im Rahmen seiner privatwirtschaftlichen Benutzung Einwirkungen auf ein anderes Grundstück ausgehen, die das zumutbare Maß einer entschädigungslos hinzunehmenden Beeinträchtigung übersteigen, sofern der davon betroffene Eigentümer aus besonderen Gründen gehindert war, diese Einwirkung gemäß § 1004 Abs. 1 BGB rechtzeitig zu unterbinden". Vor dem Umstürzen des Baumes war es dem Kläger nicht möglich, gegen den Beklagten den Unterlassungs- und Beseitigungsanspruch nach § 1004 Abs. 1 BGB erfolgreich geltend zu machen. Denn es war für ihn nicht erkennbar, dass von dem Baum eine Gefahr der ernsthaft drohenden Beeinträchtigung seines Grundstücks, die ein Einschreiten erforderte, ausgeht. Nach diesen Grundsätzen muss sowohl zur Frage des Verschuldens als auch zum nachbarrechtlichen Ausgleichsanspruch noch Sachverhalt ermittelt werden. Deshalb ist der Rechtsstreit an das Oberlandesgericht zurückzuverweisen.

? *Wie verhält es sich, wenn ich auf einen angeblich bedenklichen Zustand eines Baumes hingewiesen werde?*

Wenn ein Baumeigentümer auf einen angeblich bedenklichen Zustand hingewiesen worden ist, beispielsweise durch einen Mieter, dann reicht es nicht aus, lediglich jemanden einzuschalten und abzuwarten. So entschieden hat das Brandenburgische Oberlandesgericht am 18. Oktober 2007, Aktenzeichen: 5 U 174/06.

Im entschiedenen Fall wurde der Eigentümer nahezu ein Jahr vor dem Schadensereignis auf den Zustand hingewiesen. Daraufhin hat er die Baumschutzbeauftragte eingeschaltet, sich dann aber nicht mehr um die Sache gekümmert. Deshalb nahm das OLG an, dass der Eigentümer seine Verkehrssicherungspflicht verletzt hat.

Im entschiedenen Fall hat das OLG aber dennoch keinen Schadensersatz zugesprochen. Es nahm an, dass die Verletzung der Verkehrssicherungspflicht für den Schaden nicht kausal geworden ist. Die eingeschaltete Baumschutzbeauftragte hatte sich die Bäume nämlich angesehen, aber keinen Schaden festgestellt und nur den Eigentümer nicht verständigt.

? *Steht mir ein Anspruch wegen Wertminderung zu, wenn die Restlebensdauer eines Baumes um die Hälfte wegen einer schuldhaften Beschädigung der Wurzeln sinkt?*

Der Bundesgerichtshof antwortet: Nein, in aller Regel nicht (Aktenzeichen: V ZR 46/05). Der BGH begründet diese Antwort so, wie nur Juristen denken können, nämlich:

„Ein Baum wird nach § 94 I 2 BGB mit dem Einpflanzen wesentlicher Bestandteil des Grundstücks. Ein Baum stellt deshalb kein eigenständiges schädigungsfähiges Rechtsgut dar." Folglich kommt es darauf an, ob der Verkehrswert des Grundstücks gemindert wurde.

Der Verkehrswert des (gesamten) Grundstücks wird aber meist nicht gemindert.

In diesem jüngst vom Bundesgerichtshof entschiedenen Fall ging es um zwei Walnussbäume, 21 m hoch und 80 bis 90 Jahre alt. Die Restlebensdauer der Walnussbäume sank infolge der Wurzelkappung von 70 bis 80 Jahren auf 20 bis 40 Jahre. Die verantwortliche Stadt musste jedoch keinen Cent für Wertminderung leisten, weil die Beschädigung den Wert des Grundstücks nicht minderte. Der Eigentümer hatte insoweit auch noch die gesamten Gerichts- und Rechtsanwaltskosten zu tragen. Aktenzeichen: V ZR 46/05.

Dieses Denken ist ein Rest des sogenannten begriffsjuristischen Denkens. Dieses Denken ist zwar veraltet. Da der BGH diese Rechtsprechung jedoch erst neuerdings wieder, im Jahre 2006, bestätigte (Aktenzeichen: V ZR 46/05), besteht nur eine sehr geringe Chance, dass die Gerichte in den nächsten Jahren anders entscheiden werden.

Der für den Schaden Verantwortliche muss nach dieser Rechtsprechung nur und erst dann, wenn diese Kosten anfallen, die Kosten für erhöhten Pflegeaufwand ersetzen und die Kosten der Anpflanzung eines jüngeren Baumes bei Absterben des alten Baumes. Außerdem kommt in Betracht, dass später einmal, wenn der alte Baum vollständig eingeht, doch das Grundstück wertgemindert wird. Diese etwaige Wertminderung des Grundstücks (nicht des Baumes) ist dann in ferner Zukunft zu ersetzen. Diese Pflichten ergeben sich aus den §§ 282, 280, 278, 241 Abs.2, 249 des Bürgerlichen Gesetzbuches.

? *Wie verhält es sich bei einem Grenzbaum?*

Siehe Abschnitt „Grenzeinrichtungen, Einfriedigungen" – „Was ist ein Grenzbaum?" (Seite 91) sowie „Wem gehört der Grenzbaum, und wer darf die Früchte eines Grenzbaumes ernten? Verkehrssicherungspflicht" (Seite 92).

Bebauungsplan, Baugenehmigung

In der Regel werden Sie ohnehin Fachleute wie Ihren Architekten an Ihrer Seite haben, wenn Sie im Rahmen oder außerhalb eines Bebauungsplans eine Baugenehmigung anstreben, oder wenn der Nachbar ein Sie stark störendes Gebäude errichten will. Insofern werden Sie darauf verzichten können, dass wir Sie unterstützen. Unsere Darstellung würde viele Seiten Raum einnehmen. Jeden Monat urteilen Gerichte. So das Oberverwaltungsgericht Nordrhein-Westfalen zur Festsetzung eines allgemeinen Wohngebiets neben einem Gewerbebetrieb (Aktenzeichen: 7 D 114/05.NE) und zur Heilung mangelhafter Pläne (Az.: 7 D 112/05.NE). Wir stellen Ihnen zudem viele Urteile ins Internet. Die Suchfunktion unserer Homepage wird Ihnen zusätzlich helfen. Darüber hinaus gehen wir zu anderen Stichworten auf Bebauungspläne und Baugenehmigungen ein.

So sehr wir uns auch zu Einzelheiten einschränken können. Vor einigen schwerwiegenden Fehlern müssen wir doch an dieser Stelle warnen, weil sie Ihnen unterlaufen können, noch ehe Sie sich an Planungsexperten wenden.

? *Gilt der Satz: „Wer zu spät kommt, den bestraft das Leben"?*

Oh ja. Von dem nachfolgend geschilderten Fall sind die Autoren selbst betroffen.

Gehen Sie mit allen zur Verfügung stehenden Mitteln möglichst frühzeitig gegen einen Bebauungsplan vor, mit dem Sie nicht einverstanden sind. Bedenken Sie, dass die Rechtsfehler unter Umständen nur schwer erkannt werden können. Prüfen Sie oder lassen Sie möglichst so frühzeitig prüfen, dass die Gemeinde rechtliche Bedenken kennenlernt, noch ehe sie sich festlegt. § 47 der Verwaltungsgerichtsordnung räumt Ihnen zwar für eine Normenkontrollklage eine Zweijahresfrist ein. Aber diese Frist kann „leer laufen":

Auf den Fotos sehen Sie, wie eine Fläche zuerst ausgesehen hat. Also, ein „wertvoller Laubbaumbestand mit starken Buchen", so haben es das Forstamt und später der Bayerische Verwaltungsgerichtshof formuliert. Die Gemeinde hat im Februar 2004 eine Änderung des Bebauungsplans bekannt gemacht, die ermöglichte, nahezu die gesamte an der Straße liegende Fläche mit einer Turnhalle für eine zugezogene Privatschule zu bebauen. Als der Gemeinderat beschloss, nahm er an, rechtlich sei alles in Ordnung. Später, am 9. März 2008 erklärte der Bayerische Verwaltungsgerichtshof (BayVGH), Aktenzeichen: 1 NE 05.2570 jedoch:

„Es spricht einiges dafür, dass die Antragsgegnerin" [das ist die Gemeinde] „im Rahmen der Abwägung die Belange des Naturschutzes und der Landschaftspflege nicht ausreichend berücksichtigt hat, weil sie den Umfang des durch die Errichtung der Schulsporthalle ver-

Vorher: Idylle aus wertvollem Baumbestand

Rücksichtslos: Der wertvolle Baumbestand ist rundum für immer verloren.

ursachten Eingriffs in Natur und Landschaft nicht richtig erfasst hat."

Diese Bedenken bestätigte der BayVGH dann auch noch im weiteren Verfahren abschließend.

Wie hätten der Bauausschuss und der Gemeinderat entschieden, wenn sie die Bedenken gekannt hätten? Eine ganze Reihe von Gründen spricht dafür, dass der Bebauungsplan nicht beschlossen worden wäre. Aber die Nachbarn dachten, es bliebe ja noch Zeit, alles zu prüfen.

? *Dürfen Sie sich wenigstens zeitlich auf irgendwelche moralischen Grundsätze verlassen?*

Nein. Dieser Bebauungsplan, über den wir hier berichten, dient einer Privatschule, die wirbt: „Das Bildungs- und Erziehungskonzept orientiert sich an den Erfahrungen der Katholischen Integrierten Gemeinde auf dem Gebiet der Erziehung und Bildung, deren Grundlage die Lehre der katholischen Kirche ist." Die „Grundlagen des christlichen Menschen- und Weltbildes", so wird geworben, leiten die Schule. Wenn diese Schule nicht als vertrauenswürdig erscheint, wer dann?

Die Schule und ihre Förderer können doch bei diesem Bildungs- und Erziehungskonzept, so nahmen es die Nachbarn dementsprechend als selbstverständlich an, nicht direkt vor den Klassenzimmern noch vor endgültiger Klärung der Rechtslage einen wertvollen alten Baumbestand roden und damit der eigenen Lehre ins Gesicht schlagen. Es kommt noch hinzu, dass die Schule und Förderer zuvor, um ein anderes Gerichtsverfahren zu gewinnen, verbindlich zu Protokoll des Gerichts gegeben haben, die Schule könne – wie in den letzten Jahrzehnten auch – überhaupt ohne eigene Turnhalle auskommen; sodass die Halle gar nicht so wichtig ist.

Aber die Nachbarn haben sich geirrt. Sie waren – auch sonst gegenüber der Schule – zu gutgläubig. Es wurde gerodet und gebaut, noch ehe gerichtlich entschieden wurde oder etwas rückgängig gemacht werden konnte. Die hier abgebildeten Fotos sprechen für sich. Die Schule, die schon seit Jahrzehnten so sehr mit einem „christlichen Menschen- und Weltbild" wirbt, ist sogar derart rigoros vorgegangen, dass die Presse über einen dringenden Verdacht finanzieller Manipulationen zu berichten hatte; wörtlich titelte ein Tageszeitungsartikel:

„Turnhallenbau wird zum Fiasko. Regierung widerruft Millionenzuschuss. Freistaat kürzt nachträglich, weil Schulverbund sonst eine zulässige Doppelförderung erhalten hätte."

? Das Ergebnis für den Leser?

Sie sehen auch von daher, Sie müssen selbst mit Umständen rechnen, die Sie für völlig ausgeschlossen halten oder die als so selbstverständlich erscheinen, dass Sie gar nicht an sie denken. Offenbar gibt es in gewissen Bauangelegenheiten nichts, was es nicht gibt. Sie können sich leider auf nichts verlassen. Sie müssen auch mit einer „Salamitaktik" und darüber hinaus damit rechnen, dass Versprechungen nicht eingehalten werden. Denken Sie nicht, das sei letztlich doch alles nur Theorie, die Sie nie treffen wird. Das voranstehend beschriebene Beispiel mit der Schule bietet alles: außer den schon beschriebenen Untugenden auch noch die Salamitaktik und das Nichteinhalten von Versprechungen.

? Bestehen ähnliche zeitliche Gefahren bei Baugenehmigungen?

Ja. Es kann vorkommen, dass Sie von Baugenehmigungen, die Ihnen schaden, zu spät erfahren. Unter bestimmten Voraussetzungen darf die Zustellung einer Baugenehmigung an die Nachbarn durch eine öffentliche Bekanntmachung ersetzt werden. Es gibt auch noch andere Bekanntmachungserleichterungen. Die Bauordnungen der einzelnen Bundesländer regeln diese Erleichterungen; so zum Beispiel Art. 71 der Bayerischen Bauordnung und Paragrafen 68 und 70 der Bauordnung von Rheinland-Pfalz. Ein Beispiel:

Die Stadt Unkel in Rheinland-Pfalz legte im Jahr 2007 einen Kinderspielplatz an. Als die Nachbarn gewahr wurden, was der Kinderspielplatz für sie bedeutet, war es zu spät. Das Verwaltungsgericht Koblenz entschied am 14. Juni 2008 unter dem Aktenzeichen: 1 K 198/08, die der Stadt erteilte Baugenehmigung sei rechtskräftig. Das Gericht befasste sich dann nur noch ergänzend mit den nach Ansicht der Nachbarn unerträglichen Belästigungen und mit den fehlenden Einrichtungen – bis hin zu fehlenden sanitären Anlagen; siehe zu diesem Teil des Urteils: Abschnitt „Kinder", Unterabschnitt: „Baugenehmigung und Kinder" (Seite 111).

? Müssen Sie sich um die amtlichen Bekanntmachungen kümmern?

Ja. Die voranstehenden Abschnitte veranschaulichen bereits, dass Sie sich nicht darauf verlassen können, bei öffentlichen, Sie unmittelbar betreffenden Maßnahmen benachrichtigt zu werden. Nicht einmal der unmittelbare Nachbar muss stets verständigt werden. Sie müssen deshalb zumindest die örtlichen öffentlichen Bekanntmachungen und die Ihres Landkreises verfolgen. Die Heimatzeitungen sowie die Homepages der Gemeinden und Landkreise sind unverzichtbar.

? Welche Chancen habe ich als Nachbar gegen einen Bebauungsplan, der ein Herz für Kinder, aber nicht für mich hat?

Nahezu keine. Sie müssen somit auch insoweit, wenn Sie überhaupt etwas erreichen wollen, so frühzeitig wie möglich handeln.
Selbst dann, wenn ein vorhabenbezogener Bebauungsplan in einem reinen Wohngebiet ein bisher als Wohnhaus genutztes Gebäude als integrative Kinderkrippe ermöglicht, kann ein Nachbar dagegen nichts ausrichten. So entschieden hat das Oberverwaltungsgericht des Saarlandes in einem Beschluss vom 11.9.2008, Aktenzeichen: 2 C 186/08. Das Gericht hat seinen Beschluss damit begründet, dass auch im reinen Wohngebiet Kinderkrippen die Wohnbebauung „sozialadäquat" und damit rechtmäßig ergänzen. Den Hinweis auf die bisherige ruhige Nutzung hat das Gericht mit der Begründung abgetan, der Nachbar könne nicht erfolgreich beanspruchen, dass das eigene Anwesen von jeglicher Veränderung verschont bleibt.
Siehe auch Abschnitt: „Kinder" (Seite 110).

? Kann ich mich darauf verlassen, dass erlaubt ist, was im Bebauungsplan steht?

Leserin Stefanie Wegmann hat eine Falle entdeckt. In dem für sie anwendbaren Bebauungsplan stand: „Einfriedungen sind erlaubt, müssen 50 Zentimeter von der öffentlichen Erschließungsfläche entfernt stehen". Bestimmungen dieser Art schließen nicht aus, dass sich aus anderen Bestimmungen in derselben Satzung widersprechende Ergänzungen ergeben können; zum Beispiel für bauliche Anlagen wie einen Zaun.

Beleidigungen

? *Dürfen Sie Ihren Nachbarn als „Dummschwätzer" abtun?*

Seien Sie vorsichtig mit Berichten über Gerichtsurteile. An Silvester 2008 war in den Zeitungen zu lesen, das Bundesverfassungsgericht habe entschieden, „Dummschwätzer" sei keine Beleidigung. Wenn Sie sich nun freuen, dass Sie jetzt einen „Persilschein" haben, freuen Sie sich zu früh. Die Qualifikation – so das Bundesverfassungsgericht – „einer ehrenrührigen Aussage als Schmähkritik und der damit begründete Verzicht auf eine Abwägung zwischen Meinungsfreiheit und Ehre erfordern regelmäßig die Berücksichtigung von Anlass und Kontext der Äußerung". Im entschiedenen Fall hat der Beschuldigte mit „Dummschwätzer" im Stadtrat der Stadt Dortmund darauf reagiert, dass zu ihm jemand äußerte, er könne gar nicht glauben, dass der Beschuldigte eine Schule besucht habe. Für diese Reaktion hat das BVerfG angenommen, es sei nicht sachfremd diffamiert worden. Es kommt also darauf an, worauf Sie mit „Dummschwätzer" reagieren. Aktenzeichen: 1 BvR 1318/07.

? *Kann ich ein Schmerzensgeld verlangen, wenn ich vom Nachbarn beleidigt werde?*

Die Rechtsprechung zum Nachbarrecht ist, was eine Geldentschädigung für immateriellen Schaden anbetrifft, finanziell noch erstaunlich kleinlich. Das kann damit zu tun haben, dass solche Nachbarrechtsstreitigkeiten innerhalb der Gerichte nicht von den Richtern entschieden werden, die sonst bei Persönlichkeitsrechtsverletzungen über Geldentschädigungen für nicht materiellen Schaden entscheiden. Im Presserecht bekommt jemand wie Prinzessin Caroline von Monaco (jetzt von Hannover) recht schnell einmal 50.000 Euro zugesprochen. Das Amtsgericht Coburg (Aktenzeichen: 12 C 1793/06) und das Landgericht Coburg (Az.: 33 S 60/07) haben sogar noch im Jahre 2007 überhaupt einen Geldentschädigungsanspruch verneint für die Herabsetzungen: „Abschaum, eine Klauerin und eine blöde Kuh". Dabei haben diese Gerichte unterstellt, dass tatsächlich mit diesen Ausdrücken herabgesetzt worden ist. Sie nahmen aber allerdings auch einiges Entlastendes an.

Aber dennoch: Kriterium ist im Nachbar- wie im Medienrecht, dass das Persönlichkeitsrecht schwerwiegend verletzt wurde und die Beeinträchtigung des Persönlichkeitsrechts nicht anderweitig ausgeglichen werden kann. Anspruchsgrundlage ist in beiden Fällen unmittelbar § 823 des Bürgerlichen Gesetzbuches. Würde eine Zeitschrift über Prinzessin Caroline von Hannover schreiben, sie sei „Abschaum, eine Klauerin und eine blöde Kuh", würden voraussichtlich sogar mehr als diese 50.000 Euro als Geldentschädigung zugebilligt. Der Unterschied: Öffentliche Herabsetzung in einer Zeitschrift und Herabsetzung in der Nachbarschaft kann die derart starke unterschiedliche Beurteilung jedoch nicht rechtfertigen. Über kurz oder lang werden deshalb im Nachbarrecht voraussichtlich doch auch Geldentschädigungen zugesprochen werden.

Eine Strafanzeige darf die herabgesetzte Nachbarin selbstverständlich immer erstatten. Siehe bitte auch im Register am Ende dieses Buches: Stichwort „Beleidigung".

? *Wie verhält es sich mit denunzierenden Internetportalen?*

Das Nachrichtenmagazin FOCUS hat in seiner Ausgabe 35/2008 zu einem Nachbarschaftsportal getitelt: „Hure, Dealer, Kinderschänder – Die Verleumdung von Nachbarn im Netz kommt in Mode". Es existiert „erst" ein englischsprachiger, werbefinanzierter Dienst mit Sitz im kalifornischen Santa Barbara. Er fordert auf, Berichte über die eigenen Nachbarn zu verfassen. Mit diesem Dienst können Sie sich auch schon über deutsche Nachbarn äußern. Namensnennung und Beleidigung sind zwar untersagt, kommen aber trotzdem vor. Google Maps gibt sogar mit Häuschen genau vor, welches Haus eine bestimmte Äußerung betrifft.

Juristisch kann man sich gegen denunzierende Eintragungen wehren. Erfolgreich werden Sie jedoch allenfalls mit einem versierten Internetrechtler sein.

Betreten des Nachbargrundstücks

? *Unter welchen Umständen ist das Betreten des Nachbargrundstückes erlaubt?*

Grundsätzlich, also in der Regel, darf ein Grundstückseigentümer jedermann davon ausschließen, sein Grundstück zu betreten (§ 903 Bürgerliches Gesetzbuch). Solange er keine Einwilligung erteilt, ist es dem Nachbarn also untersagt, über die Grundstücksgrenze zu gehen oder sie sonst zu missachten. Wer zuwiderhandelt, erfüllt oft den Tatbestand des Hausfriedensbruchs; § 123 Strafgesetzbuch. Der

Eigentümer darf das Nachbargrundstück auch nicht betreten, um von seinem Baum Obst zu ernten; siehe „Grenze – Wem gehören die Früchte, die über den Zaun herüberhängen oder fallen" (Seite 84).

Im Einzelfall kann es jedoch Ausnahmen geben. So etwa, um einen Ball zurückzuholen und zu Putzarbeiten an Garage und Grenzmauer. In diesen Fällen muss der Grundstücksbesitzer das Betreten aufgrund des nachbarlichen Gemeinschaftsverhältnisses dulden. Siehe „Treu und Glauben" (Seite 218) und „Nachbarliches Gemeinschaftsverhältnis" (Seite 162). Auch durch Notstand kann das Betreten im Einzelfall gerechtfertigt sein. Das ist beispielsweise der Fall, wenn Erdreich auf das Nachbargrundstück abzurutschen droht (§ 228 Bürgerliches Gesetzbuch: aggressiver Notstand) oder wenn ein einsturzgefährdetes Haus nur vom Nachbargrundstück aus gestützt werden kann (defensiver Notstand: § 904 BGB).

? *Darf ich für Renovierungsarbeiten das Nachbargrundstück betreten?*

Wer zu Bauarbeiten oder um zu renovieren, das Grundstück des Nachbarn betreten muss, dem ist das Betreten in der Regel im Rahmen des sogenannten Hammerschlag- und Leiterrechts gestattet. Einzelheiten regeln sich, wie so oft, nach Treu und Glauben (Seite 218) und speziell nach dem nachbarlichen Gemeinschaftsverhältnis (Seite 162) als Ausdruck des Gedankens von Treu und Glauben.

? *Was ist das Notwegrecht?*

Fehlt einem Grundstück der notwendige Anschluss an das öffentliche Straßen- und Wegenetz, hat der Eigentümer gegen den Nachbarn unter bestimmten Voraussetzungen einen Anspruch auf einen sogenannten Notweg: Er darf dann das Grundstück des Nachbarn benutzen, um zur Straße zu gelangen.

Der Bundesgerichtshof hat im Jahr 2006 ein instruktives Urteil gefällt. Es hat sich eingehend mit Paragraf 917 des Bürgerlichen Gesetzbuches (BGB) befasst. Nach diesem Urteil können Miteigentümer den Anspruch auf Einräumung eines Notwegrechts nur gemeinsam erfolgreich geltend machen. Ein Grundstückseigentümer kann unter Umständen auch dann ein Notwegrecht beanspruchen, wenn ein Gebäude so ungünstig errichtet wird, dass es zu einem Teil nicht ohne Zugang über ein Nachbargrundstück genutzt werden kann. Aktenzeichen beim BGH: V ZR 159/05. Beachten Sie aber auch das Urteil des Bundesgerichtshofs vom Mai 2006, das dem Besitzer eines zuganglosen Grundstücks die Einräumung eines Notwegrechts nach § 917 Absatz 1 BGB versagt hat. Aktenzeichen: V ZR 139/05. Beachten Sie zum besseren Verständnis dieser Entscheidung auch den Abschnitt „Treu und Glauben" (Seite 218) sowie im Register „richterlicher Dezisionismus".

 Gibt es weiterreichende Mitnutzungsrechte?

Der Bundesgerichtshof hat in einem Urteil mit dem Aktenzeichen V ZR 148/06 den Fall abgehandelt, dass dem Nachbarn nach dem Sachenrechtsbereinigungs-Gesetz ein Mitbenutzungsrecht zusteht, das über ein bloßes Notwege- oder Notleitungsrecht hinausgeht und als Grunddienstbarkeit einzutragen ist. Der Rechtsstreit ging darauf zurück, dass ein „Volkseigener Betrieb Wasserwirtschaft" auf Wunsch Grundstücke an das öffentliche Wassernetz angeschlossen hatte und die Leitung 30 Meter über das Grundstück eines Nachbargrundstücks verläuft.

Bienen

Fragen zu Bienen werden unter „Tiere im Garten" (Seite 211) beantwortet.

Bruchteilseigentum

Am 28. September 2007 hat der Bundesgerichtshof geurteilt: Haben Bruchteilseigentümer vereinbart, dass sie räumlich abgegrenzte Teile des gemeinschaftlichen Grundstücks allein als Garten nutzen dürfen, dann gelten wie für Wohnungseigentümer grundsätzlich die allgemeinen nachbarrechtlichen Bestimmungen. Aktenzeichen: V ZR 276/06. Siehe zu weiteren Einzelheiten bitte den Abschnitt „Wohnanlage, Wohnungseigentum" (Seite 239).

C

Chemikalien

? *Was muss ich bei der Verwendung von Pflanzenschutzmitteln beachten?*

Siehe „Pflanzenschutzmittel" (Seite 172).

? *Darf ich den Zaun mit jedem Holzschutzmittel streichen?*

Siehe „Zaun" (Seite 242).

D

Dachgaube

? *Was kann ich tun, wenn mir der Nachbar eine hässliche Gaube vor die Nase baut?*

Einen Fall zeigen wir Ihnen im Bild. Das Haus liegt in einem reinen Wohngebiet, in dem – locker bebaut – viele Landhausvillen stehen. Hätte der Bauherr die Glasfläche auf die andere Seite der Gaube gesetzt, würde durch die Glasfläche selbst niemand gestört.

Dieser Fall veranschaulicht gut, in welche Situationen Nachbarn geraten können. Worum es im großen Überblick rechtlich geht, können Sie in den Abschnitten: „Immissionen" (Seite 105) und „Immissionsschutzgesetze" (Seite 109) nachlesen. Speziell für Dachgauben gilt:

Im Verhältnis Gemeinde/Bauherr ist die Bauordnung (BO) des Landes anwendbar, in dem das Haus steht; das ist im Beispielsfall Bayern. Nach der BO muss eine solche Gaube von der Gemeinde genehmigt werden. Art. 11 Abs. 1 der Bayerischen BO verlangt, dass „bauliche Anlagen nach den Regeln der Baukunst zu gestalten sind" und „nicht verunstaltend wirken". Die Bauordnungen der einzelnen Länder stimmen, soweit es hier interessiert, überein. Sie können sie, wie alle gesetzlichen Grundlagen, in den Internetauftritten der von uns betreuten Zeitschriften einsehen (siehe Vorwort, Seite 20).

Nach einem Urteil des Verwaltungsgerichtshofs (VGH) München „zählt zu den Regeln der Baukunst, dass bei herkömmlichen Dachformen eine Gaube sich dem Dach, auf dem sie angebracht werden

Dachgaube aus zwei Blickwinkeln

soll, unterordnen muss" (Aktenzeichen: 26 B 90.3380). Sie finden dieses Urteil, wie alle in diesem Buch erwähnten Entscheidungen, im Internet bei den von uns betreuten Zeitschriften.

Urteilen Sie selbst: Ist die vom VGH München beschriebene Voraussetzung erfüllt? Die Autoren meinen: sicher nicht.

Und wie verhält es sich im Verhältnis Nachbar/Bauherr? Ganz überwiegend nehmen die Gerichte und die Fachschriftsteller an, dass der Nachbar nicht erfolgreich mit der Begründung gegen den Bauherrn wegen dieser Gaube vorgehen kann, dass die (öffentlich-rechtliche) BO missachtet ist. Das juristische Schlagwort heißt, die Vorschriften zur Baugestaltung seien „weder dritt- noch nachbarschützend". Die Rechtsprechung und die Fachschriftsteller tendieren neuerdings aber doch dazu, in irgendeiner Weise zugunsten des benachteiligten Nachbarn zu beachten, dass der Bauherr gegen die Bauordnung verstoßen hat.

Der Bundesgerichtshof hat im Jahre 1974 einen Anspruch in einem vielleicht vergleichbaren Fall („eine zum Charakter des Wohngebiets nicht passende Abstützung mit einigen Stangen und Blechen") verneint (Aktenzeichen: V ZR 83/73). Aber: Dieses Urteil wurde damals schon stark kritisiert und mittlerweile ist, meinen die Autoren, über diese Entscheidung die Zeit hinweggegangen. Siehe: „Immissionen", insbesondere: „Warum ist denn die Unterscheidung zwischen positiven, negativen und ideellen Immissionen so wichtig" (Seite 107) und „Immissionsschutzgesetze" (Seite 109).

E

Einfriedung

Siehe „Grenzeinrichtung, Einfriedungen" (Seite 87).

Einsichtsmöglichkeiten

Nach der ständigen Rechtsprechung der Verwaltungsgerichte gibt es in der Regel keinen Schutz vor Einsichtsmöglichkeiten in bestehende Wohn- oder Ruhebereiche und keinen Schutz vor Verschlechterung der Aussicht; Beschluss des Verwaltungsgerichtshofs Baden-Württemberg vom 3. März 2008, Aktenzeichen: 8 S 2165/07. Auf der

Basis dieses Urteils (und baurechtlicher Vorschriften) hat das Verwaltungsgericht Neustadt an der Weinstraße am 17. April 2008 geurteilt, dass ein Nachbar einen Spielturm für Kinder errichten durfte; Aktenzeichen: 4 K 25/08. Aus den §§ 1004, 906 des Bürgerlichen Gesetzbuches lässt sich in Fällen dieser Art („negative Immission") gegenwärtig ebenfalls noch kein Anspruch auf Schutz ableiten; siehe Abschnitt: „Immissionen" und dort vor allem „Warum ist denn die Unterscheidung zwischen positiven, negativen und ideellen Immissionen so wichtig?" (Seite 107) sowie „Wohin entwickelt sich das Recht bei den Immissionen?" (Seite 107).

F

Fallobst

Siehe zunächst den Abschnitt „Grenze – Wem gehören die Früchte, die über den Zaun herüberhängen oder fallen" (Seite 84).

Lösen sich Früchte und fallen oder rollen auf das Nachbargrundstück gehören sie dem Nachbarn. So legt es § 911 Satz 1 des Bürgerlichen Gesetzbuches fest. Warum die Früchte auf das Nachbargrundstück fallen, ist unerheblich. Selbst wenn der Baumeigentümer, nicht aber wenn der Nachbar schüttelt, greift § 911 BGB. Ist das Grundstück mit einem Nießbrauch belastet, erwirbt der Nießbraucher nach § 954 des Bürgerlichen Gesetzbuches das Eigentum. Ist es verpachtet, wird der Pächter nach § 954 BGB Eigentümer. Der Baumeigentümer darf sich die abgefallenen Früchte nicht vom Nachbargrundstück holen. Ihm steht also kein Verfolgungsrecht nach § 867 des Bürgerlichen Gesetzbuches zu. Anders verhält es sich, wenn der Nachbar die Früchte selbst abschüttelt.

? *Wer muss herübergefallene Früchte beseitigen?*

Daraus, dass der Nachbar Eigentümer des Obstes wird, folgt jedoch nicht, dass er die Früchte dulden muss. Der Nachbar kann verlangen, dass der Baumeigentümer lästige Früchte beseitigt.
Weigert sich der Baumeigentümer, die Früchte zu beseitigen, darf er sie auf Kosten des Baumeigentümers beseitigen lassen.

> **DER FALL**
>
> Ein alter Mostbirnenbaum ragt mit seinem Hauptast mehrere Meter in das Nachbargrundstück hinein. Jeden Herbst fallen in den Garten des Nachbarn erhebliche Mengen an Mostbirnen, die nicht nur lästige Wespen anlocken, sondern beim Faulen einen üblen Geruch verbreiten. Dadurch wird die Terrassennutzung eingeschränkt. Der Kläger ließ die heruntergefallenen Birnen nach erfolgloser Aufforderung an den Baumbesitzer, die Birnen selbst zu entfernen, von einem Gartenbauunternehmen entfernen und verlangt Erstattung der Kosten.
>
> **DAS URTEIL**
>
> Das Amtsgericht Backnang hat der Klage stattgegeben (Aktenzeichen: 3 C 35/89). Der Kläger braucht nicht hinzunehmen, dass während der Erntezeit solche erheblichen Mengen an Birnen auf sein Grundstück fallen. Der Nachbar muss die Beeinträchtigung nicht als ortsüblich hinnehmen.

? *Was kann ich dagegen unternehmen, dass Laub, Nadeln, Blüten und Fallobst von den Bäumen des Nachbarn über den Zaun fliegen oder fallen?*

Siehe „Laub" (Seite 133).

Feiern im Garten

Siehe „Gartenfest" (Seite 60).

Fenster- und Lichtrecht

Das Fenster- und Lichtrecht gehört zu den Gebieten, die sich von Land zu Land besonders stark unterscheiden. Aus dem Bürgerlichen Gesetzbuch lassen sich unmittelbar keine Regelungen entnehmen. Lediglich aus dem nachbarlichen Gemeinschaftsverhältnis, von dem auch das BGB ausgeht, können vage Regelungen abgeleitet werden. Einige Länder, aber längst nicht alle, haben Fragen des Fenster- und Lichtrechts geklärt. In Bremen, Hamburg, Mecklenburg-Vorpommern gilt sogar noch Recht aus der Zeit vor dem Jahre 1900. In Berlin wurden die Regelungen zum Fenster- und Lichtrecht wieder aufgehoben. Nicht einmal die Bezeichnungen sind gleich. Das baden-württembergische Recht, das noch heute von französischen Regelungen beeinflusst ist, kennt nicht die Bezeichnung Fensterrecht; es verwendet den Ausdruck „Lichtöffnung". Dem hessischen Nachbarrecht ist das Lichtrecht fremd.

Als „Fensterrecht" wird das Recht bezeichnet, Fenster in die zur Nachbarseite zeigende Außenwand des Gebäudes einzubauen. Das „Lichtrecht" erfasst das Recht auf Licht. Die meisten Nachbarrechtsgesetze der Bundesländer schränken mit Regelungen zum Mindestabstand zur Grenze ein, damit der Nachbarfriede besser gewahrt bleibt.

Wegen der Vielfalt der Regelungen beginnen Sie, wenn Probleme entstehen, mit ihren Recherchen am besten in Ihrer Gemeinde. Berücksichtigen Sie in diesem Buch vor allem auch die Abschnitte „Treu und Glauben" (Seite 218), „Auskünfte" (Seite 28) sowie „Schattenwurf" (Seite 195).

Früchte

? *Wem gehören die Früchte, die über den Zaun herüberhängen oder -fallen?*
Siehe „Grenze" (Seite 69) und „Fallobst" (Seite 55).

? *Wer darf die Früchte eines Grenzbaumes ernten?*
Siehe „Grenzeinrichtungen, Einfriedungen" (Seite 87).

G

Gartenabfälle

? *Ist das Verbrennen von Pflanzenabfällen, anderen Gartenabfällen und Müll erlaubt?*
Ein kleines Feuer und schon lösen sich Gartenabfälle in Rauch auf – in der Theorie eine gute Idee, in der Praxis jedoch gar nicht so einfach. Das Verbrennen von festen Stoffen ist in allen Bundesländern nach den Landesimmissionsschutzgesetzen nämlich grundsätzlich verboten. Allerdings finden sich teilweise Ausnahmen für reine Pflanzenabfälle in Pflanzenabfallverordnungen der einzelnen

Bundesländer. Aber nicht alle Bundesländer haben Pflanzenabfallverordnungen erlassen. In Hamburg gilt eine Bioabfallverordnung, die das Verbrennen von Bioabfällen nicht regelt, sondern nur das Kompostieren.

Grundsätzlich dürfen die Gartenabfälle nur im Frühjahr und im Herbst verbrannt werden. Im Allgemeinen, so zum Beispiel in Bayern, dürfen nur außerhalb der im Zusammenhang bebauten Ortsteile pflanzliche Abfälle auf den Grundstücken, auf denen sie anfallen, verbrannt werden. Wichtig dabei ist: Niemand darf durch fliegende Funken oder Rauch erheblich belästigt werden. Es ist unbedingt darauf zu achten, dass das Feuer nicht übergreift. Bei starkem Wind darf kein Feuer entzündet werden. Kommt nachträglich Wind auf, muss das Feuer sofort gelöscht werden. Die Feuerstelle darf erst verlassen werden, wenn die Glut erloschen ist. Spätestens bis Einbruch der Dunkelheit muss die Glut endgültig gelöscht sein. Die Allgemeinheit darf grundsätzlich nicht beeinträchtigt werden.

Innerhalb der im Zusammenhang bebauten Ortsteile kann die Gemeinde unter bestimmten Voraussetzungen das Verbrennen durch eine Verordnung zulassen. So beispielsweise in Bayern bei Gartenabfällen, die wegen ihres Holzgehaltes nicht genügend verrotten. Die Gemeinde kann auch den Ort, die Zeit und nötige Sicherungsmaßnahmen anordnen. Die Erlaubnis darf aber grundsätzlich nur für Gebiete erteilt werden, in denen der pflanzliche Abfall nicht eingesammelt wird, oder wenn eine Sammel- und Entsorgungsstelle unzumutbar weit entfernt ist. Ähnliches gilt für die Bundesländer Brandenburg, Hessen, Mecklenburg-Vorpommern, Nordrhein-Westfalen, Rheinland-Pfalz, Saarland, Sachsen, Sachsen-Anhalt, Schleswig-Holstein und Thüringen. Dagegen ist das Verbrennen von Gartenabfällen in Baden-Württemberg, Berlin, Bremen, Hamburg oder Niedersachsen grundsätzlich verboten. Die Situation in Hamburg haben wir auch zu Beginn schon erwähnt.

Das Verbrennen von festen Stoffen wie Müll ist in allen Bundesländern grundsätzlich verboten. Außerdem müssen oft Abstände zu Flughäfen und Landstraßen eingehalten werden. Wichtig ist auch, von wem die Pflanzenabfälle stammen: Für Pflanzenabfälle, die zum Beispiel aus der Landwirtschaft oder im Garten- oder Landschaftsbau anfallen, gibt es oft Sonderregelungen. In manchen Bundesländern können die Gemeinden das Verbrennen individuell regeln und somit bestimmen, wo, wann und ob überhaupt verbrannt werden darf.

Wer Pflanzenabfälle verbrennt, muss auch die landesrechtlichen Vorschriften zur Brandverhütung beachten, die unter anderem einen gewissen Mindestabstand der Feuerstelle zu brennbaren und leicht entzündlichen Stoffen festlegen.

Wer gegen ein Verbrennungsverbot oder gegen die brandschützenden Regelungen verstößt, begeht eine Ordnungswidrigkeit. Die zuständige Behörde oder die Polizei können also einschreiten. Auch wenn das Verbrennen von Pflanzenabfällen in vielen Bundesländern zulässig ist, kann sich ein Nachbar trotzdem gegen eine störende Rauchentwicklung erfolgreich wehren: Rauch ist eine Immission, und hiergegen hat er als Grundstückseigentümer einen zivilrechtlichen Unterlassungsanspruch. Voraussetzung ist, dass der Rauch das Grundstück wesentlich beeinträchtigt. Diese Rechtslage ergibt sich aus den Paragrafen 1004 und 906 des Bürgerlichen Gesetzbuches, die wir im Vorwort (Seite 23) wörtlich wiedergegeben haben.

DER FALL

Dem Betroffenen gehört ein Grundstück mit Einfamilienhaus in einem Wohngebiet (in einem „im Zusammenhang bebauten Ortsteil"). Am 1. Dezember hatte der Betroffene in seinem Garten eine große Menge Brennnesseln abgeschnitten und zusammen mit anderen Pflanzenresten auf die angrenzende Ackerfläche getragen. Er versuchte, den etwa einen Kubikmeter großen Haufen zu entzünden. Wegen Nässe legte er mit Benzin getränktes Papier an den Haufen und entzündete es. Für einen kurzen Augenblick entstand ein Feuer, das aber schnell wieder erlosch. Stattdessen stieg eine große Rauchwolke auf. Dabei wurden weder die Allgemeinheit gefährdet noch Nachbarn belästigt. Das Amtsgericht verurteilte Lars G. dennoch wegen einer Ordnungswidrigkeit zu einer Geldbuße von 300 DM. Hiergegen legte er Widerspruch ein.

DAS URTEIL

Das Oberlandesgericht Düsseldorf beließ es bei der Höhe der Geldbuße (Beschluss vom 11.11.1993, Aktenzeichen: 5 Ss (OWi) 317/93 – (OWi) 144/93 I). Pflanzenabfälle dürfen nach dem in die-

> sem Fall anzuwendenden nordrhein-westfälischen Landesrecht nur an Werktagen in der Zeit vom 1.3. bis 30.4. und vom 1.10. bis 30.11. jeweils von 9 Uhr bis 19 Uhr verbrannt werden. Der Betroffene hat seine Abfälle aber am 1.12., also außerhalb des erlaubten Zeitraumes, verbrannt. Insbesondere war für das Gericht wesentlich, dass in Nordrhein-Westfalen Gartenabfälle nicht mit Benzin angezündet werden dürfen.

? *Kann ich Garten- oder Pflanzenabfälle auf dem eigenen Komposthaufen entsorgen?*

Pflanzenabfälle im eigenen Komposthaufen zu entsorgen, hat seine Tücken. Grundsätzlich darf jeder in seinem Garten einen Komposthaufen anlegen. Er sollte aber nicht direkt neben der Terrasse oder dem Sandkasten des Nachbarn platziert werden. Generell ist darauf zu achten, dass der Nachbar nicht erheblich beeinträchtigt wird. Mehrere Bundesländer haben Verordnungen erlassen, wie Küchen- und Gartenabfälle zu entsorgen sind. Sie regeln, wie Komposthaufen ordnungsgemäß anzulegen sind und schreiben vor, dass es nicht zu Geruchsbelästigungen kommen darf. Außerdem soll kein Ungeziefer angelockt werden. Wird erheblich – ortsunüblich – durch Geruch belästigt, kann verlangt werden, dass der Komposthaufen verlegt oder beseitigt wird.

Siehe bitte auch „Geruchs- und Rauchbelästigung" (Seite 65).

Gartenfest

? *Kann man Gartenfeste grundsätzlich verbieten?*

Weder Lärmschutzverordnungen noch das Bürgerliche Gesetzbuch verbieten schlechthin, mehrmals im Jahr Feste im Garten zu feiern. Gartenfeste gehören auch in Wohngebieten zur üblichen Geselligkeit und müssen deshalb in gewissen Grenzen von den anderen Nachbarn toleriert werden. Das Gebot der Rücksichtnahme ist durch den feiernden Nachbarn aber insbesondere dann zu beachten, wenn beispielsweise alte und kranke Menschen in der Nachbarschaft wohnen oder aber der örtliche Bereich sehr eng bebaut ist.

Die Gerichte haben sich in manchen Fällen nicht einmal daran gestört, dass mehr als 20 Gäste auf einer Gartenparty lärmten. Nach

22 Uhr muss der Gastgeber aber dafür sorgen, dass die Nachtruhe eingehalten wird. Musikgeräusche, egal ob durch Gesang, Radio oder Fernsehgeräte, dürfen nur so laut sein, dass sie nicht in benachbarten Wohnungen stören. Es muss die sogenannte Zimmerlautstärke eingehalten werden.

Bei nächtlichem Lärm und nächtlichen Ruhestörungen droht den Feiernden sogar ein Bußgeld bis zu 5.000 Euro. Auch besondere Ausnahmen wie etwa Hochzeiten rechtfertigen es in aller Regel nicht, dass die Feiern im Freien bis in die frühen Morgenstunden ausgedehnt werden. Auch hier muss Rücksicht auf die Nachbarn genommen werden, wie sonst auch.

Ausnahmen gelten aber für Karnevalsveranstaltungen in dafür typischen Regionen. Hier haben die Gerichte bis jetzt meist über Vorschriften hinweggesehen und waren in der Begründung ihrer Urteile erfinderisch. Unter anderem haben sie sich kurz und bündig darauf berufen, dieses Feiern sei nun einmal seit langer Zeit ortsüblich und deshalb eben hinzunehmen.

Auch zu diesem Thema sollten Sie bitte den Abschnitt „Treu und Glauben" (Seite 218) beachten.

DER FALL

Familie B. feierte auf ihrem Grundstück ein Gartenfest. Gegen 22 Uhr wurde das Fest in den Keller verlegt. Peter Z., Eigentümer des Nachbargrundstücks, alarmierte die Polizei und erstattete Anzeige wegen Ruhestörung. Er beanstandete, Familie B. hätte in den letzten drei Jahren etwa viermal im Sommer lärmintensive Feste mit lautem Gelächter gefeiert. Er beantragte, in der Zeit von 20 bis 7 Uhr lautes Feiern im Garten oder im Haus zu verbieten.

DAS URTEIL

Das Landgericht Frankfurt (Aktenzeichen: 2/21 O 424/88) hat die Klage abgewiesen und ausgeführt: Das geltende Recht verbietet es nicht, Feste im Freien zu feiern. Selbst bei vier Gartenfesten im Jahr lassen sich keine gesundheitsgefährdenden Lärmbelästigungen erkennen. Aufgrund des nachbarlichen Gemeinschaftsverhältnisses müssen Nachbarn in einem Wohngebiet Gartenfeste im üblichen Umfang als Ausdruck der Geselligkeit hinnehmen. Hier wurde genügend Rücksicht genommen, indem die Feier im Freien gegen 22 Uhr beendet beziehungsweise in den Keller verlegt wurde. Auch hatte sich kein anderer Nachbar gestört gefühlt.

> **?** *Was kann ich gegen häufige und laute Feiern im Garten meines Nachbarn unternehmen?*

Der Nachbar ist dazu verpflichtet, die Ruhezeiten (siehe „Welche Ruhezeiten sind einzuhalten?", Seite 122) einzuhalten. Sprechen Sie Ihren Nachbarn auf die entsprechenden Ruhezeiten an, am besten vor Zeugen, oder fordern Sie ihn schriftlich auf, die Ruhezeiten einzuhalten. Grundsätzlich können Sie auch die Polizei rufen. Sorgt der Gastgeber nicht für Ruhe, kann er mit einem Bußgeld bis zu 5.000 Euro belangt werden, auch wenn nicht er, sondern seine Gäste zu laut gefeiert haben. Stört der Nachbar immer wieder durch lautes Feiern im Freien, können Sie auch gerichtlich gegen ihn vorgehen oder die Möglichkeit einer außergerichtlichen Einigung in Betracht ziehen (Seite 179ff.).

DER FALL

Der Betroffene richtete an einem warmen Sommerabend im Garten eines Mehrfamilienhauses, in dem er eine Wohnung bewohnt, eine Grillparty mit sieben Gästen aus. Das Haus liegt im Stadtkern in einem geschlossenen Häuserblock mit mehrgeschossigen Mietshäusern, die die rückwärtig gelegenen Gärten umschließen. Ab etwa 19 Uhr wurden Fleischwaren gegrillt. Wegen der bestehenden Windstille qualmte die verglühende Holzkohle zunächst den Garten voll, dann drang der Qualm durch offen stehende Fenster in Wohnungen von Nachbarn, insbesondere in die der Zeugen Z. und B. Obwohl der Zeuge Z. sich bereits gegen 20 Uhr rufend über den Qualm beklagte, wurde noch bis 21.30 Uhr weitergegrillt. Der größte Teil der Gäste blieb bis 2.30 Uhr. Bis dahin war der Geräuschpegel durch laute Unterhaltung und Lachen so hoch, dass die Nachtruhe der Anwohner gestört wurde und diese trotz geschlossener Fenster nicht schlafen konnten. Bis 2 Uhr riefen die Anwohner laut, es solle endlich Ruhe herrschen.

Vergeblich. Schließlich kam die Polizei. Das Amtsgericht hat den Betroffenen wegen einer fahrlässigen Ordnungswidrigkeit nach den §§ Abs. 1, 9 Abs. 1, 17 Abs. 1 lit. c und d des Immissionsschutzgesetzes des Landes Nordrhein-Westfalen zu einer Geldbuße von 100 Euro verurteilt. Vielen wird diese Buße als viel zu niedrig erscheinen. Der Betroffene legte jedoch eine Rechtsbeschwerde ein.

DAS URTEIL

Die Rechtsbeschwerde blieb erfolglos. Das Oberlandesgericht Düsseldorf legte in einem Beschluss vom 26.5.1995 – Aktenzeichen: 5 Ss (OWi) 149/95 – 5 Ss (OWi) 79/95 die Rechtslage dar: Dringt der beim Grillen im Freien entstehende Qualm konzentriert in die Wohn- und Schlafräume unbeteiligter Nachbarn ein, so werden im Sinne des § 7 Absatz 1 Satz 1 des Immissionsschutzgesetzes des Landes Nordrhein-Westfalen die Nachbarn durch verbotenes Verbrennen von Gegenständen erheblich belästigt. Der Veranstalter einer Gartenparty ist für den von dieser ausgehenden Lärm, der die Nachtruhe zu stören geeignet ist, verantwortlich, auch wenn der Lärm nicht von ihm persönlich ausgeht, sondern wenn die Gäste lärmen. Eine Lärmbelästigung im Sinne des § 9 Absatz 1 des Immissionsschutzgesetzes des Landes Nordrhein-Westfalen kann mit jedem zulässigen Beweismittel, insbesondere auch durch die Vernehmung der betroffenen Anwohner, bewiesen werden. Die Nachtruhe darf im Sinne von § 9 Absatz 1 des Immissionsschutzgesetzes des Landes Nordrhein-Westfalen zwischen 22 Uhr und 6 Uhr auch nicht ausnahmsweise zu gelegentlichen persönlichen, beruflichen oder familiären Feiern gestört werden.

? *Wie kann ich mich als Eigentümer gegen Lärm-, Geruchs- und Rauchbelästigungen wehren?*

Siehe insbesondere „Lärm" (Seite 117) und „Geruchs- und Rauchbelästigung" (Seite 65).

Gartenhäuschen

? *Ist für die Errichtung von Gartenhäuschen und Hobby-Gewächshäusern eine Baugenehmigung erforderlich?*

Siehe die Hinweise im Register, insbesondere auf „Baugenehmigung" (Seite 30) und „Grenze – Welchen Abstand müssen Gebäude (Gartenhäuschen inbegriffen), Sichtschutzwände und -zäune und anderes (Klettergerüst, Sitzplatz, Spalier, Terrassen) von der Grenze haben?" (Seite 74).

Anschauliche Übersichten zu den Flächen für Kleingärten-Lauben nach § 3 des Bundeskleingartengesetzes hat ein praktizierender Kleingärtner gefertigt. Siehe „Kleingarten" (Seite 111).

Gartenteich

Siehe „Teich und Schwimmbecken im Freien" (Seite 205).

Gartenzwerg

Siehe „Ästhetische Immissionen" (Seite 25).

Gefälligkeiten unter Nachbarn

! *Der Nachbar haftet unter Umständen verhältnismäßig schnell.*
Ein Beschluss des Landgerichts Hamburg mit dem Aktenzeichen: 317 S 70/05 stimmt nachdenklich. Ein Betrieb hatte für ein benachbartes Unternehmen auf Bitten eines Paketdienstes Pakete angenommen, und diese Pakete gingen verloren. Das Gericht hat die Haftungsklage zwar abgewiesen. Aber die Gründe des Urteils zeigen, dass der Nachbar doch verhältnismäßig schnell haftet. Das Gericht hätte eine Haftung wohl bejaht, wenn die Nachbarn verabredet hätten, „dass der Beklagte Pakete für die Klägerin aus Gefälligkeit annehmen sollte, ohne sich rechtlich hierzu zu verpflichten".

! *Entschiedene Einzelfälle*
Richter weisen immer wieder darauf hin, dass es auf die Umstände des Einzelfalls ankommt. Entschieden wurden bislang vor allem diese Fälle:

Beaufsichtigung von Nachbarskindern – in der Regel: nein. Aufsicht über die zum Geburtstag eingeladenen Kinder: ja. Mitnehmen anderer Kinder im Pkw bei Fahrt zum Kindergarten: nein. Bereitschaft, das Haus eines Nachbarn zu beaufsichtigen: nein. Fahrgemeinschaft – in der Regel: ja. Überlassen eines Raums für eine Geburtstagsfeier: nein. Überlassen eines Pkw zu einzelnen Fahrten: nein. Nicht versicherter Schaden mit einem Minibagger: nein, stillschweigend vereinbarter Haftungsausschluss für leicht fahrlässiges Handeln des Gefälligen – zum Einlesen: Oberlandesgericht Stuttgart, Urteil vom 8. Mai 2008, Aktenzeichen: 13 U 223/07.

? *Wie löst man dieses Problem einer Haftung aus Gefälligkeit?*

Am elegantesten wird noch sein: Sie zeigen dem Nachbarn diese Stelle des Buches und Sie unterschreiben gegenseitig auf einem Blatt, dass eine Haftung unter Ihnen als Nachbarn ausgeschlossen ist. Dann sind zwar nicht alle Probleme aus der Welt geschafft, aber das Risiko ist doch stark verringert.

Geruchs- und Rauchbelästigung

Beispiele finden Sie auch in anderem Zusammenhang. So zum Beispiel unter „Grenze – Muss ich einen Komposthaufen an der Gartengrenze dulden?" (Seite 77). Die Anspruchsgrundlage zum Vorgehen gegen Störer bilden die §§ 906, 1004 des Bürgerlichen Gesetzbuches (Beseitigung und Unterlassung). Diese Bestimmungen können Sie auf den Homepages der von uns juristisch betreuten Zeitschriften nachlesen (siehe Seite 2, beim Foto). Für die meisten Fälle müssen diese Bestimmungen nach dem Grundsatz von „Treu und Glauben" (siehe dort, Seite 218) und seiner Ausprägung im „Nachbarlichen Gemeinschaftsverhältnis" (siehe Seite 162) konkretisiert werden.

? *Können wir verlangen, dass unser Nachbar sein Hausschwein und andere Tiere wegen der Geruchsbelästigung abschafft?*

Erhebliche Störungen durch Immissionen wie Gase, Dämpfe oder Gerüche müssen in der Regel nicht geduldet werden. Entscheidend ist grundsätzlich, ob die Tierhaltung den Nachbarn wesentlich beeinträchtigt (§ 906 Absatz 1 Bürgerliches Gesetzbuch). Im Zweifel wird sich der Richter vor Ort selbst ein Bild der Lage machen müssen.

Auch eine wesentliche Beeinträchtigung muss jedoch hingenommen werden, wenn sie ortsüblich ist.

Wie Sie vorgehen müssen, um Ihre Rechte durchzusetzen, können Sie, wie zu allen anderen Auseinandersetzungen im Abschnitt „Rechtsdurchsetzung" nachlesen (Seite 179).

Siehe zu Geruchsbelästigungen allgemein auch noch bei der Frage: „Wie kann ich mich als Eigentümer gegen Lärm-, Geruchs- und Rauchbelästigungen wehren?" (Seite 67).

DER FALL

Die Parteien wohnen in angrenzenden Doppelhaushälften in einem, nach dem Flächennutzungsplan, reinen Wohngebiet. Die Beklagte hält in ihrer Doppelhaushälfte 27 Katzen. Der Kläger wünscht nach den §§ 906, 1004 des Bürgerlichen Gesetzbuches, dass wegen der Geruchsbelästigung alle Katzen „abgeschafft" werden müssen. Bei ungünstigem Wind und warmer Witterung riecht es, so der Kläger, im ganzen Haus streng nach Katzen. Einige Tiere hinterlassen ihren Kot auch im Garten der Beklagten. Der Swimmingpool und die Terrasse sind nach dem Vortrag des Klägers wegen des starken Katzengeruchs nicht mehr benutzbar.

DAS URTEIL

Im Urteil des Oberlandesgerichts München vom 26.6.1990 (Aktenzeichen: 5 U 7178/89) wird dem Kläger ein Anspruch auf Beseitigung zugesprochen. Nach eigener Feststellung des Gerichts besteht ein strenger Katzengeruch. Diese Geruchsbelästigung kann von der Beklagten nicht verhindert werden und beeinträchtigt die Nutzung des Eigentums des Klägers. Eine derart intensive Katzenhaltung in einer Doppelhaushälfte ist nicht ortsüblich und muss deshalb nicht geduldet werden. Jedoch durfte das Urteil aufgrund des nachbarrechtlichen Gemeinschaftsverhältnisses und aufgrund von Treu und Glauben erst nach drei Monaten vollstreckt werden.

? *Was muss ich als Mieter tun, um mich gegen Lärm-, Geruchs- und Rauchbelästigungen durch Nachbarn zu wehren?*

Siehe „Mieter" (Seite 145).

? *Wie kann ich mich als Eigentümer gegen Lärm-, Geruchs- und Rauchbelästigungen wehren?*

Gegen Lärm-, Geruchs- und Rauchbelästigungen, zum Beispiel wenn Sie Ihre Fenster geschlossen halten oder den Garten meiden müssen, können Sie sich mit dem Unterlassungsanspruch nach §§ 906, 1004 des Bürgerlichen Gesetzbuches wehren. Dieser Anspruch steht aber unmittelbar nur dem Eigentümer zu. Der Eigentümer muss diesen Anspruch jedoch in der Regel geltend machen, wenn seine Mieter oder Pächter dies wünschen.

Gleichgültig, ob Sie Eigentümer oder Mieter sind, Sie können auf jeden Fall Ihren Nachbarn darauf aufmerksam machen, dass er sich einer Ordnungswidrigkeit schuldig macht, zum Beispiel durch erheblichen Partylärm einer Ordnungswidrigkeit nach § 117 des Gesetzes über Ordnungswidrigkeiten, und dass ihm eine Geldbuße bis zu 5.000 Euro droht. Wie Sie sich wehren können, beschreiben wir auch im Rahmen vieler Detailthemen. Bitte nutzen Sie das Register, zum Beispiel unter dem Stichwort „Lärm". Beachten Sie bitte auch den Abschnitt „Rechtsdurchsetzung" (Seite 179).

DER FALL

Die Beteiligten sind Wohnungseigentümer einer Wohnanlage. Der Antragsgegnerin gehört die im Erdgeschoss gelegene Wohnung mit Garten. Die Antragstellerin besitzt eine Wohnung mit Balkon im 2. Obergeschoss und stört sich daran, dass die Antragsgegnerin in den Sommermonaten in ihrem Garten grillt.

DAS URTEIL

Das Bayerische Oberste Landesgericht hat durch Beschluss vom 18.3.1999 (Aktenzeichen: 2 Z BR 6/99) entschieden, dass die Antragsgegnerin nicht öfter als fünfmal im Jahr und in einem Bereich, der mindestens 25 Meter von der Wohnung der Antragstellerin entfernt ist, grillen darf. Diese Einschränkung muss hingenommen werden, da sich beim Grillen auf Holzkohlenfeuer Rauch und beißender Geruch verbreitet.

? *Steht dem Nachbarn eine Entschädigung wegen Geruchsbelästigung zu?*

Ja, wenn eine Opfergrenze überschritten wird. So hat es der Bundesgerichtshof schon im Jahre 1979 zu einer Mülldeponie entschieden, also zu einer Zeit, als die Rechtsprechung zu Entschädigungsansprüchen noch weniger entwickelt war als heute; Aktenzeichen: III ZR 95/78. Eine Entschädigung kommt nicht nur in Betracht, wenn – wie im Falle der Mülldeponie – die öffentliche Hand belästigt. Wenn unter Bürgern Interessen gegeneinanderstehen, wird immer öfter ein nachbarrechtlicher Ausgleichsanspruch zuerkannt. Siehe „Nachbarrechtlicher Ausgleichsanspruch, auch: bürgerrechtlicher Aufopferungsanspruch" (Seite 163).

? *Mir ist das so peinlich, wenn Gäste kommen und es stinkt nach Gülle. Kann ich nichts unternehmen?*

Die sachgerechte Einarbeitung von Gülle müssen Nachbarn in der Regel als zumutbar entschädigungslos dulden, wenn sie ortsüblich ist; § 906 Absatz 2 Satz 1 BGB. Bei fachgerechter, nicht nur der Entsorgung dienender Verwendung ist Gülle sogar ökologisch und ökonomisch chemischen Mitteln vorzuziehen. Bei nicht fachgerechter Verwendung können jedoch schnell Unterlassungs- und Entschädigungsansprüche nach den Paragrafen 1004, 823 Absatz 1 und 906 Absatz 2 Satz 2 des Bürgerlichen Gesetzbuches entstehen. Wertvolle Hinweise finden Sie in dem Urteil des Oberlandesgerichts Düsseldorf mit dem Aktenzeichen: 11 U 24/94, das Sie in der Internet-Urteilsdatenbank der von uns betreuten Zeitschriften einsehen können.

Gewächshaus

? *Ist mein Hobby-Gewächshaus genehmigungspflichtig?*
Siehe „Baugenehmigung" (Seite 30).

Grenze

Fragen um die Grenze zu Grundstücken führen mit zu den heftigsten Auseinandersetzungen unter Nachbarn. Siehe auch die Presseausschnitte bei Straftaten (Seite 204).

? *Welchen Abstand müssen Bäume, Sträucher, Hecken und sonstige Pflanzen von der Grenze haben?*

Wir beschreiben die Regelungen so genau, wie das bei so vielen unterschiedlichen landesrechtlichen Regelungen in einem Buch noch möglich ist. Siehe auch die Homepages der von uns juristisch betreuten Zeitschriften (siehe Seite 2, beim Foto). Dennoch empfiehlt es sich, dass Sie sich noch auf Ihrem Rathaus vergewissern. Beachten Sie bitte aber auch den kurzen Abschnitt: „Auskünfte" (Seite 28).

Bäume und Sträucher erreichen mit den Jahren oft eine ungeahnte Größe – zur Freude des Besitzers, aber manchmal zum Ärger des Nachbarn, weil sein Garten im Schatten liegt. Die Grenzabstände für Hecken werden in jedem Bundesland (außer in Mecklenburg-Vorpommern, Hamburg und Bremen) ausdrücklich festgelegt.

In Baden-Württemberg, Bayern, Berlin, Brandenburg, Hessen, Niedersachsen, Nordrhein-Westfalen, Rheinland-Pfalz, Saarland, Sachsen-Anhalt, Sachsen, Schleswig-Holstein und Thüringen wurden Nachbarschaftsgesetze erlassen, die die Grenzabstände für Bäume und Sträucher, und damit auch für Hecken, genau regeln. Gelegentlich sind Ausnahmen von den zwingend einzuhaltenden Grenzabständen vorgesehen, zum Beispiel dann, wenn sich die Pflanzen hinter einer Mauer oder entlang einer öffentlichen Straße befinden.

Für die anderen Bundesländer kann folgende Faustformel aufgestellt werden: Halten Sie mit Bäumen und Sträuchern bis etwa zwei Meter Höhe vorsichtshalber einen Mindestabstand von 50 Zentimetern ein und bei höheren Pflanzen einen Abstand von mindestens einem Meter. Auf die berechtigten Belange des Nachbarn muss Rücksicht genommen werden. Zu hohe Hecken müssen gekürzt, zu nah gepflanzte Hecken zurückversetzt werden.

Achtung: Die Ansprüche auf Rückschnitt oder Versetzung können verjähren. Einzelne Gesetze legen Ausschlussfristen fest. Oft stört die Anpflanzung zunächst nicht, und dann, wenn sie später einmal die Sonne wegnimmt oder stört, ist es zu spät. Siehe bitte auch die Abschnitte „Verjährung" (Seite 225), „Ausschlussfristen" (Seite 29), „Schattenwurf" (Seite 195) sowie „Fenster- und Lichtrecht (Seite 56).

Welcher Grenzabstand einzuhalten ist, hängt von der Pflanze ab. Die Landesgesetze sprechen alle von Bäumen und Sträuchern, jedoch wird in keinem Gesetz eine Definition angeboten, obwohl es bei den Grenzabständen große Differenzen gibt. Für Bäume ist meist ein größerer Abstand vorgeschrieben als für Sträucher, um in erster Linie den Nachbarn gegen Lichtentzug zu schützen. Ein Baum muss immer einen oder mehrere Stämme mit Krone haben und die Fähigkeit, mindestens sechs Meter Höhe zu erreichen. Im Gegensatz dazu verzweigt sich ein Strauch bereits vom Boden aus. Die Bäume, die nicht die Höhe von sechs Metern erreichen, werden den Sträuchern zugeordnet.

Die meisten Nachbargesetze unterscheiden zusätzlich zwischen Hecke, Nutz- und Ziergehölzen.

Hecke: Als Hecke wird eine ein- oder mehrreihige Pflanzung von Sträuchern oder Bäumen bezeichnet, die so dicht nebeneinander gepflanzt sind, dass sie miteinander verwachsen können. Also eine Art lebende Wand, die keinen oder nur geringen Durchblick erlaubt, entsteht. Typische Heckenpflanzen sind Liguster, Hainbuche, Kirschlorbeer, Wacholder und Thuja. Ob die Pflanzen regelmäßig seitlich oder in der Höhe geschnitten werden, ist unerheblich. Hecken müssen Grenzabstände einhalten.

Nutzgehölze: Das sind vor allem Obstbäume und -sträucher. Die Abstandsvorschriften unterscheiden meistens zwischen Steinobst (Süßkirsche, Sauerkirsche, Pfirsich, Aprikose, Zwetschge, Pflaume, Reineclaude, Mirabelle), Kernobst (Apfel, Birne, Quitte), Schalenobst (Walnuss) und Strauchgehölzen (Haselnuss, Beerenobst). Neue Obstsorten (Beispiel: Kiwi) oder aus anderen Gründen in den Gesetzen nicht behandelte (Beispiel: Feige) werden in eine passende Kategorie eingeordnet. Kommt es darauf an, ob eine Obstsorte auf schwach, mittelstark oder stark wachsender Unterlage veredelt ist, muss häufig ein Fachmann gefragt werden (es besteht ein Auskunftsanspruch gegenüber den Nachbarn).

Ziergehölze: Hier sind die Verhältnisse unsicherer, da die Gesetze nicht alle denkbaren Ziergehölze erfassen können.

Da in den Gesetzen oft Begriffe wie großwüchsig, sehr stark wachsend, stark wachsend und ähnliche verwendet werden, ist es oft schwierig, den Mindestgrenzabstand zu bestimmen. Eine übergreifende Erklärung für alle Bundesländer kann hier nicht gegeben werden, denn selbst wenn die Begriffe in den Gesetzen teilweise gleich sind, sind sie nicht immer gleich auszulegen. Viele Auseinandersetzungen über Grenzabstände könnten wohl vermieden werden, wenn die Gesetzgeber sich für eine eindeutigere Formulierung entschieden hätten. Ein zusätzliches Problem bei der Zuordnung zu den verschiedenen Begriffen ist, dass es selbst in der gleichen Art eines Gehölzes standortbedingt verschiedene Entwicklungsmöglichkeiten gibt, beispielsweise auch abhängig von der Unterlage, auf der sie gepflanzt sind. Eine rein tabellarische Zuordnung ist also nicht in allen Fällen möglich. In Streitfällen muss ein Sachverständiger die Zuordnung vornehmen. Eine Besonderheit: Soweit in den Gesetzen zwischen stark und sehr stark wachsenden Pflanzen unterschieden wird, kommt es nicht etwa auf das Tempo des Wachstums an, sondern auf die in Deutschland erreichbare maximale Wuchshöhe.

Viele Landesgesetze enthalten umfangreiche Sondervorschriften für landwirtschaftlich genutzte und für Wald-Grundstücke.

Was im Einzelfall gilt, erfahren Sie bei Ihrer Gemeinde. Siehe auch: „Auskünfte" (Seite 28). Die Abstände gelten für Bäume, Sträucher und Kletterpflanzen, auch für solche, die sich selbst ausgesät haben. Falls Sie sich mit Ihrem Nachbarn darauf einigen, auf die vorgeschriebenen Abstände zu verzichten, sollten Sie die Regelung zu Beweiszwecken unbedingt schriftlich festlegen.

> **?** *Was ist ein „einzeln stehender Baum"? Ein im Juli 2008 entschiedener Rechtsstreit als Beispiel für die Mühen von Lesern zur Durchsetzung von Rechten.*

Nach § 16 des Gesetzes über das Nachbarrecht Baden-Württemberg (NRG BW) dürfen nur „einzeln stehende großwüchsige Bäume, ausgenommen Nadelbäume, gegenüber Grundstücken in Innerortslage mit einem Abstand von sechs Metern gepflanzt werden". Normal sind acht Meter vorgeschrieben. In erster Instanz hatte das Amtsgericht Mannheim diese Ausnahme zu Lasten eines Leser-Ehepaars bejaht. Der Leser und seine Gattin haben aber nicht aufgegeben und an Material und Argumenten zusammengetragen, was es nur gibt. In zweiter Instanz hat dann das Landgericht Mannheim als Berufungsgericht das erstinstanzliche Urteil aufgehoben und zugunsten der Leser geurteilt; Aktenzeichen: 1 S 39/08 (eingestellt, wie die allermeisten anderen aufgeführten Entscheidungen in den Urteilsdatenbanken der von uns betreuten Zeitschriften). Das Gericht hat prägnant festgestellt, dass nach seiner Auffassung „bereits dann nicht mehr von einem einzeln stehenden Baum gesprochen werden kann, wenn in seiner Nähe mindestens ein anderer Baum so dicht gepflanzt ist, dass wenn die Bäume ausgewachsen sind – ihre artgemäße Ausdehnung unterstellt – der Eindruck eines Ensembles entsteht. Hierbei kommt es nach Auffassung der Kammer nicht darauf an, auf welchen Grundstücken die Bäume sich befinden, die dies bewirken." Diese Ausführungen des Gerichts entsprechen dem Sinn und Zweck des Gesetzes, nämlich: Die Ausnahme darf nicht zu einer unästhetischen Enge führen. Siehe das abgebildete Foto.

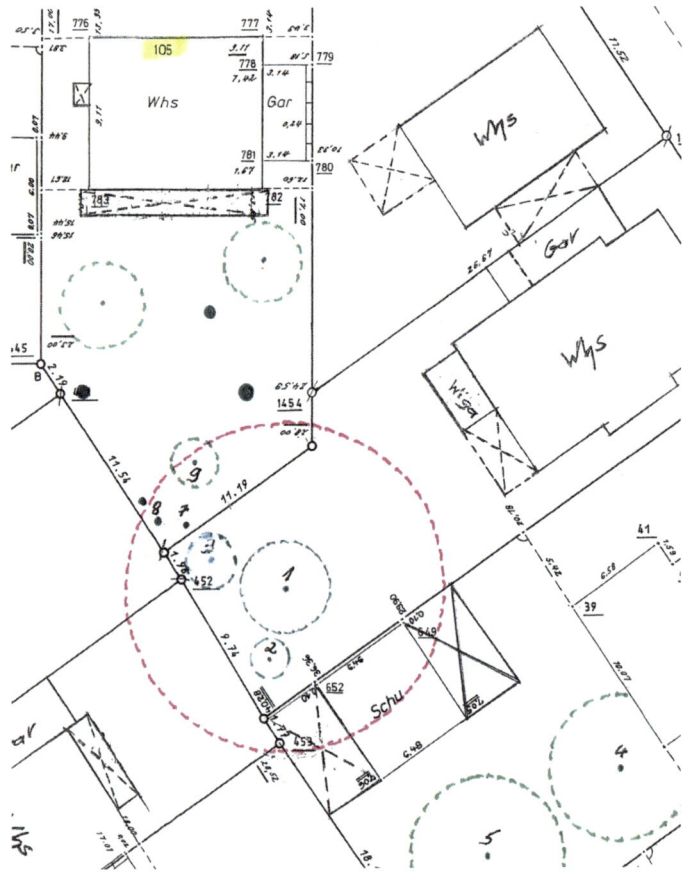

Der Lageplan verdeutlicht, warum sich die Leser wehren mussten.

Diese Trauerweide wurde in einem zu engen Abstand gepflanzt.

? *Kann ich von meinem Nachbarn verlangen, dass er eine zu hohe Pflanze entfernt?*

Strittig ist, ob Pflanzen, die innerhalb der vorgeschriebenen Grenzabstände die erlaubte Höhe überschreiten, nur auf die erlaubte Höhe zurückgestutzt oder beseitigt beziehungsweise zurückversetzt werden müssen. Eine gefestigte Rechtsprechung gibt es insoweit nicht. Überwiegend wird die Meinung vertreten, dass der Nachbar die zu hohe Pflanze aus dem Grenzbereich entfernen muss.

! *Mein Nachbar möchte, dass ich meinen Bambus wegen der Abstandsbestimmung von der Gartengrenze entferne.*

Auch wenn in der Botanik der Bambus den Gräsern zugeordnet wird, ist diese Einordnung für die rechtliche Wertung nicht bindend. Im Sinne der nachbarschaftlichen Vorschriften ist Bambus ein „Gehölz", da sich der Bambus hinsichtlich seiner Abdeckungswirkung auf das Nachbargrundstück mit Gehölzen vergleichen lasse. So haben insbesondere das Amtsgericht Schwetzingen (Aktenzeichen: 51 C 39/00) und auch das Amtsgericht Stuttgart (Aktenzeichen: 11 C 322/95) entschieden. Ausschlaggebend für die nachbarrechtlichen

Abstandsvorschriften ist auch, ob die jeweilige Pflanze verholzt – was beim Bambus der Fall ist. Es gelten also die gleichen Bestimmungen für Ihren Bambus wie für andere Hecken.

? *Welche Grenzabstände müssen Pflanzen hinter geschlossenen Einfriedungen einhalten?*

Ein Grenzabstand muss bei Pflanzen hinter geschlossenen Einfriedungen in der Regel nicht eingehalten werden. Voraussetzung ist, dass sie die Einfriedung nicht überragen und dass die Art und Höhe des Zauns oder der Mauer zugelassen sind. Eine Ausnahme kann sich aus den Landesgesetzen ergeben oder aber bei „lebenden" Einfriedungen bestehen, zum Beispiel bei Hecken. Hier kann je nach Bundesland ein entsprechender Grenzabstand vorgeschrieben sein.

? *Welchen Abstand müssen Gebäude (Gartenhäuschen inbegriffen), Sichtschutzwände und -zäune und anderes (Klettergerüst, Sitzplatz, Spaliere, Terrassen) von der Grenze haben?*

Gebäude: In den meisten Fällen sind bei der Errichtung von normalen Gebäuden auf einem Grundstück bestimmte Grenzen zum Nachbargrundstück, sogenannter Bauwich, für ausreichende Belüftung, Belichtung und Besonnung sowie zum Schutz vor Brandübergriffen vorgeschrieben. Entscheidend dafür, ob eine Grenze eingehalten werden muss, ist, ob für das Baugebiet, in dem sich Ihr Grundstück befindet, eine sogenannte „offene" oder „geschlossene" Bauweise vorgeschrieben ist. Wenn es einen Bebauungsplan gibt, den Sie bei der Gemeinde einsehen können, dann wird Ihnen dieser hierüber Aufschluss geben. Wenn nicht, dann kann es davon abhängen, wie die anderen Grundstücke in der Umgebung bebaut sind. Es müssen Grenzabstände eingehalten werden, wenn der Bebauungsplan eine offene Bauweise vorschreibt oder hierzu keine Angabe enthält. Bei geschlossener Bauweise müssen keine Grenzen eingehalten werden. Es ergibt sich aus dem Bebauungsplan oder aus den Bauordnungen der Bundesländer, wie groß der Abstand zum Nachbargrundstück sein muss. Auch wenn es teilweise zivilrechtliche Regelungen in den Nachbarrechtsgesetzen gibt, welche nur das Rechtsverhältnis zwischen den Nachbarn untereinander betreffen, treten diese hinter zwingenden öffentlich-rechtlichen Regelungen zurück. Zu Fenstern und Lichtöffnungen müssen noch besondere Abstände eingehalten werden (siehe „Fenster- und Lichtrecht", Seite 56).

Gartenhäuschen/Geräteschuppen: Auch bei Gartenhäuschen und Geräteschuppen muss aus den gleichen Gründen wie bei Gebäuden teilweise ein Abstand zur Grenze eingehalten werden. Selbst wenn ein Gartenhäuschen möglicherweise baugenehmigungsfrei gebaut werden darf, sind trotzdem die baurechtlichen Vorschriften zum Bauwich zu wahren. Es müssen die auf dem Bebauungsplan eingetragenen Grenzen beachtet werden. Wenn keine Grenzen festgelegt sind, dann gelten im Allgemeinen die Abstandsvorschriften des jeweiligen Bundeslandes für „normale" Gebäude, es sei denn, eine der häufigen Ausnahmen für Nebengebäude würde greifen.

Gartenhäuschen und Geräteschuppen, für welche eine Baugenehmigung erforderlich ist, dürfen grundsätzlich nur auf der Fläche errichtet werden, die im Bebauungsplan als überbaubar festgelegt ist. Solange der Bebauungsplan keine Ausnahme verbietet, kann die Baubehörde eine Ausnahme zulassen. Wenn keine Baugenehmigung erforderlich ist, kann das Gartenhäuschen auch außerhalb der überbaubaren Fläche errichtet werden. Achten Sie darauf: Sonstige baurechtliche Vorschriften, wie zur Verkehrssicherheit und zum Brandschutz, müssen selbstverständlich ebenso wie die Baunutzungsverordnung eingehalten werden.

Sichtschutzwand: Direkt an der Grenze ist die Errichtung von Sichtschutzwänden bis zu einer Höhe von 1,8 m beziehungsweise 2,0 m innerhalb der im Zusammenhang gebauten Ortsteile (Innenbereich) in vielen Bundesländern ohne Baugenehmigung baurechtlich zulässig. Es können jedoch andere Umstände einschränken. So, wenn die Sicht auf öffentliche Verkehrsflächen, wie Straßenkreuzungen, durch die Sichtschutzwand beeinträchtigt wird. Wenn die Höchstgrenze der Bauordnung des jeweiligen Bundeslandes nicht eingehalten worden ist, liegt es nahe, dass von der Sichtschutzwand eine gebäudeähnliche Wirkung ausgeht und deshalb auch die Abstandsregeln für Gebäude greifen. Aus privatrechtlicher (im Gegensatz zu öffentlich-rechtlicher) Sicht ist eine Sichtschutzwand an der Grundstücksgrenze eine Einfriedung, und deshalb sind privatrechtlich an die Wand die gleichen Anforderungen zu stellen wie an die Errichtung von Zäunen (siehe: „Wie darf der Zaun gestaltet werden?", Seite 95). Von diesen Regeln kann mit dem Einverständnis des Nachbarn abgewichen werden. Wenn verunstaltet wird, hilft das Einverständnis des Nachbarn voraussichtlich nichts, weil die Behörden nach den öffentlich-rechtlichen Bestimmungen gegen Verunstaltungen einschreiten dürfen. Siehe auch generell „Sichtschutz" (Seite 201).

Pergola, Schaukel, Sitzplatz, Spaliere, Terrassen: Pergola, Schaukel, Klettergerüst, Sitzplatz, Spaliere und Terrassen sind keine Gebäude im Sinne des Baurechts. Bei ihnen müssen grundsätzlich keine öffentlich-rechtlichen Grenzabstände zum Nachbargrundstück eingehalten werden. Eine Ausnahme besteht dann, wenn durch diese Anlagen eine Wirkung wie von einem Gebäude ausgeht. So kann eine sehr hohe und bewachsene Pergola als Gebäude gelten, wenn sie die Belichtung des Nachbargrundstücks erheblich beeinträchtigt. Das Gleiche trifft auf überdachte Sitzplätze zu. Es können jedoch landesrechtliche Ausnahmen greifen. Jedenfalls in Baden-Württemberg, Rheinland-Pfalz, Saarland und Thüringen gelten besondere Abstandsregeln für Spaliere oder Pergolen, also für „Rankgerüste für die flächenmäßige Ausdehnung von Pflanzen".

? Wie wird der Grenzabstand gemessen?

Die Messung des Grenzabstandes von Bäumen ist einheitlich in allen Nachbarrechtsgesetzen vorgeschrieben. Gemessen wird von der Mitte des Stammes dort, wo der Stamm aus der Erde tritt. (nicht etwa: der dickste oder der Hauptstamm!). Äste, Zweige und Blätter dürfen also an die Grenze heranwachsen. Von dieser Regel kann es Ausnahmen geben. Manches ist, auch von Land zu Land, umstritten. Die Regeln des nachbarlichen Gemeinschaftsverhältnisses sind ebenfalls anzuwenden. Siehe „Treu und Glauben" (Seite 218) sowie „Nachbarliches Gemeinschaftsverhältnis" (Seite 162). Bei Pflanzen, die keine Stämme, sondern eine Vielzahl von Trieben haben (wie Sträucher, zum Beispiel Himbeere), gibt es in den Nachbarrechtsgesetzen unterschiedliche Regelungen. Entweder wird der Abstand, wie bei Bäumen, von der Mitte des Strauches an der Stelle, wo dieser aus dem Boden tritt, gemessen. Oder von der Mitte des grenznächsten Triebes. Eine Besonderheit ergibt sich aus § 37 Nachbarrechtsgesetz Brandenburg und in § 37 Nachbarrechtsgesetz Schleswig-Holstein. Hier heißt es nur: „Der Abstand wird waagerecht und rechtwinklig zur Grenze gemessen". Jedoch gilt in diesen Bundesländern die Besonderheit, dass der vorgeschriebene Grenzabstand mit jedem Teil des Baumes oder Strauches einzuhalten ist. Wer ganz sichergehen will, wird vom grenznächsten Trieb ausgehen und kritische Triebe notfalls entfernen. Bei abschüssigem Gelände darf man das Maßband nicht etwa auf der Erde entlang zur Grenze führen (der für den Abstand ermittelte Wert wäre höher), sondern muss auf einer gedachten waagerechten Linie zwischen Pflanze und Grenze messen.

? *Darf ein Nachbar seine Garage zwanzig Zentimeter über die Grenze bauen?*

In aller Regel nicht. Siehe „Überbau" (Seite 220).

? *Muss ich einen Komposthaufen an der Gartengrenze dulden?*

Grundsätzlich darf jeder in seinem Garten einen Komposthaufen anlegen. Wenn sich der Nachbar an die landesrechtlichen Vorschriften hält, haben Sie meist keinen Anspruch darauf, dass der Kompost beseitigt wird. Wenn es jedoch zur Geruchsbelästigung kommt, können Sie vom Nachbarn in der Regel verlangen, dass er den Haufen beseitigt oder verlegt. Entscheidend ist, ob die Grenzwerte der „Technischen Anleitung zur Reinhaltung der Luft" überschritten werden. Es kann aber auch sein, dass der Geruch als ortsüblich angesehen wird und dann hingenommen werden muss. Landwirtschaftliche Gerüche sind in einer ländlichen Gegend eher ortsüblich als in der Stadt oder einer reinen Wohngegend. Außerdem muss geklärt sein, ob der Aufwand zur Vermeidung des Geruches dem Nachbarn wirtschaftlich zuzumuten ist. Als wirtschaftlich zumutbar gilt regelmäßig das Verlegen des Komposthaufens.

Eine Platzierung direkt neben einem Sitzplatz sollte auf jeden Fall vermieden werden. Gegen einen störenden Komposthaufen haben Sie einen Anspruch auf Beseitigung beziehungsweise Unterlassung nach § 1004 des Bürgerlichen Gesetzbuches. Wie stets greifen die Grundsätze von Treu und Glauben einschließlich des nachbarlichen Gemeinschaftsverhältnisses. Siehe zu ihnen „Treu und Glauben" (Seite 218) und „Nachbarliches Gemeinschaftsverhältnis" (Seite 162).

> **DER FALL**
>
> Der Kläger ist Eigentümer eines Grundstücks in München-Obermenzing. Der Garten, die Terrasse und der Kinderspielplatz der Familie des Klägers liegen direkt an der Grundstücksgrenze zum Nachbarn. Genau gegenüber dem Kinderspielplatz hat der Nachbar an der Grundstücksgrenze seine Kompostanlage errichtet. Auf dieser werden Gartenabfälle und gelegentlich Stallmist gelagert. Die Entfernung bis zum Wohnhaus des Klägers beträgt zirka acht Meter. Beide Grundstücke befinden sich in einem allgemeinen Wohngebiet. Der Kläger verlangt, dass sein Nachbar seinen Komposthaufen von der Grundstücksgrenze wegverlegt.

DAS URTEIL

Das Landgericht München I gab dem Kläger Recht (Urteil vom 23.12.1986, Aktenzeichen: 23 O 14452/86). Die Urteilsbegründung bildet einen Musterfall für die Anwendung der Grundsätze zum „nachbarlichen Gemeinschaftsverhältnis" (siehe Seite 162). Das Gericht hat nämlich in seinem Urteil ausgeführt:
Der Kläger (mit Terrasse und Kinderspielplatz) kann nach §§ 906, 1004 des Bürgerlichen Gesetzbuches verlangen, dass der Kompost verlegt wird. Es ist allgemein bekannt, dass von einem Komposthaufen, in dem Gartenabfälle verrotten, regelmäßig Geruchsbelästigungen ausgehen und gehäuft Insekten angezogen werden. Es ist zwar grundsätzlich gestattet, Gartenabfälle zu kompostieren. Angesichts der örtlichen Verhältnisse ist jedoch ohne Weiteres ersichtlich, dass es dem Kläger wegen seines kleinen Grundstücks nicht möglich ist, den Kinderspielplatz zu verlegen. Der Nachbar konnte hingegen nicht begründen, warum er die Kompostanlage, die sich früher ohnehin an einer anderen Stelle befand, ausgerechnet an der Grundstücksgrenze neben dem Kinderspielplatz errichten musste. Bei der Größe seines Grundstücks von zirka 1.350 Quadratmetern ist es dem Nachbarn ohne Weiteres möglich, an anderer Stelle zu kompostieren, ohne dass hierdurch nachbarrechtliche Belange berührt werden. Ein anderer Standort ist ihm somit zumutbar.

? *Darf ich Äste, Zweige oder Wurzeln eines Nachbarbaumes, die über den Zaun beziehungsweise die Grenze wachsen, zurückschneiden?*

Sie dürfen Wurzeln und nach einer Fristsetzung Äste, jedoch nicht ganze Bäume, abschneiden und behalten; § 910 Abs. 1 des Bürgerlichen Gesetzbuches. Neben § 910 Abs. 1 steht selbstständig der Beseitigungs- und Unterlassungsanspruch nach § 1004; so der Bundesgerichtshof in ständiger Rechtsprechung, Aktenzeichen: V ZR 99/03. Der Text des § 1004 ist im Vorwort, Seite 23, abgedruckt.

Eine Ausnahme besteht, falls die Wurzeln oder die Zweige die Benutzung des Grundstücks nicht beeinträchtigen (§ 910 Abs. 2, Bürgerliches Gesetzbuch). § 910 Abs. 2 gilt als Maßstab übrigens auch dann,

Zu diesen überhängenden Zweigen müssen gegenwärtig für Leser vom Landgericht Erfurt Fragen zur Beeinträchtigung und zur Bedeutung einer Baumschutzsatzung geklärt werden, Aktenzeichen: 2 S 211/07.

wenn als Anspruchsgrundlage nicht § 910 gewählt wird, sondern § 1004 Absatz 1 Satz 1 (Bundesgerichtshof, ebenfalls Aktenzeichen: V ZR 99/03). Wenn Sie hier ein Problem haben, dürfen Sie das Wort „nicht beeinträchtigen" nicht überlesen. Einen anschaulichen Fall bietet Ihnen eine (in die Urteilsdatenbank eingestellte) Entscheidung des Oberlandesgerichts Oldenburg, Aktenzeichen: 4 U 89/89. Diese Entscheidung stellt zu einem Fall fest, dass der Nachbar zwar beeinträchtigt wird, aber nicht gerade durch die überhängenden Zweige. Wir kommen auf diese Voraussetzung „beeinträchtigen" gleich noch zurück. Die Ihnen entstehenden Kosten müssen Ihnen nach Bereicherungsgrundsätzen erstattet werden. Siehe zum Beispiel das erwähnte Urteil des Bundesgerichtshofs zu Wurzeln (Aktenzeichen: V ZR 99/03). Das Recht, selbst zu handeln (§ 910 Absatz 1 Satz 1 des Bürgerlichen Gesetzbuches), ist ein besonderes Selbsthilferecht, das nicht verjährt; nur Ansprüche verjähren. Die Gesetze enthalten auch keine Ausschlussfrist, welches dem Selbsthilferecht entgegenstehen könnte.

Umstritten kann im Einzelfall sein, wie schon erwähnt, ob beeinträchtigt wird. Als Beeinträchtigung gilt beispielsweise, wenn Wurzeln einen Weg beschädigen, zahlreiche Mostbirnen herüberfallen, oder wenn niedrig hängende Zweige den Durchgang erschweren. Leichte Beschattung oder Laubfall zählt grundsätzlich nicht als Beeinträchtigung im Sinne des § 910. Um festzustellen, ob eine Beeinträchtigung vorliegt, wird meist vom Gericht ein Sachverständiger eingeschaltet. Dieser muss dann auch beurteilen, ob die Beeinträchtigung vom Überhang ausgeht oder nicht doch vom ganzen Baum und die Beseitigung des Überhangs die Beeinträchtigung also nicht mildern kann. Die Beseitigung des ganzen Baumes kann wegen der Beeinträchtigung nicht gefordert werden.

Dazu, ob ganz unerhebliche Beeinträchtigungen hingenommen werden müssen, ist die Rechtsprechung uneinheitlich. Der Bundesgerichtshof hat die Frage offen gelassen (Aktenzeichen: V ZR 102/03). Das Oberlandesgericht Köln hat die Frage bejaht: Nach ihm reicht nicht aus, dass die herüberragenden Zweige einen Ziergarten, der angelegt werden soll, in der Licht- und Feuchtigkeitszufuhr kaum messbar beeinträchtigen (Aktenzeichen: 11 U 6/96).

Eine Beeinträchtigung verneint wurde in dem soeben genannten Urteil des Bundesgerichtshofs für den Fall, dass ein Kiefernzweig in zirka fünf Metern Höhe ungefähr 0,4 Meter weit auf das Grundstück herüberragt. Dass nicht beeinträchtigt wird, muss derjenige darlegen und beweisen, der sich darauf beruft, wegen fehlender Beeinträchtigung bestehe das Recht abzuschneiden nicht.

Bevor Sie Äste abschneiden, müssen Sie Ihrem Nachbarn aber – diese Fristsetzung wurde eingangs schon erwähnt – eine Frist von in der Regel mehreren Wochen einräumen, in der er die Äste selbst entfernen kann. Wie lange eine angemessene Frist ist, kann nicht generell beantwortet werden. In der Praxis wird meist von einer Frist von vier Wochen ausgegangen. Abhängig von der Jahreszeit, wenn der Rückschnitt in dieser Zeitspanne den betroffenen Baum nachweislich schädigen kann, oder aufgrund von landesrechtlichen Schnittverboten ist eine längere Frist in diesen Fällen aber angemessen. Setzen Sie die Frist schriftlich oder vor Zeugen. Erst wenn die Frist ungenutzt verstreicht, dürfen Sie selbst zur Schere greifen. Wenn Sie zur Schere greifen, müssen Sie die Äste aber fachgerecht abschneiden, anderenfalls machen Sie sich schadensersatzpflichtig für die Differenz zwischen dem Wertverlust des Baumes bei einem fachgerechten Schnitt und dem Wertverlust durch das nicht fachgerechte Entfernen. Bei Wurzeln muss grundsätzlich gemäß dem Wortlaut des § 910 BGB keine Frist gesetzt werden. Jedoch ist diese Regelung um 1900 entstanden, als den Wurzeln noch nicht so viel Bedeutung zugemessen worden ist. Da das Abschneiden der Wurzeln aber zu einer schwerwiegenden Schädigung des Baumes führen kann oder sogar das Umstürzen begünstigen kann, muss der Baumeigentümer wenigstens in Kenntnis gesetzt werden, damit er die Möglichkeit hat, Schutzmaßnahmen zu treffen. Dies wird heute auch von der Rechtsprechung vertreten, die zur Begründung das nachbarrechtliche Gemeinschaftsverhältnis (siehe Nachbarliches Gemeinschaftsverhältnis, Seite 162) heranzieht. Wenn die Anzeige an den Nachbarn unterbleibt, dann gilt für den Schadensersatzanspruch des Baumeigentümers die gleiche Berechnung wie bei den Ästen beschrieben. Eine Ausnahme kann bestehen, wenn der Baum durch das Abschneiden der Wurzeln gefährdet wird. Wächst ein ganzer Stamm in Ihren Garten hinein, können Sie seine Beseitigung nach § 1004 des Bürgerlichen Gesetzbuches verlangen. Wenn Sie Äste oder Wurzeln nicht selbst entfernen möchten, können Sie nach Ablauf einer Frist im Allgemeinen auch einen Dritten damit beauftragen. Der Nachbar muss für die Kosten aufkommen.

Für das Entfernen gibt es jedoch einige Einschränkungen: Wenn das Gehölz durch den Schnitt gefährdet ist, können Sie möglicherweise aufgrund Landesrechts keinen Rückschnitt in der Wachstumsperiode von März bis September verlangen. Mitunter gibt es auch Einschränkungen durch eine kommunale Baumschutzverordnung und durch besondere Regelungen in den Nachbarrechtsgesetzen der Bundesländer (beispielsweise §§ 23, 24 Nachbarrechtsgesetz Baden-Württemberg). Siehe zu Baumschutzverordnungen auch die gleich nachfolgende Frage: „Gibt es weitere Ausnahmen von dem Recht, überhängende Zweige zurückzuschneiden?" (Seite 83). Am besten fragen Sie direkt bei der Gemeinde nach. Siehe zu Auskünften den Abschnitt „Auskünfte" (Seite 28).

Wichtig: Sie dürfen das Gehölz nicht weiter als bis zur Grundstücksgrenze zurückschneiden und das Nachbargrundstück beim Schneiden nicht betreten. Wenn rechtswidrig zurückgeschnitten wird, also wenn zum Beispiel keine Frist gesetzt oder zu weit geschnitten wurde, kann der Nachbar unter Umständen Schadensersatz verlangen. Jedoch kann der Nachbar nur Schadensersatz verlangen wenn ein Schaden entstanden ist. Wenn Sie ein Abschneiderecht haben und dieses fachgerecht ausgeführt haben, aber ohne Fristsetzung gehandelt haben, dann ist dies zwar widerrechtlich, aber letztlich ist kein Schaden entstanden. Das Schnittgut steht übrigens demjenigen zu, der die Äste oder Wurzeln entfernt.

DER FALL

Die Klägerin behauptet, dass Wurzeln des Kirschbaums, der etwa einen Meter von der Grundstücksgrenze entfernt auf dem Grundstück des Beklagten steht, in ihr Grundstück hineingewachsen sind und innerhalb der letzten drei Jahre drei Betonplatten des früheren Weges um 25 bis 30 mm angehoben hätten.

DAS URTEIL

Geurteilt hat der Bundesgerichtshof am 28.11.2003 (Aktenzeichen: V ZR 99/03): Der Eigentümer kann von seinem Nachbarn nach § 1004 Abs. 1 Satz 1 des Bürgerlichen Gesetzbuchs verlangen, die über die Grenze gewachsenen Baumwurzeln zu beseitigen. Trotz ablehnender Stimmen hält der BGH daran fest, dass das Selbsthilferecht und der Beseitigungsanspruch gleichrangig nebeneinander bestehen und sich somit nicht ausschließen. Auch wenn es ein natürlicher Vorgang ist, dass Baumwurzeln wachsen, wurde bisher der Eigentümer für verantwortlich gehalten, weil er den Baum gepflanzt beziehungsweise unterhalten hat. In der jüngeren Zeit wird bei solchen natürlichen Vorgängen oder beim Einwirken von Naturkräften darauf abgestellt, ob die Störung darauf beruht, dass es der Eigentümer pflichtwidrig unterlassen hat, mögliche Beeinträchtigungen der Nachbargrundstücke zu verhindern (sog. Sicherungspflicht). Der Eigentümer muss dafür sorgen, dass die Baumwurzeln nicht über die Grenzen seines Grundstücks hinauswachsen. Der betroffene Eigentümer darf die Beseitigung allerdings nur verlangen, wenn die Benutzung des Grundstücks beeinträchtigt ist. Im zu entscheidenden Fall wird beeinträchtigt. Der Störer muss die notwendigen Kosten erstatten. Notwendig sind die Kosten, die der Eigentümer des störenden Grundstücks hätte aufwenden müssen, wenn er den nach § 1004 des Bürgerlichen Gesetzbuches bestehenden Beseitigungsanspruch des Nachbarn erfüllt hätte. Insofern ist der Verpflichtete bereichert und nach § 812 Abs. 1 Satz 1 des Bürgerlichen Gesetzbuchs gehalten, die Kosten zu erstatten. Zu diesen Kosten gehören auch die Aufwendungen für die Feststellung der Störungsursache und die Wiederherstellungskosten für den Weg, der beschädigt worden ist.

? *Gibt es weitere Ausnahmen von dem Recht, überhängende Zweige zurückzuschneiden?*

Ja. Das Landgericht Koblenz hat am 3. Juli 2007 einen Fall entschieden, bei dem eine alte, hochgewachsene Rotbuche durch § 23 des Landesnaturschutzgesetzes für Rheinland-Pfalz und eine auf seiner Basis erlassene Rechtsverordnung geschützt ist. Eine behördliche Ausnahmegenehmigung wurde verweigert. In einem solchen Falle geht der Naturschutz – wie wir es zu vielen anderen Themen in diesem Buch aufführen – dem Nachbarrecht vor. Aktenzeichen des LG Koblenz: 6 S 162/06. Dass die Baumschutzverordnungen vorgehen, hat schon das Oberlandesgericht Düsseldorf in einem Urteil vom 20. April 1988 festgestellt und damit begründet, dass Baumschutzverordnungen „ein die Eigentümerstellung nach § 903 BGB einschränkendes Gesetz" darstellen; Aktenzeichen: 9 U 228/87.

Wurde noch keine behördliche Ausnahmegenehmigung von der Baumschutzverordnung beantragt, dann muss ein entsprechender Vorbehalt in den Urteilstenor aufgenommen werden; Bundesgerichtshof, Aktenzeichen: V ZR 82/91.

Vorsicht: Wenn eine Baumschutzverordnung, also Naturschutzrecht, anwendbar ist, müssen Sie oder der Nachbar sich befreien lassen. Ansonsten drohen möglicherweise Bußgelder oder sogar eine Gefängnisstrafe, wenn der Baum ein Naturdenkmal ist. Der Baumschutz endet nicht an der Grundstücksgrenze und kann auch schon eingreifen, wenn bloß ein Ast abgeschnitten wird. Siehe auch „Darf ich meinen Baum fällen oder zurückschneiden?" (Seite 33).

? *Wem gehören die Früchte, die über den Zaun herüberhängen oder fallen?*

Über Früchte an überhängenden Zweigen wird ebenfalls häufig gestritten. Nach § 911 des Bürgerlichen Gesetzbuches gehören sie grundsätzlich dem Eigentümer des Grundstücks, auf dem der Baum oder der Strauch steht. Sein Nachbar darf also Äpfel, die noch am Zweig hängen, nicht pflücken. Der Baumeigentümer darf hingegen mit dem Apfelpflücker über den Zaun langen und seine Früchte ernten. Er hat aber nicht das Recht, das Nachbargrundstück zum Abernten seines Baumes zu betreten. Fallen die Früchte ab, gehören sie dem, auf dessen Grundstück sie liegen. Der Eigentümer des Baumes hat auch hier nicht das Recht, das Nachbargrundstück zu betreten und das Fallobst aufzusammeln. Siehe auch Abschnitt „Betreten des Nachbargrundstücks" (Seite 49).

Der Grundstückseigentümer kann vom Nachbarn die Beseitigung der herabgefallenen Früchte oder eine Entschädigung verlangen, wenn sie sein Grundstück wesentlich und ortsunüblich beeinträchtigen. Siehe auch Abschnitt „Fallobst" (Seite 55).

? *Kann ich verlangen, dass mein Nachbar die an die Grundstücksgrenze gesetzten Bäume und Sträucher wieder entfernt oder abholzt?*

Bei einem Verstoß gegen Abstandsvorschriften hat der Nachbar grundsätzlich einen Anspruch darauf, dass die zu dicht an der Grenze stehende Pflanze beseitigt oder auf die zulässige Höhe zurückgeschnitten wird. Der störende Nachbar darf in der Regel zwischen diesen beiden Möglichkeiten wählen. Beachten Sie, dass die Landesrechte teilweise voneinander abweichen; – auch was die Rücksichtnahme auf Wachstumszeiten betrifft. Gerichtlich wird sich voraussichtlich allgemein durchsetzen, dass unabhängig vom geschriebenen Recht nur zurückgeschnitten werden muss, falls so ein gesetzlicher Zustand hergestellt werden kann.

Das Wahlrecht des störenden Nachbarn entfällt, wenn Maßnahmen für die eine Alternative, zum Beispiel für die Alternative „zurückschneiden", zwar möglich sind, vernünftigerweise aber nicht ernsthaft in Betracht gezogen werden können (Bundesgerichtshof, Aktenzeichen: V ZR 98/03). Der Anspruch auf Beseitigung und Rückschnitt kann verjähren, oder es kann diesen Ansprüchen eine sogenannte Ausschlussfrist entgegenstehen. Eine Ausnahme besteht insbesondere in dem vom Bundesgerichtshof beurteilten Fall, dass Bäume aus Gründen der Verkehrssicherungspflicht gefällt werden müssen (Aktenzeichen: V ZR 319/02). Siehe Schlagwort: „Ausschlussfristen" (Seite 29).

Ob der durch die abgelaufene Frist benachteiligte Nachbar wenigstens verlangen kann, dass die herüberragenden Zweige abgeschnitten werden, entscheidet sich nach § 910 des Bürgerlichen Gesetzbuches. Siehe dazu oben den Abschnitt: „Darf ich Äste, Zweige oder Wurzeln eines Nachbarbaumes, die über den Zaun beziehungsweise die Grenze wachsen, abschneiden?" (Seite 78).

Der Bundesgerichtshof hat aufgrund der im Niedersächsischen Nachbarrechtsgesetz enthaltenen Ausschlussfrist nicht einmal zugestanden, dass die Bäume auf der Höhe gehalten werden müssen, die sie hatten, als die Klage erhoben worden ist (Aktenzeichen: V ZR 102/03). In diesem Urteil hat der Bundesgerichtshof auch einen Anspruch aus dem nachbarlichen Gemeinschaftsverhältnis selbst für den Fall abgelehnt, dass die Bäume beliebig hoch wachsen, den Lichteinfall und die Windzirkulation beeinträchtigen, der Nadel- und Zapfenfall zu zusätzlichen Reinigungsarbeiten zwingt und ein Gartenteich verschlossen werden muss.

Der Bundesgerichtshof räumt jedoch in dem soeben aufgeführten Urteil ein, dass der begünstigte, aber störende Nachbar den benachteiligten grundsätzlich entschädigen muss. Der durch die Ausschlussfrist begünstigte Nachbar verstößt nämlich trotz des Ablaufs der Frist gegen das Gebot ordnungsgemäßer Bewirtschaftung seines Grundstücks. Entsteht dem benachteiligten Nachbarn durch Laub, Nadeln, Blüten oder Zapfen zusätzlicher Reinigungsaufwand, darf er grundsätzlich analog § 906 Absatz 2 Satz 2 des Bürgerlichen

Gesetzbuches einen finanziellen Ausgleich verlangen. Salopp sprechen Fachleute von „Laubrente". Siehe auch noch Abschnitt: „Laub" (Seite 133).

Zu den Besonderheiten, die der Naturschutz mit sich bringen kann, können Sie sich im Abschnitt „Naturschutz" (Seite 164) informieren.

DIE FRAGE

Wir haben vor einem Jahr ein Reihenhaus gekauft. Kurz zuvor hat unser Nachbar Bäume an die Grundstücksgrenze gepflanzt. Können wir verlangen, dass er sie umsetzt oder fällt?

DIE ANTWORT

Da Ihr Nachbar die Bäume erst vor einem Jahr gepflanzt hat, können Sie dies grundsätzlich verlangen. Darauf, dass Sie erst vor kurzem das Haus erworben haben, könnten Sie sich allerdings nicht berufen. Ausschlaggebend ist vielmehr, wann die Bäume angepflanzt wurden. Bei einem Verstoß gegen die Abstandsvorschriften hat der Nachbar grundsätzlich einen Anspruch darauf, dass zu dicht an der Grenze stehende Bäume beseitigt oder zurückgeschnitten werden. Die Einzelheiten sind nicht bundesweit einheitlich. In der Regel muss ein Abstand von etwa zwei Metern eingehalten werden. Allerdings kann der Beseitigungsanspruch verjähren! Die Fristen dafür sind in den Nachbargesetzen der Bundesländer festgelegt. Meist beträgt die Ausschluss- oder die Verjährungsfrist fünf Jahre. Die genauen Grenzabstände und die Fristen können Sie direkt bei Ihrer Gemeinde erfragen.

? *Ich fürchte, dass die Wurzeln der Fichte meines Nachbarn in wenigen Jahren die Platten meiner Terrasse anheben. Kann ich dagegen etwas unternehmen?*

Ein Baum, der den vorgeschriebenen Grenzabstand einhält, muss nicht gefällt werden, nur weil er irgendwann einmal einen Schaden anrichten könnte. Eine Beeinträchtigung durch Wurzeln oder auch Zweige, muss bereits konkret vorliegen. Eine abstrakte Gefahr reicht nicht. Sie müssen also den Nachweis eines bevorstehenden Schadens führen. Reden Sie aber dennoch schon jetzt mit dem Nachbarn. Der Eigentümer des Baumes ist für Schäden, die Wurzeln später einmal anrichten, in der Regel haftbar. Siehe dazu „Grenze – Darf ich Äste, Zweige oder Wurzeln eines Nachbarbaumes, die über den Zaun beziehungsweise die Grenze wachsen, zurückschneiden?" (Seite 78).

Grenzeinrichtungen, Einfriedungen

? *Was sind Grenzeinrichtungen, und wie dürfen sie in der Regel genutzt werden?*

Unmittelbar auf der Grenze errichtete Einrichtungen wie Mauern, Hecken und Gräben werden vom Gesetz Grenzeinrichtungen genannt: Wenn zum Beispiel Hecken direkt auf die Grenze gepflanzt werden, sodass sie von der Grenzlinie durchschnitten werden, handelt es sich nach § 921 des Bürgerlichen Gesetzbuches um eine Grenzeinrichtung. Nach § 921 wird vermutet, dass die Eigentümer der Grundstücke zur Benutzung der Einrichtung gemeinschaftlich berechtigt sind, sofern nicht äußere Merkmale darauf hinweisen, dass die Einrichtung einem der Nachbarn alleine gehört.

Um eine Grenzeinrichtung kann es sich auch handeln, wenn die Anlage nicht grenzscheidend wirkt. Zum Beispiel: Zu einem Grundstück, auf dem die Kläger Kraftfahrzeuge für einen Taxibetrieb abstellen, führt ein Weg. Der Weg wird in seinem vorderen, straßenzugewandten Bereich von der Grenze des im Eigentum der Beklagten stehenden Nachbargrundstücks schräg durchschnitten. Erst nach fünfzehn Metern verläuft der Weg in seiner gesamten Breite auf dem Grundstück der Kläger. Der Bundesgerichtshof hat entschieden, dass eine Grenzeinrichtung vorliegt, weil es ausreicht, dass sich die Einrichtung über die Grenze zweier Grundstücke erstreckt und funktionell beiden Grundstücken dient. Da in diesem Falle eine Grenzeinrichtung im Sinne des § 921 zu bejahen ist und nach § 921 vermutet wird, dass die Eigentümer zur gemeinsamen Nutzung der Einrichtung berechtigt sind, dürfen die Beklagten den Weg nicht so verändern, dass die Zufahrt zum hinteren Teil beeinträchtigt wird. Das Aktenzeichen dieses Urteils des Bundesgerichtshofs: V ZR 11/02.

? *Muss der Teilhaber einer gemeinsamen Giebelwand Maßnahmen des anderen Teilhabers zur Wärmedämmung dulden?*

In aller Regel: ja. Siehe Urteil des Bundesgerichtshofs vom 11. April 2008, Aktenzeichen: V ZR 158/07.

? *Was sind Einfriedungen?*

Wenn das Gesetz von Einfriedungen spricht, sind insbesondere Zäune, Hecken oder Mauern gemeint. Die Regelungen sind von Bundesland zu Bundesland verschieden. In den meisten Fällen ist eine 1,2 Meter hohe Einfriedung aus Maschendraht oder Holzlatten erlaubt. Wie stets: Was für Ihr Bundesland gilt, können Sie in der Sammlung von Rechtsnormen nachlesen, die Ihnen die von uns betreuten Zeitschriften im Internet zur Verfügung stellen (siehe Seite 2). Steht eine Einfriedung auf der Grenze, dann ist sie im Sinne des Gesetzes eine „Grenzeinrichtung"; siehe die voranstehende Frage.

? *Wer trägt die Kosten für Einfriedungen?*

Für eine Grenzeinrichtung sind die Unterhaltungskosten von den Nachbarn zu gleichen Teilen zu tragen. So legt es § 922 Satz 2 des Bürgerlichen Gesetzbuches fest. Ansonst gilt:

Wer verpflichtet ist, eine Einfriedung zu errichten, muss grundsätzlich auch die Kosten (Unterhaltskosten eingeschlossen) tragen. Wer allein auf seinem Grundstück einfriedet, muss grundsätzlich die Kosten alleine tragen. Wird auf der Grenze eingefriedet (sodass die Einfriedung auf beiden Grundstücken steht), tragen beide Grundstückseigentümer die Rechte und Pflichten, und zwar im Verhältnis zueinander zu gleichen Teilen. Wer die Kosten tragen muss, wenn man erst nachträglich einfrieden muss, ist häufig in den jeweiligen Nachbarrechtsgesetzen geregelt. Wenn etwa ein zuvor unbebautes Nachbargrundstück bebaut wird und das angrenzende Grundstück bereits eingefriedet ist, kann es sein, dass dem Nachbarn der halbe Zeitwert seiner Einfriedung erstattet werden muss. Wenn der neue Nachbar einen frei laufenden Hund hält, kann er verpflichtet sein, sein Grundstück einzufrieden oder eine aufwendigere Einfriedung zu errichten, zum Beispiel, weil der Hund ständig über den alten, nur 50 Zentimeter hohen Jägerzaun springt. In diesem Fall hat er auch die über das übliche Maß hinaus anfallenden Kosten selbst zu tragen.

? Wer darf Grenzeinrichtungen errichten oder entfernen?

Eine Grenzeinrichtung – also eine Einfriedung auf der Grenze und somit auf beiden Grundstücken – darf grundsätzlich nur dann errichtet werden, wenn der Nachbar zustimmt. Einzelne Landesrechte legen allerdings einen Einfriedungszwang auf der Grenze fest; beachten Sie zu den Landesrechten bitte die Informationen auf den Homepages der von uns juristisch betreuten Zeitschriften (siehe Vorwort, Seite 20). An eine Zustimmung ist auch der neue Eigentümer gebunden, der das Grundstück später kauft.

Eine Grenzeinrichtung darf, wenn sie einmal besteht, nicht mehr einseitig entfernt werden. Wird sie eigenmächtig abgerissen, kann der Nachbar verlangen, dass sie wiederhergestellt wird.

EIN VERTRACKTER FALL

Die Parteien sind Grundstücksnachbarn. Auf der Grenze der beiden bebauten Grundstücke stand früher ein 80 Zentimeter hoher Holzzaun, den Gerda F. eigenmächtig abgerissen und durch eine etwa zwei Meter hohe Mauer ersetzt hatte. Diese Mauer führte damals zu einem Rechtsstreit mit ihrem Nachbarn Helmut S., den Gerda F. durch alle Instanzen hindurch verloren hatte: Sie wurde verurteilt, die Mauer zu beseitigen und den Zaun wiederherzustellen. Inzwischen wurde die Mauer entfernt und der Zaun wieder aufgestellt. Damit war dieser Nachbarschaftsstreit aber noch nicht beigelegt: Die Klägerin Gerda F. will jetzt mit einer Feststellungsklage erreichen, dass der Beklagte Helmut S. es dulden muss, dass hinter dem bestehenden Zaun eine Mauer mit einem Abstand von 20 Zentimetern zur Grundstücksgrenze errichtet wird. Das Oberlandesgericht hat dieser Klage stattgegeben.

DAS URTEIL

Der Bundesgerichtshof hat mit Urteil vom 9.2.1979 das Urteil des Oberlandesgerichts jedoch aufgehoben und den Fall an das Oberlandesgericht zurückverwiesen (Aktenzeichen des BGH: V ZR 108/77). Nach den nachbarschaftsrechtlichen Vorschriften muss auf Verlangen des Nachbarn eine ortsübliche Einfriedung auf der gemeinsamen Grenze errichtet werden. Die Ortsüblichkeit bildet nicht nur den Maßstab dafür, welche Art der Einfriedung die Nachbarn kostenmäßig hinnehmen müssen. Die Ortsüblichkeit bestimmt darüber hinaus im beiderseitigen Interesse auch, dass die Einfriedung zweckgerecht und ästhetisch gestaltet wird. Da auf der Grenze eine ortsübliche Einfriedung bereits vorhanden ist, kann Helmut S. darauf bestehen, dass dieser Zustand erhalten bleibt. Wenn daher die Klägerin Gerda F. mit dem Bau der zwei Meter hohen Mauer derart auf den davorstehenden 80 Zentimeter hohen Holzzaun einwirkt, dass er seinen Charakter als ortsübliche Einfriedung verliert, ist der Widerspruch des Beklagten Helmut S. berechtigt.

? Muss ich mein Grundstück einfrieden?

Ob der Grundstückseigentümer sein Grundstück einfrieden muss, hängt vor allem davon ab, in welchem Bundesland es liegt. Grundsätzlich dazu verpflichtet ist man in Brandenburg, Niedersachsen und Nordrhein-Westfalen. Wenn es der Nachbar verlangt, muss man auch in Berlin, Schleswig-Holstein und Hessen eine Hecke, einen Zaun oder eine Mauer errichten. In Berlin, Brandenburg und Niedersachsen besteht die Besonderheit, dass regelmäßig nur die von der Straße aus gesehene rechte Grundstücksgrenze vom Nachbarn eingefriedet werden muss. Eine Einfriedungspflicht besteht in der Regel nicht, wenn Hecken, Zäune oder Mauern nicht ortsüblich sind oder das Grundstück an öffentliche Straßen oder an Grünflächen, Gewässer und landwirtschaftliche Flächen angrenzt. Die Baubehörde kann aber verlangen, dass entlang öffentlicher Verkehrsflächen eine Einfriedung aus Gründen der öffentlichen Sicherheit errichtet wird. Auch die Gemeinde kann verlangen, dass eingefriedet wird, damit zum Beispiel ein einheitliches Straßenbild entsteht. Wenn der Nachbar es will, muss in der Regel eine Einfriedung errichtet werden, wenn dies zum Schutz vor wesentlichen Beeinträchtigungen erforderlich ist, die vom Grundstück ausgehen. In Baden-Württemberg kann dies jedoch nur bei bebauten Grundstücken im Außenbereich verlangt werden.

? An welcher Stelle muss der Zaun stehen?

Häufig sind sich Nachbarn nicht einig darüber, an welcher Stelle ein Zaun errichtet werden darf oder soll. Sind beide Nachbarn verpflichtet, eine Einfriedung zu errichten (siehe voranstehende Frage), muss der Zaun in der Regel auf der Grundstücksgrenze errichtet werden. Beachten Sie dazu bitte die landesrechtlichen und etwaige örtliche Bestimmungen. Siehe im Abschnitt: „Bebauungsplan, Baugenehmigung" die Antwort auf die Frage: „Kann ich mich darauf verlassen, dass erlaubt ist, was im Bebauungsplan steht?" (Seite 47).

Trifft die Einfriedungspflicht nur einen Nachbarn, ist grundsätzlich entlang der Grundstücksgrenze auf dem eigenen Grundstück einzufrieden. Ein Grenzabstand muss in der Regel nicht eingehalten werden. Nur in wenigen Bundesländern gibt es die Bestimmung, dass ein Zaun zum Beispiel einen halben Meter von der Grenze zurückgesetzt sein muss, beispielsweise in Hessen oder Rheinland-Pfalz. Dieser 0,5-Meter-Abstand gilt aber meist nur im Außenbereich.

? Darf mein Nachbar über die Pflanzen am Grenzzaun mitbestimmen?

Häufig wird ein Zaun auf einem Grundstück an der Grenze zum Nachbarn errichtet. In der Wahl der Pflanzen sind Sie in solch einem Fall grundsätzlich frei. Die geltenden Pflanzabstände zur Grenze müssen Sie allerdings beachten. Etwas nachbarschaftliche Absprache und Rücksichtnahme schadet aber in keinem Fall. Wenn der Zaun jedoch eine Grenzeinrichtung im Sinne von § 921 des Bürgerlichen Gesetzbuches ist, also von der Grenzlinie durchschnitten wird, beiden Grundstücken dient und im gemeinsamen Einverständnis errichtet wurde, kann der Nachbar unter Umständen mitbestimmen. Eine Grenzeinrichtung darf nämlich nicht verändert werden, wenn der Nachbar nicht zustimmt. Wenn hinter einem niedrigen Zaun eine hohe Hecke gepflanzt werden soll, kann das je nach Einzelfall nicht ohne Zustimmung geschehen. Ein Gericht hat zum Beispiel einmal eine zwei Meter hohe Mauer hinter einer Grenzeinrichtung (50 Zentimeter hoher Jägerzaun) verboten.

Achtung: Wer in einer Wohnungseigentumsanlage wohnt, sollte sich unbedingt erkundigen, ob die Bepflanzung geregelt ist. In der sogenannten Teilungserklärung oder durch einen Eigentümerbeschluss können nämlich verbindliche Pflanzvorschriften aufgestellt werden.

? Was ist ein Grenzbaum?

Steht ein Baum unmittelbar auf der Grundstücksgrenze, wird also der Stamm von der Grundstücksgrenze durchschnitten, spricht man von einem Grenzbaum im Sinne des § 923 Bürgerliches Gesetzbuch (vgl. das schon erwähnte Bundesgerichtshofsurteil, Aktenzeichen: V ZR 33/04, Entscheidung vom 2.7.2004). Die gedachte Grenzlinie muss an der Stelle durch den Stamm laufen, an der er aus dem Boden tritt. Auf die Wurzeln kommt es nicht an!

? *Wem gehört der Grenzbaum und wer darf die Früchte eines Grenzbaumes ernten? Verkehrssicherungspflicht.*

An einem Grenzbaum haben beide Nachbarn Miteigentum. Jedem gehört der Teil, der sich auf seinem Grundstück befindet, sogenanntes vertikal geteiltes Eigentum. Für den ihm gehörenden Teil des Grenzbaumes ist der Grundstückseigentümer in demselben Umfang verkehrssicherungspflichtig wie für einen vollständig auf seinem Grundstück stehenden Baum (Urteil des Bundesgerichtshofs vom 02.07.2004, Aktenzeichen: V ZR 33/04). Wenn diese Verkehrssicherungspflicht von beiden Nachbarn verletzt wird, dann ist für den daraus entstandenen Schaden eine Haftungsverteilung nach § 254 des Bürgerlichen Gesetzbuches vorzunehmen (so das soeben erwähnte Urteil des BGH).

Siehe auch „Verkehrssicherungspflicht" (Seite 226).

? *Muss ich dem Fällen eines gemeinsamen Grenzbaumes zustimmen?*

Jeder Nachbar kann nach § 923 Absatz 2 Satz 1 des Bürgerlichen Gesetzbuches verlangen, dass der Grenzbaum gefällt wird. Der Nachbar muss dennoch in jedem Fall vor dem Fällen um Zustimmung gebeten werden. Wird der Grenzbaum ohne Zustimmung gefällt, kann man sich schadensersatzpflichtig machen. Wenn der Nachbar die Zustimmung verweigert, ohne einen triftigen Grund dafür zu haben, können Sie seine Zustimmung gerichtlich einklagen und den Baum dann fällen. Das Holz des gefällten Grenzbaumes gehört beiden Nachbarn gemeinsam. So kann jeder Nachbar zum Beispiel die Hälfte des Stammes kleinhacken und als Brennholz für seinen Kamin verwenden.

Aber Achtung: Auch die Kosten der Fällaktion müssen beide Nachbarn gemeinsam tragen! Wenn ein Nachbar verlangt, den Grenzbaum zu beseitigen, kann der andere auf sein Recht an dem Baum verzichten und so erreichen, dass der die Beseitigung fordernde Eigentümer die Beseitigungskosten alleine tragen muss. So bestimmt es § 923 Absatz 2 Satz 3 des Bürgerlichen Gesetzbuches ausdrücklich.

Natürlich bekommt der Nachbar, der die Kosten für das Fällen des Baumes alleine trägt, dann das gesamte Holz.

Ein Grenzbaum darf nicht gefällt werden, wenn er als Grenzzeichen dient und den Umständen des Einzelfalles nach nicht durch ein anderes zweckmäßiges Grenzzeichen ersetzt werden kann.

DER FALL

Die Nachbarn Heinrich S. und Karin P. sind Miteigentümer einer 20 Meter hohen Fichte, die als Grenzbaum genau zwischen den Grundstücken steht. Herr S. nutzt sein Grundstück als Obstgarten. Er beabsichtigt, sein Grundstück einzuebnen, neu anzulegen und weitere Obstbäume zu pflanzen. Dazu müsste die Fichte beseitigt werden. Frau P. lehnt das Vorhaben ab und weigert sich, dem Fällen zuzustimmen. Herr S. beantragt deshalb, seine Nachbarin zu verurteilen, die Zustimmung zu erteilen. Frau P. bringt vor, die Geltendmachung des Anspruchs auf Beseitigung sei rein schikanös. Ihr Nachbar hätte kein rechtliches Interesse an der Durchsetzung seines Anspruches. Auch hätten die Interessen der Öffentlichkeit an der Erhaltung der Fichte aus Gründen des Natur- und Landschaftsschutzes Vorrang.

DAS URTEIL

Das Amtsgericht Sinsheim hat der Klage stattgegeben (Urteil vom 3.7.1986, Aktenzeichen: 1 C 158/86). Zwar darf kein Nachbar ohne Einwilligung des anderen einen Grenzbaum fällen, er kann jedoch Beseitigung verlangen und seinen Nachbarn auf Zustimmung verklagen. Das vorgetragene öffentliche Interesse an der Erhaltung des Baums, der ökologische Wert der Fichte und die geringe Beeinträchtigung des Grundstücks gewinnen hier zwar eine gewisse Bedeutung, reichen alleine aber nicht aus. Eine schikanöse Rechtsausübung liegt nur vor, wenn kein anderer Zweck als der, demNachbarn Schaden zuzufügen, verfolgt wird. Eine Baumschutzsatzung steht dem Fällen nicht entgegen, da sie zwar von der Gemeinde geplant, aber noch nicht erlassen wurde. Frau P. muss also zustimmen.

> **?** *Darf man Hecken, Bäume oder Mauern ohne Zustimmung des Nachbarn auf die gemeinsame Grundstücksgrenze setzen?*

Wird eine Grenzeinrichtung gebaut, ohne dass der Nachbar zugestimmt hat, kann dieser verlangen, dass sie wieder beseitigt wird. Wer Hecken pflanzt, muss grundsätzlich Abstand zur Grenze einhalten (siehe „Welchen Abstand müssen Bäume, Sträucher, Hecken und sonstige Pflanzen von der Grenze haben?", Seite 69). Wird die Hecke direkt auf die Grenze gepflanzt, sodass sie von der Grenzlinie durchschnitten wird, handelt es sich um eine Grenzeinrichtung (§ 921 Bürgerliches Gesetzbuch). Hier müssen beide Nachbarn die anfallenden Kosten regelmäßig gemeinsam tragen! Ohne vorherige Zustimmung des Nachbarn kann deshalb eine Hecke nicht als Grenzeinrichtung gepflanzt werden.

DER FALL

Marianne Z. und Günther F. sind Eigentümer benachbarter Wohngrundstücke. Marianne Z. hat ohne Absprache mit Günther F. eine zwei Meter hohe Mauer an der Grenze errichtet. Diese Mauer steht zum Teil auch auf dem Grundstück ihres Nachbarn und ist damit eine Grenzeinrichtung. Günther F. möchte, dass die Mauer wieder beseitigt wird, weil er einer Einfriedung nie zugestimmt hat und nach den landesrechtlichen Vorschriften keine generelle Einfriedungspflicht besteht, die Marianne Z. zwingen würde, eine solche Mauer zu errichten.

DAS URTEIL

Der Bundesgerichtshof hat Günther F. recht gegeben (Urteil vom 11.10.1996, Aktenzeichen: V ZR 3/96). Nach dem geltenden Gesetz darf eine als Einfriedung dienende Mauer nicht ohne Absprache mit dem Nachbarn auf dessen Grundstück oder direkt auf der Grenze gebaut werden. Die Zustimmung von Günther F. wäre sogar dann erforderlich, wenn er nach den landesrechtlichen Vorschriften von seiner Nachbarin Marianne Z. verlangen könnte, dass sie ihr Grundstück einfriedet.

❓ Wie darf der Zaun gestaltet werden?

Welche Einfriedungen Sie errichten und welche Höhe diese haben dürfen, lässt sich nicht pauschal beantworten; zu unterschiedlich sind die einzelnen Regelungen. In vielen Gebieten ist durch einen von der Gemeinde aufgestellten Bebauungsplan oder durch eine aufgrund einer anderen Rechtsgrundlage erlassene Satzung festgelegt, ob beziehungsweise wie Sie Ihre Einfriedungen gestalten können. Bebauungspläne legen mitunter sogar fest, dass keine Einfriedungen errichtet werden dürfen. Zusätzlich besteht für die Gemeinde die Möglichkeit, durch den Erlass einer speziellen Satzung, Art und maximale Höhe von zulässigen Einfriedungen festzulegen.

So trifft beispielsweise die Satzung für Einfriedungen und Vorgärten der Stadt München für das gesamte Stadtgebiet eine präzise Aussage. Einfriedungen dürfen danach maximal 1,50 Meter hoch sein. Sie sind offen herzustellen. Dies bedeutet, dass sie nicht wie eine geschlossene Wand wirken dürfen und der Anteil der Öffnungen im Zaun mindestens 50 % zu betragen hat. Dies gilt für die Straßenseite ebenso wie für die übrigen Grundstücksgrenzen. Einfriedungen, die dieser Satzung entsprechen, sind, solange sie nicht als Teil eines genehmigungspflichtigen Bauvorhabens (zum Beispiel Neubau eines Hauses) errichtet werden, generell genehmigungsfrei zulässig. Dazu gehören unter anderem Lattenzaun, Jägerzaun und Maschendrahtzaun. Einfriedungen, die nicht der Satzung entsprechen, sind unzulässig. Dazu zählen Mauern, geschlossene Holzflechtzäune und geschlossene Lattenzäune.

Aufgrund der unterschiedlichen Regelungen sollten Sie sich auf jeden Fall, ehe Sie einen Zaun errichten, bei Ihrer Gemeinde, im Bauamt beziehungsweise im Baureferat, informieren. Siehe auch „Auskünfte" (Seite 28). Für den Fall, dass es in Ihrer Gemeinde keine Regelung durch einen Bebauungsplan oder eine Satzung gibt, ist ein Sichtschutz zulässig, solange der Zaun noch im ortsüblichen Rahmen bleibt, also mit dem jeweiligen Wohngebiet oder Straßenzug übereinstimmt. Es können also beispielsweise hinter einem Holzzaun Strohmatten angebracht werden, damit der Zaun blickdicht wird. Ihr Nachbar kann gegen einen so gestalteten Zaun für gewöhnlich nichts unternehmen, wenn Sie sich im ortsverträglichen Rahmen halten. Mit einer Klage hat der Nachbar in der Regel nur dann Erfolg, wenn ein Zaun mit Sichtschutz nicht ortsüblich ist. Sehen Sie sich also genau um und prüfen Sie selbst, wie häufig ein Sichtschutzzaun in Ihrem Siedlungsgebiet vorkommt.

Insgesamt gilt: Die Gestaltung der Grundstücksgrenzen muss grundsätzlich ortsüblich sein, das heißt, sie muss zum Wohngebiet oder Straßenzug passen. In der Praxis wird oft gestritten. Hat sich in einem Stadtgebiet keine ortsübliche Einfriedung herausgebildet, kann der Nachbar in der Regel nicht verlangen, dass eine seiner Meinung nach unästhetische Einfriedung unterlassen oder wieder beseitigt wird. Siehe auch: „Ästhetische Immissionen" (Seite 25) sowie „Treu und Glauben" (Seite 218) und „Nachbarliches Gemeinschaftsverhältnis" (Seite 162).

? *Kann ich mich auf Angaben im Bebauungsplan allein verlassen?*

Nein. Wie so oft, können aufgrund anderer Rechtsquellen noch andere Regelungen zu beachten sein. Siehe: „Kann ich mich darauf verlassen, dass erlaubt ist, was im Bebauungsplan steht?" (Seite 47).

Grillen

Wie grille ich erlaubt?

Grillen gehört bei den Leseranfragen vom Frühjahr bis zum Herbst zu den Dauerthemen. In unterschiedlichen Zusammenhängen stellen sich Fragen. Dementsprechend befasst sich dieses Buch an mehreren Stellen mit dem Grillen. Siehe zum Beispiel: „Gartenfest – Was kann ich gegen häufige und laute Feiern im Garten meines Nachbarn unternehmen?" (Seite 62) sowie „Geruchsbelästigung – Wie kann ich mich als Eigentümer gegen Lärm-, Geruchs- und Rauchbelästigungen wehren?" (Seite 67).

? *Gibt es für öffentliche Flächen Grillverbote?*

Nur am Rande gehören zum Thema dieses Buches die – aber durchaus wissenswerten – Grillverbote für öffentliche Flächen. Ein Musterbeispiel bilden die Münchener Landschaftsschutzverordnung und die Münchener Grünanlagensatzung, die beide die Isarauen betreffen. Wir haben diese Grundlagen ausgewählt, weil sie in einem spektakulären Fall Bedeutung gewonnen haben. Am Karfreitag des Jahres 2007 mussten alle 2.500 Besucher des Konzertsaales im Gasteig mitten in der Aufführung der Matthäus-Passion das Gebäude räumen. Als Grund wird angenommen, dass in den nahegelegenen Isarauen gegrillt wurde und die Klimaanlage den Rauchgeruch angesogen hatte. Gegrillt wurde an einer Stelle, an welcher Grillen verboten ist.

Damit Sie sich auch zu anderen Bundesländern orientieren können:

Die Landschaftsschutzverordnung wurde aufgrund der §§ 5 und 19 des Bayerischen Naturschutzgesetzes und Artikel 62 Absatz 1 des Bayerischen Landesstraf- und Verordnungsgesetzes erlassen. Nach Artikel 52 der LandschaftsschutzVO kommen je nachdem Geldbußen bis zu 50.000 Euro oder bis zu 25.000 Euro in Betracht.

Die Grünanlagensatzung wurde aufgrund der Artikel 23 und 24 Absatz 1 Nr. 1 und Absatz 2 erlassen. Artikel 24 Absatz 2 sieht Geldbußen bis zu 2.500 Euro vor.

Eine kleine juristische Delikatesse: Für den Englischen Garten, durch den die Isar in München auch fließt, gilt eine „Hausordnung".

Die anderen Bundesländer, Städte und Gemeinden verfügen ausnahmslos über gleichartige Rechtsgrundlagen. Auf Schlupflöcher dürfen Sie nicht hoffen.

> **?** *Kommen bei Fragen zum Grillen – wie bei anderen „Immissionen" – unterschiedliche Rechtsgrundlagen in Betracht?*

Ja. Das Recht in Garten und Nachbarschaft ist unter anderem deshalb nicht immer einfach, weil sich Rechte und Pflichten aus ganz unterschiedlichen Gesetzen und Rechtsverhältnissen ergeben können. Bitte lesen Sie sich den Abschnitt „Immissionsschutzgesetze" (Seite 109) durch, wenn Sie bis in alle Einzelheiten Bescheid wissen wollen.

Eine ganze Reihe von Gerichtsentscheidungen weisen darauf hin, dass sich das Recht zu grillen sogar aus dem im Grundgesetz verankerten Persönlichkeitsrecht ergibt. Im Vordergrund stehen die sogenannten privatrechtlichen Normen, das sind beim Grillen, wie bei anderen Einwirkungen, vor allem die im Vorwort abgedruckten Paragrafen 1004 und 906 des Bürgerlichen Gesetzbuches. Diese Paragrafen verhelfen Ihnen vor allem zu Unterlassungsansprüchen. Siehe bitte auch den Abschnitt „Unterlassung" in diesem Buch. Für Wohnanlagen gewinnen meist die Paragrafen 13 Absatz 1 und 14 Nr. 1 des Wohnungseigentumsgesetzes Bedeutung.

Darüber hinaus gibt es die öffentlich-rechtlichen Bestimmungen. Bei Verstößen gegen Paragraf 117 des Gesetzes über Ordnungswidrigkeiten können Sie die Polizei rufen. Beim Grillen greifen, wie erwähnt, darüber hinaus häufig die Immissionsschutzgesetze der einzelnen Länder. So zum Beispiel das Immissionsschutzgesetz von Nordrhein-Westfalen und dort zum Qualm der Paragraf 7 und zum Lärm der Paragraf 9.

Wir gehen auf die Rechtsgrundlagen nachfolgend auch noch in den einzelnen Abschnitten ein.

> **?** *Muss eine Grillanlage genehmigt werden?*

Wenn man hört oder liest, dass die Immissionsschutzgesetze gelten, stellt sich fast automatisch die Frage, ob eine Grillanlage genehmigt werden muss. Wir können aber die Grillfreunde beruhigen: Bei einem Grillplatz handelt es sich nicht um eine genehmigungsbedürftige Anlage im Sinne des § 22 Absatz 1 des Bundesimmissionsschutzgesetzes (Verwaltungsgerichtshof Mannheim, Aktenzeichen: 1 S 1081/93).

❓ Wann und wie oft ist Grillen zulässig?

Es gibt keine allgemeine Regelung, wie oft gegrillt werden darf. Grillen gilt als übliche Freizeitbeschäftigung und darf regelmäßig nicht untersagt werden, wenn niemand gestört wird. Es kommt jedoch jeweils auf die Umstände des Einzelfalles an. Nach den – wie erwähnt – zivilrechtlich anzuwendenden Paragrafen 1004, 906 BGB darf der Nachbar grillen, solange er nicht oder nur unwesentlich beeinträchtigt; wesentlich beeinträchtigen darf er nur im Rahmen des Ortsüblichen und wenn die Beeinträchtigung nicht durch wirtschaftlich zumutbare Maßnahmen verhindert werden kann. Für die Anwendung dieser Kriterien sind der Grundsatz von „Treu und Glauben" (siehe Seite 218) und seine Ausprägung im „Nachbarlichen Gemeinschaftsverhältnis" (siehe Seite 162) maßgeblich. Auf diesen Grundsatz und seine Ausprägung im nachbarlichen Gemeinschaftsverhältnis sind die §§ 1004, 906 nämlich letztlich zurückzuführen.

Auf dieser Grundlage wurde gerichtlich entschieden, dass drei Mal jeweils zwei Stunden Grillen im Jahr oder sechs Stunden insgesamt gerade noch zulässig sind (Landgericht Stuttgart, Aktenzeichen: 10 T 359/96, zu übereinanderliegenden Wohnungen). Geurteilt wurde auch, dass einmal im Monat mit 48-stündiger Voranmeldung auf dem Balkon gegrillt werden darf (Amtsgericht Bonn, Aktenzeichen: 6 C 545/96, siehe zu diesem Urteil: „Darf ich auch als Mieter grillen – so wie ich sonst die Mietsache nutzen darf? Der Fall – keine Mietminde-rung wegen der Grillfeste anderer", Seite 147). Andere Gerichte haben ein- bis zweimaliges Grillen pro Woche nicht beanstandet. Insgesamt gesehen, tendiert die Rechtsprechung eher dazu, sich großzügiger zu zeigen. Spezielle Regelungen: Nur die Landes-Immissionsschutzgesetze von Brandenburg und Nordrhein-Westfalen verbieten, im Freien zu grillen (wenn dadurch die Nachbarschaft erheblich belästigt wird). Beide Gesetze sehen, wenn zuwidergehandelt wird, ein Bußgeld vor. Ansonsten verbietet kein Gesetz (unter bestimmten Voraussetzungen) das Grillen und Feiern im eigenen Garten. Außerdem muss man sich an die Ruhezeiten halten. Werden die Zulässigkeitsgrenzen überschritten, kann der Nachbar nach den §§ 906, 1004 des Bürgerlichen Gesetzbuches verlangen, dass die Störung unterlassen wird; zur Unterlassung siehe auch Abschnitt „Unterlassung" (Seite 222). Dieser Anspruch steht aber unmittelbar nur dem Eigentümer zu. Der Mieter, der Pächter und andere Besitzer können sich jedoch nach den gleichen Grundsätzen über die Besitzstörungsklage nach § 862 des Bürgerlichen

Gesetzbuches den gleichen Schutz beschaffen. Siehe „Was muss ich als Mieter tun, um mich gegen Lärm-, Geruchs- und Rauchbelästigungen durch Nachbarn zu wehren? (Seite 149).

Unzulässiger Lärm kann nach § 117 des Gesetzes über Ordnungswidrigkeiten mit einer Geldbuße bis zu 5.000 Euro geahndet werden. Die meisten Landes-Immissionsschutzgesetze verbieten für die Zeit von 22 Uhr bis 6 Uhr, etwas zu tun, was die Nachtruhe stören kann. So zum Beispiel Paragraf 9 Absatz 1 des für Nordrhein-Westfalen geltenden Immissionsschutzgesetzes. Das Oberlandesgericht Düsseldorf hat mehrfach entschieden, dass sich dieser § 9 Abs. 1 nicht einschränkend für Grillfeste auslegen lässt. Das heißt: keine Ausnahme, nicht einmal für gelegentliche persönliche, berufliche oder familiäre Feiern (Aktenzeichen: 5 Ss (OWi) 149/95). Die Immissionsschutzgesetze aller Bundesländer haben wir in die Datenbänke der von uns betreuten Zeitschriften und Online-Dienste bei den Hinweisen zu diesem Buch eingestellt. Bitte informieren Sie sich dort.

? *Ist zu unterscheiden, je nachdem, wo und wie Sie wohnen?*

Ja. Voranstehend haben wir zu der Frage: „Wann und wie oft ist Grillen zulässig" (Seite 99) bereits darauf hingewiesen, dass für die Einzelheiten letztlich maßgeblich ist, was „Treu und Glauben" (Seite 218) und im Besonderen das „Nachbarliche Gemeinschaftsverhältnis" Seite 162) verlangen. Bei diesen Kriterien ist klar, dass es einen Unterschied macht, ob man in einem Mehrfamilienhaus oder in einer Eigentumswohnanlage verhältnismäßig eng aufeinander wohnt, oder ob größere Gartenflächen dazwischenliegen.

? *Wie verhält es sich speziell in Wohnungseigentumsanlagen?*

Wie meist gelten für das Wohnungseigentum die speziellen Normen des Wohnungseigentumsgesetzes. Diese Normen geben jedoch – wie für die meisten anderen Fragen – auch für das Grillen nur wenige genauere Hinweise. Mehrere Entscheidungen zum Grillen gehören zu den schon im Vorwort erwähnten, die mit allgemein gehaltenen Aussagen Unfrieden stiften können, weil jeder meint, er könne sich auf diese Rechtsprechung berufen. Ganz vermeiden lässt es sich nicht, Entscheidungen allgemein zu halten. Es ließe sich aber oft so formulieren, dass den Rechtsuchenden besser geholfen wird. Vgl. dazu auch die Seitenhinweise im Register beim Stichwort: „Dezisionismus".

Immer noch zum Grillen in Wohnungseigentumsanlagen: Die für das

Grillen maßgeblichen Bestimmungen stellen darauf ab, „dass keinem der anderen Wohnungseigentümer über das bei einem geordneten Zusammenleben unvermeidliche Maß ein Nachteil erwächst" (so § 14 Nr. 1 des Wohnungseigentumsgesetzes), und „die Regelung dem Interesse der Gesamtheit der Wohnungseigentümer nach billigem Ermessen entspricht" (§ 15 Absatz 3 WEG). Auch diese Kriterien gehen wie alle Regelungen zum Grillen auf „Treu und Glauben" im Allgemeinen und das „nachbarliche Gemeinschaftsverhältnis" im Besonderen zurück. Aus diesen Maßstäben hat das Bayerische Oberste Landesgericht in einem Beschluss mit dem Aktenzeichen: 2 Z BR 6/99 abgeleitet: Wesentlich sind insbesondere Lage und Größe des Gartens, die Häufigkeit des Grillens und das verwendete Grillgerät. Dieser Entscheidung sind sogar wortgetreu mehrere Gerichte gefolgt. So das Oberlandesgericht Frankfurt a. M. vom 10. April 2008, Aktenzeichen: 20 W 119/06. Das OLG Frankfurt hat in diesem Beschluss gebilligt, dass die Vorinstanzen den Antrag eines Wohnungseigentümers abgelehnt haben, der als Einschränkung beantragt hatte: Grillen mit Holzkohlegrill maximal fünfmal jährlich, einmal kalendermonatlich und nach einer Vorankündigung von 48 Stunden. Eine solche Einschränkung wollte das OLG somit nicht. Ein anderer Anhaltspunkt: Das erwähnte Urteil des BayObLG Aktenzeichen: 2 Z BR 6/99 hat Grillen auf Holzkohlenfeuer im Garten in einer Entfernung von 25 Metern zum Wohnhaus akzeptiert. Zu einem anderen Rechtsstreit hat das Bayerische Oberste Landesgericht entschieden, dass ein Wohnungseigentümer erfolgreich verlangen kann, einen direkt vor seinem Schlafzimmer angelegten Grillkamin zu beseitigen (Aktenzeichen: 2 Z BR 16/02).

? *Darf ich auch als Mieter grillen?*

Siehe „Mieter" (Seite 145).

? *Wie kann ich mich gegen Geruchs-, Lärm- und Rauchbelästigung wehren?*

Die Antwort auf diese Frage haben wir teilweise schon in den voranstehenden Fragen angesprochen; siehe bitte: „Kommen bei Fragen zum Grillen – wie bei anderen „Immissionen" – unterschiedliche Rechtsgrundlagen in Betracht" (Seite 98) und „Wann und wie oft ist Grillen zulässig?" (Seite 99). Es ist also auch denkbar, dass Sie die Polizei rufen und die Störer anzeigen. Manchmal „hört der Spaß einfach auf". Es wurden schon genügend Fälle entschieden, die zeigen, dass sich Nachbarn allzu unverschämt verhalten haben. Siehe auch, wie schon zu Beginn dieses Abschnitts erwähnt: „Geruchs- und Rauchbelästigung" (Seite 65) und „Mieter – Was muss ich als Mieter tun, um mich gegen Lärm-, Geruchs- und Rauchbelästigungen durch Nachbarn zu wehren?" (Seite 149).

? *Wie können Sie gegen einen Nachbarn einen Prozess zum Grillen verlieren, obwohl sie ihn gewinnen müssten?*

In München hatten zwei Miteigentümer in einer Gartengegend mit der Begründung geklagt, ihr Nachbar hätte von Mai bis August 16-mal im Garten gegrillt, Rauchgase seien in ihre Wohn- und Schlafräume eingedrungen und hätten sie gesundheitlich angegriffen. Das Amtsgericht München und das Landgericht München I haben die Klage abgewiesen, weil die beiden Eigentümer zum Beweis nichts oder jedenfalls zu wenig vorgetragen hatten. Sie hatten nicht einmal Zeugen benannt. Aktenzeichen des Landgerichts: 15 S 22735/03.

? *Kann ich mich gegen eine Gemeinde wehren, die in meiner Nachbarschaft einen Grillplatz eingerichtet hat?*

Eine Gemeinde hat einen Grillplatz eingerichtet und schließlich auch eine Grillplatzordnung erlassen. Was tun Sie als Nachbar, wenn die Grillplatzordnung nicht eingehalten wird und Sie sich gegen den Lärm wehren wollen? In einem Fall hat die Gemeinde erklärt, sie habe ihre Pflichten mit der Grillplatzordnung erfüllt. Der Verwaltungsgerichtshof hat jedoch geurteilt, die Gemeinde müsse sich den Lärm zurechnen lassen, und deshalb dürfe der Nachbar von der Gemeinde verlangen, für Ordnung zu sorgen. Aktenzeichen: 1 S 1081/93.

Grunddienstbarkeit

Die Auseinandersetzungen zu Grunddienstbarkeiten sind verhältnismäßig selten. Wenn Sie sich mit einer Grunddienstbarkeit befassen müssen, wird Ihnen voraussichtlich vor allem ein Urteil des Bundesgerichtshofs vom 19. September 2008 helfen. Aktenzeichen: V ZR 164/07. Es legt dar:

Dürfen Eigentümer und Grunddienstbarkeitsberechtigter das Grundstück gleichberechtigt nutzen, dann darf jeder vom anderen eine Ausübungsregelung verlangen.

H

Haftung

Siehe bei den einzelnen Themen; zum Beispiel: „Rechtsanwaltshaftung" (Seite 178) und im Abschnitt „Tiere im Garten und in der Nachbarschaft" bei der Frage: „Wer haftet für Schäden, die fremde Haustiere, zum Beispiel ein Hund, anrichten? (Seite 215).

Hahn

Siehe „Lärm" (Seite 117).

Haltung von Tieren

Siehe „Tiere im Garten und in der Nachbarschaft" (Seite 210).

Hammerschlags-, Leiter- und Schaufelschlagsrecht

Siehe auch „Darf ich für Renovierungsarbeiten das Nachbargrundstück betreten?" (Seite 50).
Wenn Bau-, Instandsetzungs- und Unterhaltungsarbeiten für rechtlich korrekte bauliche Anlagen ohne Betreten oder Benutzen des Nachbargrundstücks nicht oder nur mit unverhältnismäßig hohem Aufwand durchgeführt werden können und der Nachbar aber andererseits nur vorübergehend und nur geringfügig beeinträchtigt wird, kann das Hammerschlags- und Leiterrecht helfen. Der bauende Nachbar darf unter Umständen das Nachbargrundstück betreten und sogar auf dem Nachbargrundstück Leitern und Gerüste aufstellen und Geräte und Materialien über das Grundstück bringen und auch dort lagern. Zusätzlich erlaubt das Schaufelschlagsrecht Sand, Schlamm und was sonst ausgehoben werden muss, auf dem Nachbargrundstück zu lagern. Hierzu haben alle Bundesländer, außer Bayern, Bremen und Mecklenburg-Vorpommern, in den Nachbarrechtsgesetzen oder Bauordnungen (Hamburg) spezielle landesrechtliche Regelungen auf Grundlage des Artikels 124 Satz 1 des Einführungsgesetzes zum Bürgerlichen Gesetzbuch erlassen. Diese speziellen gehen den allgemeinen Regelungen vor. Nur wenn keine speziellen

Regeln vorliegen, kann auf allgemeine Grundsätze des nachbarlichen Gemeinschaftsverhältnisses zurückgegriffen werden. Das Betretungs- oder Benutzungsrecht im Fall des Notstands (§ 904 BGB) besteht jedoch auch dann, wenn landesrechtliche Spezialregelungen vorliegen. Diese Rechte räumen aber kein Recht zur Selbsthilfe ein. Wenn der Nachbar sich weigert, muss das Recht durch das Gericht, notfalls durch eine einstweilige Verfügung, durchgesetzt werden (Seite 179). Jedoch hat der duldungspflichtige Nachbar möglicherweise einen Anspruch auf Ersatz der entstandenen Schäden. In manchen Fällen kann sogar bei längerer Inanspruchnahme eine Nutzungsentschädigung beansprucht werden.

Wenn der einzelne Fall nicht speziell geregelt ist, können sich das Hammerschlags- und das Leiterrecht auch aus den Grundsätzen des nachbarlichen Gemeinschaftsverhältnisses ergeben. Siehe ergänzend den Abschnitt „Nachbarliches Gemeinschaftsverhältnis" (Seite 162). Voraussetzung ist, dass der Eigentümer nur unwesentlich beeinträchtigt wird, die rechtmäßigen Arbeiten auf dem eigenen Grundstück zwingend erforderlich sind und ohne Betreten des Nachbargrundstücks nur mit unverhältnismäßig hohem Aufwand durchgeführt werden könnten. Auch hier sind, wie immer beim Hammerschlags- und Leiterrecht, die Interessen beider Parteien abzuwägen. Siehe ergänzend den Abschnitt „Treu und Glauben" (Seite 218). Auch insoweit können Entschädigungsansprüche entstehen.

Hecke

? *Darf man Hecken, Bäume oder Mauern ohne Zustimmung des Nachbarn auf die gemeinsame Grundstücksgrenze setzen?*
Siehe „Grenzeinrichtungen, Einfriedungen" (Seite 87).

? *Welchen Abstand müssen Bäume, Sträucher, Hecken und sonstige Pflanzen von der Grenze haben?*
Siehe „Grenze" (Seite 69).

Hund

? *Muss ich das Bellen eines Hundes dulden?*

Siehe „Lärm" (Seite 117).

? *Ist die Haltung von Kampfhunden erlaubt?*

Siehe „Tiere im Garten und in der Nachbarschaft" (Seite 210).

? *Haftet der Hundehalter?*

Ja. Siehe „Haftung" (Seite 103) mit einem Hinweis auf den Abschnitt: „Tiere im Garten und in der Nachbarschaft", Frage: „Wer haftet für Schäden, die fremde Haustiere, zum Beispiel ein Hund, anrichten?" (Seite 215).

I

Immissionen

? *Was sind eigentlich „Immissionen"*

Über Immissionen können Sie an vielen Stellen dieses Buches nachlesen. Hinter diesem Begriff verbergen sich Tausende von Problemfällen. Immissionen sind Einwirkungen.

Das Bundesimmissionsschutzgesetz definiert: „Immissionen im Sinne dieses Gesetzes sind auf Menschen, Tiere und Pflanzen, den Boden, das Wasser, die Atmosphäre sowie Kultur- und sonstige Sachgüter einwirkende Luftverunreinigungen, Geräusche, Erschütterungen, Licht, Wärme, Strahlen und ähnliche Umwelteinwirkungen." Siehe auch „Immissionsschutzgesetze" (Seite 109).

Emissionen sind Auswirkungen nach außen. Beim Grundstück, von dem die Störung ausgeht, zum Beispiel Rauch, handelt es sich um eine „Emission", beim gestörten Nachbargrundstück dagegen spiegelbildlich um eine „Immission".

Wir möchten Ihnen nachfolgend aus der „Vogelperspektive" die Zusammenhänge insgesamt beschreiben. Sie können dann in der Regel jeden Einzelfall noch besser verstehen.

Für die Abwehransprüche, die im Vordergrund stehen, nämlich die nach dem bürgerlichen Recht, wird nach positiven, negativen und ideellen Immissionen unterschieden:

? Was sind „positive Immissionen"?

„Positive" Einwirkungen wirken unmittelbar, sinnlich wahrnehmbar oder zumindest physikalisch nachweisbar, auf das Nachbargrundstück ein. Beispiele für positive Einwirkungen sind insbesondere die in § 906 des Bürgerlichen Gesetzbuches aufgeführten: Gase, Dämpfe, Gerüche, Rauch, Ruß, Wärme, Geräusche, Erschütterungen; außerdem so etwas wie eindringende Flüssigkeiten, Laub, Nadeln, Blüten- und Samenflug, eindringende Tiere.

? Was macht die „negativen Immissionen" negativ?

„Negative Einwirkungen" überschreiten die Grenze nicht, haben jedoch auf einem benachbarten Grundstück unerwünschte Folgen. Kennzeichnend für „negative Einwirkungen" ist, dass sie dem Nachbargrundstück Vorteile entziehen. Beispiele: Entziehung von Licht und Luft durch Bäume oder durch ein Bauwerk, das Zubauen der freien Aussicht, das Abhalten des Windes von einer Windmühle, Abschattung von Funkwellen durch Hochhäuser – also insbesondere Behinderung des Fernsehempfangs, Aufhebung der bisherigen Uneinsehbarkeit eines Grundstücks, das Entziehen von Grundwasser durch einen Brunnenbetrieb.

? Was bedeutet im Unterschied dazu, dass eine Einwirkung „ideell", „ästhetisch" oder „unmoralisch" ist?

„Ideelle Einwirkungen" beeinträchtigen die Empfindungen der Personen auf einem Nachbargrundstück, vor allem die ästhetischen oder moralischen Empfindungen. Sie werden auch als „immaterielle", „psychische" oder „moralische" – besser wäre „unmoralische" – Immissionen bezeichnet. Beispiele: Anblick eines Lagerplatzes für Schrott in einem Wohngebiet und von Schrottfahrzeugen neben einem Schlosshotel, hässliche Blechverkleidung einer Garagenausfahrt, eine hässliche Gartenmauer, von außen nicht wahrnehmbarer Bordellbetrieb, Nacktbaden; siehe jedoch auch Abschnitte: „Moralisches Empfinden" (Seite 162) und „Rücksichtnahme" (Seite 189).

Oft ist die Einordnung schwierig; zumal als „negativ" anerkannte Einwirkungen oftmals durchaus sinnlich wahrnehmbar sind oder physikalisch gemessen werden können.

? *Warum ist denn die Unterscheidung zwischen positiven, negativen und ideellen Immissionen so wichtig?*

Die Auswirkungen der begrifflichen Unterscheidungen sind nach der gegenwärtigen Rechtsprechung noch enorm. Grundsätzlich soll Nachbarn nach den meisten Gerichtsentscheidungen versagt sein, dass sie gegen „negative" und gegen „ideelle" Einwirkungen erfolgreich vorgehen können. Was den Gesetzeswortlaut betrifft, wird diese Unterscheidung damit begründet, dass es sich bei negativen und ideellen Einwirkungen um keine Beeinträchtigungen im Sinne des § 1004 des Bürgerlichen Gesetzbuches handele. Sie wissen, diese rechtliche Grundlage haben wir Ihnen, wie alle anderen rechtlichen Grundlagen auch, in den Internetauftritt der von uns betreuten Zeitschriften eingestellt.

Ein Hauptargument für diese Gesetzesinterpretation ist, dass die Abwehransprüche der Nachbarn uferlos ausgedehnt werden könnten, wenn negative und ideelle Behinderungen grundsätzlich verhindert werden dürften.

Gerichte machen jedoch im Ergebnis immer mehr Abstriche. Wir, die Autoren, meinen: ganz und gar zu Recht. Das „nachbarliche Gemeinschaftsverhältnis" mit dem Gebot der Rücksichtnahme (Seite 189) sowie „Treu und Glauben" (Seite 218) werden von den Gerichten immer häufiger ersatzweise als Anspruchsgrundlage zugunsten des beeinträchtigten Nachbarn herangezogen.

Die Fachschriftsteller schaffen es noch nicht, zwingend eine Lösung herauszuarbeiten, welche die Rechtsprechung künftig leiten könnte. So wird auf Jahre hinaus vieles unklar bleiben. Aufgabe von uns, den Autoren, ist es, Ihnen für Ihren speziellen Fall trotz der Unsicherheiten zu helfen.

? *Wohin entwickelt sich das Recht bei den Immissionen?*

Feststellen lässt sich immerhin, dass sich die Rechtsprechung und das Fachschrifttum dahin entwickeln, den benachteiligten Nachbarn zu stärken. Die Rechtsprechung und die Fachschriftsteller sind jedoch – auch wenn gelegentlich etwas anderes zu lesen ist – weit davon entfernt, dass weitgehend einhellig die Meinung vertreten werden würde, die entscheidende Rechtsgrundlage, § 1004 des Bürgerlichen Gesetzbuches, sei auf „negative" und „ideelle" Einwirkungen genauso anzuwenden wie auf „positive".

Die Entwicklung hin zum Schutz gegen negative und ideelle Einwirkungen ist letztlich darauf zurückzuführen, meinen die Verfasser, dass die Unterscheidungen heute die Rechtsgefühle der Mehrheit verletzen und nunmehr die Persönlichkeitsrechte benachteiligter Nachbarn weit stärker berücksichtigt werden als früher. Würde speziell die Immissionen betreffend eine umfassende und überzeugende Studie mit repräsentativen Ergebnissen vorgelegt, würden die Gerichte vermutlich ihre Rechtsprechung im Grundsatz umkehren: Die Sozialpflichtigkeit des Eigentums, die Artikel 14 des Grundgesetzes vorschreibt, würde auch zugunsten des Nachbarn stärker gelten. Nicht der Eigentümer kann in der Regel mit seinem Eigentum tun und lassen, was er will – auch wenn er den Nachbarn beeinträchtigt, sondern umgekehrt: Der Nachbar darf in der Regel nicht unnötig beeinträchtigt werden.

Die Gesetze lassen eine nachbarfreundlichere Anwendung ohne Weiteres zu. Die Fachschriftsteller meinen zu den Ausnahmefällen, man könne sie auch unter andere Anspruchsgrundlagen subsumieren, zum Beispiel unter die Bestimmungen gegen unerlaubte Handlungen.

? *Wie verhalte ich mich in meinem Fall?*

Wenn Sie selbst betroffen sind und Sie sich nicht entmutigen lassen, müssen Sie für Ihren Einzelfall das Herz der Richter gewinnen. Viele werden sagen, dass so doch nicht Recht gesprochen werde. Aber, es lässt sich nachweisen, dass Richter bereit sind, das Recht zu entwickeln, wenn die Richter mit ihrem Rechtsgefühl davon überzeugt sind, dass zu Ihren Gunsten entschieden werden sollte. Der juristische und soziologische Fachbegriff heißt: „richterlicher Dezisionismus". Auf den „richterlichen Dezisionismus" gehen wir auch noch an anderen Stellen dieses Buches ein. Bitte beachten Sie das Register unter diesem Stichwort. Ein Beispiel dazu, dass sich Richter von den Umständen des Einzelfalls haben überzeugen lassen, bildet das Urteil des Landgerichts Würzburg zum Wiesbadener „Glühbirnenstreit". Über dieses Beispiel berichten wir im Abschnitt „Lichtimmissionen" (Seite 136). Ein weiteres Beispiel bietet Ihnen das Urteil des Amtsgerichts Münster, Aktenzeichen: 29 C 80/83, das ausführt: „Im Übrigen muss auch die Vorschrift des § 1004 I BGB heute im Lichte eines geänderten und verfeinerten Umweltbewusstseins gesehen werden." Beide Urteile betreffen Fälle, bei denen es dem beeinträchtigten Nachbarn gelungen ist, „Rechtsgefühl-Sachverhalt" zur Geltung zu bringen; nämlich Beeinträchtigung der Gesundheit (LG Würzburg) und Eindruck, dass sich der Belästigende nur rächen will.

Beachten Sie zu diesem Thema bitte außer den schon genannten Abschnitten auch noch: „Ästhetische Immissionen" (Seite 25) sowie „Dachgaube" (Seite 52).

Immissionsschutzgesetze

? *Was sollte ich auf jeden Fall wissen, wenn mich jemand auf die „Immissionsschutzgesetze" verweist?*

Das Bundesimmissionsschutzgesetz (BImSchG) ist das wichtigste öffentlich-rechtliche Immissionsschutzgesetz. Aus ihm ergeben sich vereinzelt Ansprüche des Einzelnen gegen Nachbarn, von Ansprüchen wegen Gebäuden bis hin zur Abwehr von Windkraftanlagen. Diese nachbarschützenden Rechte nennt man auch „subjektiv-öffentlich". Immissionen, die auf Menschen oder Tiere zurückzuführen sind, regeln die Landes-Immissionsschutzgesetze. Das BImSchG und die Landesimmissionschutzgesetze enthalten öffentliches Immissionsrecht. Dazu müssen Sie wissen, dass im Rechtssystem allgemein zwischen öffentlichem und privatem Recht unterschieden wird. Öffentlich-rechtlich ist eine Regelung, vereinfachend ausgedrückt, wenn der Staat als Träger von hoheitlicher Gewalt beteiligt ist; zum Beispiel, wenn geregelt wird, unter welchen Umständen eine Turnhalle oder eine Windkraftanlage in der Nachbarschaft genehmigt werden darf oder muss.

Für das Recht in Garten und Nachbarschaft noch wichtiger sind die privatrechtlichen Regelungen, auch bürgerliches Recht oder Privatrecht genannt. Privatrecht ist der Teil der Rechtsordnung, der die Beziehungen der Einzelnen zueinander auf der Grundlage der Gleichordnung und der Selbstbestimmung regelt; also zum Beispiel, ob der eine den anderen durch Grillen oder Musizieren stören darf. In diesem Buch stehen deshalb die Bestimmungen des Bürgerlichen Gesetzbuches im Vordergrund.

Es kann durchaus vorkommen, dass nebeneinander öffentlich- und privatrechtliche Bestimmungen für ein und denselben Vorgang Bedeutung gewinnen können. Zum Beispiel, wenn Sie sich als Nachbar gegen eine Turnhalle wehren. Allerdings tendieren das Gesetz und die Rechtsprechung dazu, für den Regelfall zu harmonisieren. Wenn Sie den Fachausdruck kennen müssen: Wenn für das öffentliche Recht und das Privatrecht derselbe Maßstab angewandt wird, spricht man von der „Konvergenz von öffentlichem Recht und Zivilrecht". Beispiele zu dieser Thematik finden Sie in diesem Buch immer wieder. So etwa in den Abschnitten „Dachgauben" (Seite 52) und „Windkraftanlagen" (Seite 236).

K

Katze

Fragen werden unter „Tiere im Garten und in der Nachbarschaft" (Seite 210) beantwortet. Siehe bitte auch „Lärm" (Seite 127) und „Geruchs- und Rauchbelästigung" (Seite 65).

Kinder

? *Muss ich den Lärm von spielenden Kindern dulden?*
Siehe „Lärm" (Seite 124).

? *Bin ich verpflichtet, meinen Teich wegen der Nachbarkinder abzusichern?*
Siehe „Teich und im Schwimmbecken im Freien" (Seite 205).

? *Was ist in Bezug auf Kinder hinsichtlich Verkehrssicherungspflichten zu beachten?*
Siehe die Abschnitte „Aufsichtspflicht der Eltern" und „Verkehrssicherungspflicht – Wie verhält es sich im Besonderen mit der Verkehrssicherungspflicht in Bezug auf Kinder?" (Seite 228).

? *Dürfen Kinder im Garagenhof spielen?*
Ein Vermieter wollte durchsetzen, dass eine Familie die Wohnung räumen muss, weil die Kinder mit anderen Kindern auch im Garagenhof spielten und nicht nur auf einem angrenzenden kleinen Spielplatz. Das Landgericht Wuppertal entschied am 29. Juli 2008, dass „der bei einigen Gelegenheiten in den Sommermonaten Juli und August 2007 erzeugte Kinderlärm hinzunehmen", die Erheblichkeitsschwelle im Sinne des § 573 Absatz 2 Nr. 1 des Bürgerlichen Gesetzbuches nicht überschritten ist. Aktenzeichen: 16 S 25/08.

! *Bebauungsplan und Kinder*

Siehe Abschnitt „Bebauungsplan" und dort: „Welche Chancen habe ich als Nachbar gegen einen Bebauungsplan, der ein Herz für Kinder, aber nicht für mich hat?" (Seite 47).

! *Baugenehmigung und Kinder*

Siehe den Abschnitt: „Bestehen ähnliche zeitliche Gefahren bei Bebauungsplänen?"(Seite 46). In diesem Abschnitt haben wir ein Urteil des Verwaltungsgerichts Koblenz vom 14. Juni 2008 geschildert; Aktenzeichen: 1 K 198/08. Die Nachbarn waren nicht rechtzeitig gegen eine Baugenehmigung vorgegangen. Das Gericht ergänzt in seinem Urteil gleich noch, zudem seien Spielplätze notwendig, Kinder müssten sich ungestört im Freien aufhalten und ihr Sozialverhalten trainieren können. Das Urteil geht auch sonst hart mit den Anwohnern um. Jede von den Nachbarn gewünschte Einschränkung bis hin zu einem Sichtschutz wird versagt. Der Kinderspielplatz darf – so das Urteil – uneingeschränkt von 8 Uhr bis 20 Uhr, während der Sommerzeit bis 21 Uhr genutzt werden, samt Rutsche und Drehkarussell und anderen Spielgeräten.

! *Allgemeine Tendenz zugunsten der Kinder*

Weit überwiegend tendieren die Gerichte dazu, immer noch kinderfreundlicher zu entscheiden. Wir kommen auf diese Tendenz bei den einzelnen Themen zurück. Die Tendenz zugunsten des Kinderlärms soll sogar noch gesetzlich gefördert werden. An dem Tag, an dem dieses Manuskript abgeschlossen wird (6. Januar 2008), heißt es in den Medien, in der Abschlusserklärung der CSU-Klausurtagung in Wildbad Kreuth werde erklärt: „Wir wollen gesetzlich klarstellen: Kinderlärm darf kein Grund für Nachbarschaftsklagen gegen Kindergärten, Spielplätze und ähnliche Einrichtungen sein". Eine „Klarstellung" wäre dies – in dieser Absolutheit – nicht, sondern verfassungswidrig. Aus dem Grundgesetz folgt das Rechtsstaatsprinzip, aus diesem wiederum das Verhältnismäßigkeitsprinzip und aus ihm die Pflicht, Interessen gegeneinander abzuwägen.

Kleingarten

Die Rechtsfragen zum Kleingarten sind allein für sich ein Buch wert. Der Vertrag, mit dem der Kleingarten dem Gärtner zur Bewirtschaftung überlassen wird, ist üblicherweise ein Pachtvertrag. Der Kleingärtner verpflichtet sich, die Gartenordnung einzuhalten und dem Vertragspartner (Verpächter), meist ein Zwischenpächter, für die Nutzung des Kleingartens den vereinbarten Preis zu bezahlen (Pachtzins). Möglich ist auch eine sogenannte mitgliedschaftliche Überlassung. Die auf der Basis des Bundeskleingartengesetzes erlassenen Gartenordnungen regeln in aller Regel detailliert, was zulässig sein soll und was nicht. Detaillierte Regelungen sind meist erforderlich oder zumindest hilfreich, weil die Nutzer verhältnismäßig eng beieinander leben und die Nutzer oft viel stärker eine Gemeinschaft bilden als sonst Einwohner mit Gärten. Es hat seine guten Gründe, dass sich viele Gartenordnungen eingehend mit der Zulässigkeit von Kündigungen befassen. Für das Zusammenleben im Kleingarten gilt in besonderem Maße, was wir in den Abschnitten „Treu und Glauben" (Seite 218) und „nachbarliches Gemeinschaftsverhältnis" (Seite 162) beschrieben haben; – mit der Besonderheit, dass die Gartenordnungen die Grundsätze konkretisieren.

Rechtspolitisch ist von Bedeutung, dass es zwar sehr viele Kleingärten gibt, in Deutschland 1,3 Millionen, die Nachfrage jedoch über das Ganze gesehen immer noch das Angebot übertrifft.

Die Autoren sind durch das Schreiben eines „Mein schöner Garten"-Lesers darauf aufmerksam geworden, dass es offenbar praktizierende Kleingärtner gibt, die sich verdienstvoll in den Kleingartenvereinen unter anderem auch mit dem Kleingarten-Recht befassen. Einen kennen wir: Horst Schöntauf. Er hat eine Reihe „Hilfsmittel für die Vereinsarbeit" verfasst. Besonders anschaulich sind zwei Schaubilder: „Maximale Laubenflächen für Kleingärten" und „Skizzen von Gartenlauben nach dem Bundeskleingartengesetz (BKleingG)". Wenn Sie möchten, stellen wir eine Verbindung her, indem wir Ihre Anfrage an Herrn Schöntauf weiterleiten. Herr Schöntauf hat sich freundlicherweise einverstanden erklärt.

? *Darf mein Kleingartenverein mir vorschreiben, wie der Garten zu gestalten ist?*

Ein Kleingartenverein kann dem Pächter in der Gartenordnung durchaus auch grundsätzlich vorschreiben, wie der Garten zu gestalten ist.

? *Darf ich eine Gartenlaube als Wohnsitz nutzen?*

Das Bundeskleingartengesetz schränkt den Schrebergärtner ein: Im Kleingarten ist nur eine Laube mit höchstens 24 Quadratmetern

Grundfläche einschließlich überdachtem Freisitz zulässig. Sie darf nicht zum dauernden Wohnen geeignet sein.

DER FALL

In einer Kleingartenanlage hatte ein Pächter faktisch ein „Einfamilienhaus" inklusive Hundezwinger und Festnetzanschluss errichtet. Nach § 3 Absatz 2 des Bundeskleingartengesetzes darf eine Laube, wie erwähnt, nur 24 Quadratmeter groß und nicht zum dauernden Wohnen geeignet sein. Der Pächter wurde abgemahnt und es wurde ihm eine Frist gesetzt, die rechtswidrig errichteten Baulichkeiten zu beseitigen. Erfolglos. Der Verpächter klagte zunächst auf Rückbau. Nachdem der Kleingärtner auch noch in die „Laube" eingezogen war, wurde die Klage auf Räumung des Gartens erweitert.

DAS URTEIL

Das Oberlandesgericht Naumburg hat der Klage stattgegeben (Urteil vom 16.1.2001, Aktenzeichen: 13 U 111/00): Die Kündigung ist gerechtfertigt. Der Pächter hat das Grundstück nicht nur gärtnerisch, sondern zum Wohnen genutzt. Dabei spielt es keine Rolle, dass der Kleingartenvorstand nicht rechtzeitig eingeschritten ist.

DER FALL

Am 1. März 1971 schloss der Kreisverband Nordost des Verbands der Kleingärtner, Siedler und Kleintierzüchter (VKSK) mit dem Beklagten einen Pachtvertrag über eine in einer Kleingartenanlage in Berlin gelegene Parzelle. Der Beklagte erwarb vom Vorpächter die auf der Kleingartenparzelle befindliche und zu Wohnzwecken genutzte Baulichkeit. Der frühere Pächter bezog im Gegenzuge die bisher vom Beklagten genutzte Stadtwohnung. Bereits mit Bescheinigung vom 24. Februar 1971 hatte der Rat des Stadtbezirks Berlin dem Beklagten die Zustimmung zu diesem Wohnungstausch erteilt. Der Kläger verlangt vom Beklagten, dass er das im Bundeskleingartengesetz vorgesehene Wohnlaubenentgelt für den

Zeitraum von 1995 bis 1997 bezahlt und die öffentlich-rechtlichen Lasten für die Jahre 1995 bis 1997 sowie 1998 und 1999 anteilig erstattet. Der Beklagte meint, dass er nicht zahlen müsse, da sein Garten kein Kleingarten im Sinne des Bundeskleingartengesetzes sei, sondern ein Wohngarten. Das Bundeskleingartengesetz sei gar nicht anwendbar. Das Amtsgericht hat die Klage mit eben dieser Begründung abgewiesen. Die Berufung des Klägers ist erfolglos geblieben. Mit der – vom Berufungsgericht zugelassenen Revision verfolgt der Kläger – also der frühere Pächter, der Ansprüche nach dem Bundeskleingartengesetz erhob – sein Klagebegehren weiter.

DAS URTEIL

Der Bundesgerichtshof (Urteil vom 13.2.2003, Aktenzeichen: III ZR 176/02) hat dem Kläger recht gegeben und hat die Sache an das Berufungsgericht zurückverwiesen, damit dieses über die Höhe der Ansprüche entscheidet. Die Begründung des Urteils: Zwar ist nach § 1 Absatz 2 Nr. 2 des Bundeskleingartengesetzes ein Garten auch dann, wenn – wie hier – die äußeren Merkmale eines Kleingartens erfüllt sind (vgl. § 1 Absatz 1 Bundeskleingartengesetz), unter Umständen kein Kleingarten. Vorliegend kann von der Überlassung einer Wohnung im Sinne des § 1 Absatz 2 Nr. 2 des Bundeskleingartengesetzes, mit der die Überlassung des Gartens im Zusammenhang stehen könnte, schon deshalb nicht gesprochen werden, weil der Gebrauch der auf dem Gartengrundstück befindlichen Baulichkeit nicht durch den Verpächter des Grundstücks oder einen sonstigen Dritten gewährt wird, sondern aufgrund eigenen (Eigentums-)Rechts des Pächters erfolgt. Es handelt sich also um keinen Wohngarten, sodass das Bundeskleingartengesetz anwendbar ist. In Kleingärten darf nur eine Laube in einfacher Ausführung errichtet werden, die nach ihrer Beschaffenheit, insbesondere nach ihrer Ausstattung und Einrichtung, nicht zum dauernden Wohnen geeignet sein darf. Abreden, die dem Pächter die Errichtung einer Luxuslaube erlauben, sind nichtig. Allerdings hält das Bundeskleingartengesetz in seinem § 20a Nr. 7 und 8 Sonderregelungen für übergroße Lauben und solche Lauben bereit, die zu Wohnzwecken benutzt werden, sofern diese Nutzung zeitlich vor der Anwendbarkeit des Bundeskleingartengesetzes einsetzte – also in den alten Bundesländern vor Inkrafttreten des Bundeskleingartengesetzes am 1. April 1983 und in den neuen Bundesländern vor dem Beitritt am 3. Oktober 1990. Diese Überleitungsvorschriften, die dem Pächter der Kleingartenparzelle Bestandsschutz gewähren, stehen jedoch der Anwendbarkeit des Bundeskleingartengesetzes im Übrigen nicht entgegen, sondern setzen diese vielmehr voraus: Danach hindert eine „altrechtliche", mit Bestandsschutz versehene Wohnnutzung nicht die Einstufung des Grundstücks als Kleingartenland. Dies gilt selbst dann noch, wenn die Wohnnutzung überwiegt.

? *Kann ich eine Entschädigung verlangen, wenn mir meine Parzelle gekündigt wird?*

DER FALL

Einem Pächter wurde seine Parzelle in einer Kleingartenanlage ordentlich, also nicht fristlos oder sonst außerordentlich gekündigt. Er räumte die Parzelle und forderte 13.000 Euro als angemessene Entschädigung für die von ihm eingebrachten oder gegen Entgelt übernommenen Anpflanzungen und Anlagen, soweit diese im Rahmen der kleingärtnerischen Nutzung üblich sind. Der Verpächter beruft sich dagegen darauf, dass Ersatzansprüche bereits nach sechs Monaten verjähren.

DAS URTEIL

Der Bundesgerichtshof hat entschieden, dass der Pächter eine angemessene Entschädigung (§ 11 Absatz 1, Bundeskleingartengesetz) vom kündigenden Hauptverpächter oder jeweiligen Nutzer der Fläche verlangen kann (Urteil vom 6.6.2002, Aktenzeichen: III ZR 181/01), soweit dies die von ihm eingebrachten oder gegen Entgelt übernommenen Anpflanzungen und Anlagen betrifft (§ 11 Absatz 11 Bundeskleingartengesetz). Dieser Kündigungsentschädigungsanspruch (§ 11 Absatz 1 Satz 1 Bundeskleingartengesetz) verjährt erst innerhalb von drei Jahren.

? *Wer zahlt die Pflege öffentlicher Wege in Kleingartenanlagen?*

DER FALL

Die Stadt verlangt, dass die Pflegeaufwendungen (zum Beispiel Gehölzschnitt) für die Grünstreifen entlang der öffentlichen Wege in einer Kleingartensiedlung vom Kleingartenverein erstattet werden, und klagt vor Gericht. Die Stadt beruft sich dabei auf § 5 des Bundeskleingartengesetzes. Der Kleingartenverein beruft sich auf eine anders lautende vertragliche Regelung.

DAS URTEIL

Der Bundesgerichtshof gab der Stadt recht (Urteil vom 16.1.1997, Aktenzeichen: III ZR 79/96). Der Pächter muss die Pflege und Erhaltungskosten für die Randbepflanzung öffentlicher Wege erstatten, auch wenn der Verpächter die Sträucher wegen der eigenen Verkehrssicherungspflicht schneidet. Der Verpächter kann sich auch dann auf § 5 Absatz 5 des Bundeskleingartengesetzes berufen, wenn in einem früheren Pachtvertrag anderes vereinbart wurde.

? *Ist die Pacht für meinen Kleingarten zu hoch?*

Die Pacht darf im Höchstfall beim vierfachen Betrag der ortsüblichen Pacht im erwerbsmäßigen Obst- und Gemüseanbau liegen. Welche Pacht ortsüblich ist, kann man beim örtlichen Kleingartenverein oder beim örtlichen Gutachterausschuss für die Ermittlung von Grundstückswerten (Rathaus oder Landratsamt) erfahren.

Komposthaufen

? *Kann ich Garten- oder Pflanzenabfälle auf dem eigenen Komposthaufen entsorgen?*

Siehe „Gartenabfälle" (Seite 57).

? *Muss ich einen Komposthaufen an der Gartengrenze dulden?*

Siehe „Grenze" (Seite 69).

L

Lärm

> *Schön wäre, wenn die Lärmwitze die Wirklichkeit widerspiegelten.*

Wer von Lärm betroffen ist, dem ist eigentlich nicht nach Witzen zumute. Wie schlimm die Wirklichkeit ist, berichtet die Presse nahezu täglich. Nahezu jede Woche ist von mörderischen Auseinandersetzungen zu lesen. Einen Einblick geben die im Abschnitt „Straftaten" abgebildeten Presseausschnitte (Seite 204).

So einfach wie in diesem „Witz" ist es eben leider nur selten: „Der Nachbar: ‚Es stört mich nicht, wenn Ihr Baby nachts schreit, aber hören Sie bitte mit Ihren Schlafliedern auf'." (Quelle: Zeitschrift „Lisa").

Doppeltes Pech hat dieser Nachbar: „Sag mal Otto, hörst du denn gar nichts mehr von den 2.000 Euro, die du deinem Nachbarn im letzten Monat geliehen hast?" – „Doch, leider sogar jeden Tag. Er hat sich davon eine neue Musikanlage gekauft." (Quelle: Zeitschrift „Glücks-Revue")

Man kann es ja einmal versuchen: „Guten Tag, ich komme wegen des Schlagzeugs, das Sie verkaufen." – „Was? Wer behauptet denn so etwas?" – „Na, Ihr Nachbar." (Ebenfalls aus „Glücks-Revue")

> *Haben Sie unter Lärm zu leiden?*

Lärm belästigt nach Angaben des Bundesumweltministeriums vier von fünf Menschen in Deutschland. Für rund zwölf Millionen Bundesbürger ist der Lärm nach Angaben des Umweltbundesamtes sogar das Umweltproblem Nummer eins. Lärm schädigt dem Umweltbundesamt zufolge nicht nur die Ohren, sondern den gesamten Organismus. Menschen, die an Straßen mit einem mittleren Lärmpegel von 65 Dezibel und mehr wohnen, haben ein um 20 Prozent höheres Herzinfarktrisiko. Insbesondere bei Kindern kann die Lärmbelastung Lernvermögen und Konzentrationsfähigkeit verringern. Lärm ist eine Plage, die krank machen kann. Früher war ungebührlicher ruhestörender Lärm ein Strafdelikt (§ 360 Nr. 11 des Strafgesetzbuches), heute wird der ruhestörende Lärm vom Gesetzgeber grundsätzlich nur noch als eine Ordnungswidrigkeit betrachtet (§ 117 des Gesetzes über Ordnungswidrigkeiten).

Wer Zeitungen und Zeitschriften liest und wem verzweifelte Leser schreiben, hält es für falsch, dass Lärm vom Strafdelikt zur Ordnungswidrigkeit herabgestuft worden ist. Die Presse kann nur über die spektakulärsten Fälle berichten. Eine kleine Auswahl aus kurzer Zeit:

„Blumentopf als Mordwaffe – Blutiger Nachbarschaftsstreit vor Gericht" titelte die Süddeutsche Zeitung am 4. März 2008 in ihrem München-Teil. Begonnen hatte ein Streit – so die Anklage wegen versuchten Mordes – wie so oft wegen Lärms. Geendet hat er mit einem Schädel-Hirn-Trauma und einer Risswunde an der Stirn, die genäht werden musste.

Am 22. Februar 2008 berichtete BILD, wie sich „ein Rentner-Ehepaar von dem Ex-Schalke-Star Klaus Fischer belästigt fühlt". Sie klagen: „Über uns ist ständig Krach. So, als würde dort oben in der guten Stube andauernd Fußball gespielt. Das ist nicht mehr zum Aushalten."

Mindestens einmal pro Woche werden Sie in Ihrer Regionalzeitung wegen Lärms Überschriften lesen können wie: „Nachbarschaftsstreit artet aus – 64-Jähriger geht mit Holz auf Burschen los" (Isar-Loisachbote vom 26. März 2007).

Wenn Sie selbst Ärger haben, empfiehlt es sich, dass Sie sich nicht nur allein mit Ihrem speziellen Problem befassen; quasi aus der „Froschperspektive". Überblicken Sie die Problematik auch aus der „Vogelperspektive". Lesen Sie dazu bitte die Abschnitte: „Immissionen" (Seite 105), „Immissionsschutzgesetze" (Seite 109), „Treu und Glauben" (Seite 218) und „nachbarliches Gemeinschaftsverhältnis" (Seite 162). Sie können dann noch besser die Zusammenhänge beurteilen, Ihr Problem besser einschätzen und besser entscheiden, wie Sie sich am besten verhalten.

? *Wie viel Lärm aus der Nachbarschaft muss ich dulden? Wie verhält es sich bei Vereinsaktivitäten mit Musik?*

Ein Recht auf Lärm ist im Gesetz nicht vorgesehen. Einen groben Anhaltspunkt für das Maß des den Nachbarn zumutbaren ortsüblichen Lärms können die Richtwerte der technischen Anleitung zum Schutz gegen Lärm (TA-Lärm) bieten.

Diese betragen für Industriegebiete 70 dB (A), Gewerbegebiete 65 dB (A), nachts 50 dB (A), Mischgebiete, Kerngebiete und Dorfgebiete 60 dB (A), nachts 45 dB (A), Allgemeine Wohngebiete 55 dB (A), nachts 40 dB (A), reine Wohngebiete 50 dB (A), nachts 35 dB (A), Kurgebiete, Krankenhäuser und Pflegegebiete 45 dB (A), nachts 35 dB (A).

Diese Werte sind jedoch auf den von einem Werksgelände ausgehenden Gewerbelärm abgestimmt und können daher nicht auf alle Arten von Lärm generell angewandt werden. Siehe dazu auch den Abschnitt: „Was tun bei Ruhestörungen durch Tiere?" (Seite 127). Dort wird nebenbei auch auf unerwünschte Musik hingewiesen. Bei der unerwünschten Musik muss jedoch auch nach dem Anlass unterschieden werden, wie in dem nachfolgenden Fall geschildert wird. Allgemein sollte daher die Regel gelten, den Nachbarn nicht mehr an Lärm zuzumuten, wie man selbst zu ertragen bereit ist. Siehe zu weiteren Einzelheiten bitte: „Treu und Glauben" (Seite 218) sowie „Nachbarliches Gemeinschaftsverhältnis" (Seite 162).

DER FALL

Dieser nun nachfolgend geschilderte Fall wirft die Frage auf, ob die Rechtsprechung wirklich in die richtige Richtung tendiert, und ob die Lärmschutz-Interessen – wie die Autoren meinen – nicht doch stärker geschützt werden müssen. Die Kläger sind Eigentümer eines Grundstücks in einem allgemeinen Wohngebiet. Ein Bolzplatz, eine Sporthalle und ein Fußballfeld befinden sich auf dem Nachbargrundstück, welches der Stadt gehört. Dieses Grundstück hat die Stadt dem Sportverein für Vereinsaktivitäten überlassen, auch für das einmal im Jahr stattfindende Sommerfest. Bei diesem Fest finden Musikveranstaltungen, inklusive eines Rockkonzerts, in einem Festzelt statt. Dieses Konzert dauert bis weit nach Mitternacht und verursacht einen Mittelungspegel von 55,3 bis 70,5 dB (A) auf dem Grundstück der Klägerin.

DAS URTEIL

Am 26.9.2003 hat der Bundesgerichtshof diesen Fall – problematisch stark gegen die Lärmschutzinteressen der Anwohner – entschieden, Aktenzeichen: V ZR 41/03:
Immissionen, die von einem anderen Grundstück ausgehen, können nur verboten werden, wenn sie die Benutzung des Grund-

stücks nicht nur unwesentlich beeinträchtigen. Dies muss aufgrund wertender Beurteilung festgesetzt werden. Da die Sportanlagenlärmschutzverordnung nur Immissionen regelt, die von einer Sportanlage bei ihrer Nutzung als Sportanlage ausgehen (§ 1 Abs. 1 der 18. BlmSchV) mussten die Hinweise des Länderausschusses für Immissionsschutz (LAI-Hinweise) herangezogen werden, da diese für Freizeitanlagen und insbesondere für Grundstücke gelten, auf denen Volksfeste, Platzkonzerte, Livemusik und ähnliche Veranstaltungen im Freien stattfinden. Die Richtwerte des LAI ersetzen zwar nicht die Würdigung des Einzelfalls, aber wenn die Richtwerte überschritten werden, dann ist eine wesentliche Beeinträchtigung im Sinne des § 906 Abs. 1 des Bürgerlichen Gesetzbuches indiziert. Zur Beurteilung der Wesentlichkeit des Einzelfalls sind auch von Bedeutung: die Dauer, die Häufigkeit und die Bedeutung der Veranstaltung. Bei einmaligen oder seltenen Störungen, nach den LAI-Hinweisen sind das Veranstaltungen, die nicht mehr als zehn Tage oder Nächte im Kalenderjahr stattfinden, ist meist eine großzügigere Handhabung der Richtwerte geboten. Die Wesentlichkeit einer Beeinträchtigung richtet sich nicht mehr nur nach objektiven Kriterien, sondern (so der BGH wörtlich): „Im Interesse der Harmonisierung zivilrechtlicher und öffentlich-rechtlicher Beurteilungsmaßstäbe hat der Senat eine Angleichung an die verwaltungsgerichtliche Rechtsprechung vollzogen, die als erhebliche Belästigung alles ansieht, was einem verständigen Durchschnittsmenschen auch unter Würdigung anderer öffentlicher und privater Belange billigerweise nicht mehr zuzumuten ist." Bei Veranstaltungen, die allgemein akzeptierte Formen gemeindlichen und städtischen Lebens sind, werden in der Regel Immissionen in einem höheren Maß akzeptiert und selbst Überschreitungen der Richtwerte der LAI-Hinweise können unwesentlich sein. Zum Beispiel bei: Volks- und Gemeindefesten, Feiern örtlicher Vereine und traditionellen Umzügen, auch wenn die Veranstalter private Vereine sind. Entscheidend kann auch sein, ob sich der Standort der Veranstaltung so verlegen lässt, dass die Anwohner weniger beeinträchtigt sind. Somit entschied der BGH (wörtlich): „Bei Festveranstaltungen von kommunaler Bedeutung, die nur einmal im Jahr für wenige Tage stattfinden, ist auch eine deutliche Überschreitung der in den LAI-Hinweisen für seltene Störereignisse festgelegten Richtwerte denkbar. Hiervon ist selbst die Nachtzeit nicht generell ausgenommen, zumal es im Sommer noch bis 22 Uhr hell bleibt und es dem Charakter beziehungsweise der Tradition vieler Veranstaltungen entspricht, dass sie bis in die Nachtstunden andauern. (...) Eine über Mitternacht hinausgehende erhebliche Überschreitung der Richtwerte wird demgegenüber in aller Regel nicht mehr als unwesentlich zu qualifizieren sein."

DER FALL

Dieser Fall betrifft die Frage, ob zu Lasten der Anlieger Messabschläge zulässig sind.
Die Kläger sind Eigentümer eines Grundstücks im Außenbereich eines Dorfgebiets. Die Beklagten betreiben vier Windkraftanlagen auf den Nachbargrundstücken. Die Abstände zu den zwei nächsten zum Wohnhaus des Klägers gelegenen Windkraftanlagen betragen etwa 270/280 beziehungsweise 310/320 Meter. Der von einem Sachverständigen gemessene Lärmpegel beträgt 46 bis 47 dB (A), während der nachts zugelassene TA-Lärm von 45 dB (A) beträgt. Fraglich ist hier, ob der Messabschlag von 3 dB (A), wie er nach Nr. 6.9 der TA-Lärm für Überwachungsmessungen vorgesehen ist, vorzunehmen ist oder nicht.

DAS URTEIL

Im Urteil vom 8.10.2004 (Aktenzeichen: V ZR 85/04) entschied der Bundesgerichtshof:
Wenn sich der Störer darauf beruft, „dass die in der TA-Lärm festgelegten Grenz- oder Richtwerte eingehalten seien, sodass nach § 906 Abs. 1 Satz 2 und 3 BGB von einer nur unwesentlichen Beeinträchtigung auszugehen sei, so ist von dem ermittelten Lärmpegel kein Messabschlag zu machen, wie er nach Nr. 6.9 der TA-Lärm für Überwachungsmessungen vorgesehen ist. Nur wenn ohne diesen Abschlag die Immissionen diesen Grenzwert einhalten, besteht eine gesicherte Grundlage dafür, dass dem Störer die sich aus § 906 Abs.1 Satz 2 und 3 BGB ergebende Beweiserleichterung zugebilligt werden kann". Die Darlegungs- und Beweislast bleibt beim Störer, denn

wenn die Richtwerte eingehalten oder unterschritten werden, indizieren sie, dass nur unwesentlich beeinträchtigt wird. Der Messabschlag soll nur eventuelle Messungenauigkeiten ausgleichen. Nachdem der Störer die Beweislast für die Unwesentlichkeit der Beeinträchtigung hat, gehen die Unsicherheiten bei der Sachverhaltsermittlung zu seinen Lasten. Trotzdem kann der Tatrichter im Einzelfall im Rahmen seines Beurteilungsspielraums die Wesentlichkeit der Beeinträchtigung verneinen.

? *Welche Ruhezeiten sind einzuhalten?*

Ruhezeiten sind in Deutschland regional unterschiedlich geregelt. Erkundigen Sie sich am besten bei Ihrer Gemeinde. Siehe bitte Abschnitt: „Auskünfte" (Seite 28). Nahezu jede Gemeinde hat eine Verordnung erlassen, die zumindest „die zeitliche Beschränkung ruhestörender Haus- und Gartenarbeiten in der Gemeinde" regelt. Meist liegen die Ruhezeiten an Werktagen mittags zwischen 12 und 14 Uhr oder 13 bis 15 Uhr sowie nachts von 22 bis 6 Uhr. Für Haus- und Gartenarbeiten bestimmt zum Beispiel die Gemeinde Icking in § 1 Absatz 2 der örtlichen Satzung: „Haus- und Gartenarbeiten, die geeignet sind, die öffentliche Ruhe zu stören, sind an Sonn- und Feiertagen verboten, an Werktagen sind sie in der Zeit von 8.00 bis 12.00 Uhr und von 14.00 bis 19.00 Uhr erlaubt." In Wohnanlagen mit Eigentumswohnungen können auch spezielle Regelungen gelten.

DER FALL

Ein Fall, bei dem sich mancher fragen wird, welche Vorstellungen jemand zur nachbarlichen Rücksichtnahme hat und warum die Geldbuße nicht erheblich höher ausfiel.
Der Kläger Hans M. ist Eigentümer eines Vierfamilienhauses. In diesem Haus bewohnt er eine im 1. Stock gelegene Wohnung. Hier feierte seine Ehefrau am 27.8.1988 ihren Geburtstag. Zur Feier, die bereits am Nachmittag begann, erschienen 16 Gäste. Diese hielten sich im Wohn-/Esszimmer auf, das nach hinten zur Gartenseite gelegen ist. Von diesem Zimmer aus kann der zur

Wohnung gehörende Balkon betreten werden, Balkontür und Fenster waren während der Feier geöffnet. Zur Unterhaltung der Gäste spielte Musik von einem Kassettenrekorder. Es wurde getanzt und auch gesungen. Der Lärm war deutlich wahrzunehmen. Bewohner der angebauten Nachbarhäuser konnten trotz geschlossener Fenster nicht einschlafen oder wurden aus dem Schlaf geweckt. Aufgrund von Anwohnerbeschwerden schritt die Polizei nach 22 Uhr ein und forderten Hans M. zur Einhaltung der Nachtruhe auf. Nachdem kurzzeitig der Kassettenrekorder leiser gestellt wurde, erschienen die beiden Polizeibeamten aufgrund erneuter Beschwerden von Nachbarn über Ruhestörungen ein zweites Mal gegen 1.30 Uhr. Sie forderten Hans M. nochmals auf, die Nachtruhe einzuhalten. Dieser zeigte sich uneinsichtig und behauptete, dass es ihm zustehe, einmal im Monat auch nach 22 Uhr lautstark feiern zu dürfen. Die nächtliche Ruhestörung hatte Folgen: Das Amtsgericht hat den Wohnungsinhaber wegen vorsätzlichen Verstoßes gegen das Immissionsschutzgesetz von Nordrhein-Westfalen zu einer Geldbuße von umgerechnet ca. 100 Euro verurteilt. Hiergegen wendet sich Hans M. nun in diesem Verfahren.

DAS URTEIL

Das Oberlandesgericht Düsseldorf hat ausdrücklich festgestellt, dass der Inhaber der Wohnung dafür verantwortlich ist, dass von einer von ihm in der Wohnung veranstalteten Geburtstagsfeier kein Lärm ausgeht, der die Nachtruhe stört (Beschluss vom 15.1.1990, Aktenzeichen: 5 Ss (OWi) 475/89). Die Beweiswürdigung des Amtsgerichts lässt – so das OLG – keinen Rechtsfehler erkennen. Sie ist nachvollziehbar, frei von Denkfehlern und Widersprüchen und verstößt nicht gegen Erfahrungssätze. Wann eine Störung der Nachtruhe vorliegt, richtet sich nach der Intensität des Lärms und nach dem Gebietscharakter (Industriegebiet, Gewerbegebiet, gemischte Nutzung, reines Wohngebiet), in dem sich der Lärm auswirkt. Soweit der Kläger Hans M. die Auffassung vertritt, er dürfe einmal im Monat auch nach 22 Uhr lautstark feiern und damit die Nachtruhe stören, ist diese Meinung rechtsirrig. Eine entsprechende „Erlaubnis" ergibt sich weder aus dem Landesimmissionsschutzgesetz noch aus Art. 2 Absatz 1 des

Grundgesetzes (GG). Das Grundrecht auf freie Entfaltung der Persönlichkeit gibt dem Wohnungsinhaber nicht das Recht, „einmal im Monat durch lautstarkes Feiern die Nachtruhe zu stören". Im vorliegenden Fall war der Wohnungseigentümer auch gehalten, wegen der vorrangigen schutzwürdigen Belange seiner Nachbarschaft den von den feiernden Gästen und von dem Kassettenrekorder ausgehenden Lärm durch geeignete Maßnahmen zu unterbinden. Dies wäre ihm auch ohne Weiteres möglich gewesen.

❓ Was kann man bei Ruhestörung tun?

Sie wissen ja schon selbst: Um das Nachbarschaftsverhältnis von Anfang an nicht komplett zu gefährden, sollten Sie in einem ersten Schritt versuchen, sich mit Ihrem Nachbarn gütlich zu einigen. Sprechen Sie mit Ihrem Nachbarn oder schreiben Sie ihm einen Brief, und erklären Sie ihm, warum Sie sich gestört fühlen. Versuchen Sie eine Lösung zu finden, die für beide Seiten annehmbar ist.

Haben Sie auf diesem Weg keinen Erfolg, stehen weitere Möglichkeiten offen. Sie können die Polizei rufen oder einen Anwalt beauftragen, Ihren Nachbarn aufzufordern, die Störung in Zukunft zu unterlassen und eine strafbewehrte Unterlassungserklärung abzugeben. Eine Klage ist die nächste Stufe. Siehe auch „Wie mache ich mein Recht geltend", Seite 179.

Nützlich kann im Einzelfall sein: Legen Sie ein sogenanntes Lärmprotokoll an. Listen Sie dazu schriftlich alle Störungen auf einem Blatt Papier auf und halten Sie fest, wann welche Störung wie aufgetreten ist. Notieren Sie sich auch Zeugen für die jeweilige Störung, sofern vorhanden. Vor Gericht kann ein solches Protokoll zu Beweiszwecken vorteilhaft sein. Sie können damit beispielsweise aufzeigen, dass Ihr Nachbar regelmäßig zu unzumutbaren Zeiten den Rasen mäht. Aber auch außerhalb eines Gerichtsstreits können Sie so unter Umständen besser und sachlicher argumentieren.

❓ Muss ich den Lärm von spielenden Kindern dulden?

Kinder sollen sich entwickeln. Dazu gehört auch, dass sie spielen können. Die Rechtsprechung räumt ein, dass es im Innenhof, auf dem Bolzplatz, in der Spielstraße oder in der Wohnung lauter zugehen kann. Wenn der Lärm das gewöhnliche Maß nicht übersteigt und die allgemeinen Ruhezeiten im Wesentlichen beachtet werden, müssen Sie Lärm von spielenden Kindern dulden. Das gilt auch in einer Wohnungseigentumsanlage. Selbst wenn in der Hausordnung steht, dass sämtliche Hausbewohner zur gegenseitigen Rücksichtnahme verpflichtet sind, gilt das nicht für üblichen Lärm, der zum Beispiel am Spielplatz entsteht. Dies folgt aus dem Interesse der Allgemeinheit an einer kinderfreundlichen Umwelt (Landgericht Heidelberg, Aktenzeichen: 8 S 2/96). Das Gericht in Heidelberg hat ausdrücklich begrüßt, wenn Eltern zusammen mit ihren Kindern spielen. Auf einem Spielplatz gilt auch der Lärm von Kindern als ortsüblich, die selbst nicht im Haus wohnen, aber Kinder von Hausbewohnern besuchen. Die Tendenz, zugunsten von Kindern zu entscheiden, ist stark. Allerdings sollten auch Kinder unnötigen Lärm in den Ruhezeiten vermeiden. Diese sind regional unterschiedlich. Meist ist Ruhezeit – siehe dazu auch schon: „Welche Ruhezeiten sind einzuhalten?", Seite 122 – zwischen 12 und 14 Uhr oder 13 bis 15 Uhr, in der Nacht von 22 bis 6 Uhr und ganztägig an Sonn- und Feiertagen. Zur Durchsetzung von Ruhezeiten siehe bitte: „Rechtsdurchsetzung" (Seite 179).

Aufschlussreich zur Rechtsprechung hinsichtlich der Zumutbarkeit von Lärm durch Kinder ist ein im Juni 2006 vom Oberverwaltungsgericht Lüneburg erlassener, sehr ausführlicher Beschluss mit dem Aktenzeichen: 9 LA 113/04. Er gelangt zu dem bezeichnenden Ergebnis, dass auch ein großzügig bemessener und mit einer überdurchschnittlichen Spielgeräteausstattung versehener Spielplatz mit dem Ruhebedürfnis der Bewohner eines unmittelbar angrenzenden Wohngebiets vereinbar ist.

Ganz in diesem Sinne hat auch das Verwaltungsgericht Koblenz im Juni 2008 entschieden (Aktenzeichen: 1 K 198/08); siehe Abschnitt: „Baugenehmigung und Kinder" (Seite 111). Das Oberverwaltungsgericht des Saarlandes hat sich in einem Beschluss vom 11. September 2008 genauso extrem kinderfreundlich gezeigt (Aktenzeichen: 2 C 186/08); siehe Abschnitt: „Welche Chancen habe ich als Nachbar gegen einen Bebauungsplan, der ein Herz für Kinder, aber nicht für mich hat?" (Seite 47).

? Wann darf ich laute und lärmintensive Gartengeräte benutzen?

Rasenmäher, Häcksler und Co. erleichtern – wem sagen wir das – einerseits die Arbeit im Garten ganz erheblich, andererseits machen sie eben viel Lärm. Zum Schutz der Bevölkerung vor Lärm hat der Gesetzgeber vor einiger Zeit die sogenannte Rasenmäherlärmverordnung erlassen, die jetzt durch die Geräte- und Maschinenlärmschutzverordnung ersetzt wurde. Nach der neuen Verordnung dürfen in Wohn-, Kur- und Klinikgebieten Rasenmäher an Werktagen in der Zeit von 7 bis 20 Uhr betrieben werden. Ruhen müssen die Geräte an Sonn- und Feiertagen. Diese Ruhezeiten gelten jetzt auch für andere laute Gartengeräte, zum Beispiel Laubbläser, Laubsammler, Heckenschere, Rasenkantenschneider und Motorkettensäge.

Außerdem gibt es jetzt für besonders lärmintensive Geräte, wie Laubsauger, Laubbläser, Grastrimmer und Graskantenschneider, zusätzlich eingeschränkte Nutzungszeiten: Nach der neuen Verordnung dürfen diese an Werktagen nur von 9 bis 13 Uhr und von 15 bis 17 Uhr benützt werden.

Eine Ausnahme besteht dann, wenn das Gerät das Umweltzeichen nach der Verordnung Nr. 1980/2000 des Europäischen Parlaments trägt; also nicht so laut ist wie ältere Geräte. In diesem Fall gilt die allgemeine Regelung. Wie bisher dürfen die Gemeinden in Gemeindeverordnungen zusätzliche Ruhezeiten (zum Beispiel von 12 bis 15 Uhr) bestimmen. Die Regelungen in Ihrer Gemeinde müssen Sie also nach wie vor und auf jeden Fall beachten. Bei Verstößen gegen die Ruhezeiten kann ein Besuch durch die Polizei drohen und Bußgelder bis zu 5.000 Euro (umso problematischer ist, dass in dem Fall mit der nächtlichen Ruhestörung – siehe Seite 123 – nur 100 Euro angesetzt wurden).

Da die gesetzliche Grundlage zum Schutz gegen Maschinenlärm geändert wurde, können Urteile und Kommentierungen, die sie irgendwo finden, „überholt" sein. Zu der neuen Verordnung fehlt noch Rechtsprechung.

? Muss ich Baulärm dulden?

Ob Sie den Baulärm in Ihrem Nachbargarten oder sonst in ihrer Umgebung dulden müssen, hängt davon ab, ob durch den Baulärm eine Beeinträchtigung im Sinne des § 906 des Bürgerlichen Gesetzbuches und anderer Schutzvorschriften, vorliegt. Hierfür sind in der Regel die Grenzwerte folgender Richtlinien maßgeblich: die TA-Lärm

(Technische Anleitung zum Schutz gegen Lärm), die VDI-Richtlinie 2058 (Richtlinie zur Beurteilung von Arbeitslärm in der Nachbarschaft), die Allgemeine Verwaltungsvorschrift zum Schutz gegen Baulärm – Geräuschimmissionen – vom 19.8.1970 und die DIN Norm 18005 (Norm des Instituts für Normung vom 1.5.1987, die sich mit dem Schallschutz im Städtebau beschäftigt und deren Werte für die Beurteilung der Wesentlichkeit einer Geräuschbeeinträchtigung herangezogen werden können). Für Arbeitszeiten zwischen 20 und 7 Uhr sowie an Sonn- und Feiertagen bedarf es einer behördlichen Ausnahmegenehmigung. Genehmigungen für sonntags sind fast nie zu erlangen; vgl. zum Beispiel OVG Berlin-Brandenburg, Aktenzeichen: 11 S 64.08.

Liegt eine wesentliche Beeinträchtigung vor, muss diese trotzdem geduldet werden, wenn sie ortsüblich ist und nicht zumutbar verhindert werden kann. Dies ist in Städten sowie ansonsten auch bei einem behördlich genehmigten Bauvorhaben in der Regel der Fall. Außerdem haben die eingesetzten Arbeitsgeräte hinsichtlich des Schallschutzes dem neuesten Stand der Technik zu entsprechen.

? *Wie verhält es sich bei Umbau- und Renovierungsmaßnahmen im Haus?*

Sie müssen grundsätzlich hingenommen werden. Es kann auch kein Schmerzensgeld verlangt werden, allenfalls Mietminderung. So aus der neueren Rechtsprechung das Urteil des Amtsgerichts München vom 12. Juli 2006, Aktenzeichen: 172 C 41295/04.

? *Was tun bei Ruhestörungen durch Tiere? Ist danach zu unterscheiden, ob Geräusche nach ihrer Art den unfreiwillig Hörenden in besonderem Maße beeinträchtigen?*

Bellende Hunde oder quakende Frösche in Nachbars Garten verursachen Lärm, der auch dem größten Tierfreund auf die Nerven gehen kann. Wird der Aufenthalt im eigenen Garten durch Geräusche erheblich beeinträchtigt, müssen Sie das in der Regel nicht dulden (§ 906 Bürgerliches Gesetzbuch). Sie können nach § 1004 des Bürgerlichen Gesetzbuches Ihren Nachbarn zur Unterlassung auffordern. Bitte lesen Sie die Texte dieser Paragrafen. Sie finden sie in den Datenbanken der von uns betreuten Zeitschriften. Doch keine Regel ohne Ausnahme: Ortsübliche Störungen müssen – wie Sie in § 906 nachlesen können – hingenommen werden. Gegen erhebliche, ortsunübliche

Störungen kann jedoch vorgegangen werden. Entscheidend ist oft die Lage des Grundstücks. In ländlicher Umgebung ist mehr zu tolerieren als in städtischen Wohngebieten. Wenn der Lärm nicht ortsüblich ist, werden die Gerichte dagegen schon bei einer geringeren Lautstärke annehmen, dass der Nachbar erheblich beeinträchtigt wird. Lärmbelästigungen durch Tiere werden je nach Wohngebiet unterschiedlich gewertet. Man unterscheidet dabei ortsübliche und ortsunübliche Störungen. Das Krähen eines Hahnes beispielsweise gilt in einem ländlichen Gebiet oft als ortsübliche Störung und muss toleriert werden. In der Stadt dagegen würde es in den meisten Fällen als ortsunübliche Störung gewertet und könnte somit auch untersagt werden.

Eine Hilfestellung, ob der Lärm erheblich beeinträchtigt oder hingenommen werden muss, bietet die Technische Anleitung zum Schutz gegen Lärm (TA-Lärm). Sie ist eine Verwaltungsvorschrift zur Genehmigung von Anlagen, deren Grenzwerte aber im Nachbarrecht auch als Anhaltspunkte herangezogen werden können. Wenn die zulässigen Lärmgrenzen überschritten sind, kann vom Halter der lärmenden Tiere oder dem Eigentümer des Grundstücks regelmäßig verlangt werden, dass er den Lärm eindämmt. Immer stärker setzt sich durch, dass Nachbarn in Geld entschädigt werden müssen.

Ganz wichtig kann für Sie sein: Gesondert zu würdigen sind Geräusche, die nach ihrer Art den unfreiwillig Hörenden in besonderem Maße beeinträchtigen. So insbesondere Hundegebell (und auch unerwünschte Musik). Solche Geräusche beeinträchtigen schon bei einer Lautstärke, mit der sie sich in das Bewusstsein des unfreiwillig Hörenden drängen, und zwar auch dann, wenn sie diejenige Phonstärke nicht überschreiten, bei der Verkehrs- und Industriegeräusche noch hinnehmbar sind. Lehrreich ist ein Urteil des Oberlandesgerichts Brandenburg mit dem Aktenzeichen 5 U 152/05.

Siehe auch die Abschnitte „Tiere im Garten und in der Nachbarschaft – Ganz allgemein: Kann Nachbarn und Mietern verboten werden, Tiere im Garten oder Haus zu halten, und kann man mir die Tierhaltung untersagen?" (Seite 211), „Naturschutz" (Seite 164), „Muss ich das Krähen eines Hahnes aus der Nachbarschaft dulden?" (Seite 129), „Muss ich das Bellen eines Hundes dulden?" (Seite 130) und „Nachbarrechtlicher Ausgleichsanspruch, auch: bürgerrechtlicher Aufopferungsanspruch" (Seite 163).

DER FALL

Die Kläger sind Eigentümer eines an den Kurpark der Beklagten angrenzenden Grundstücks. Der Kläger fordert, dass die Beklagte Lärmschutzmaßnahmen ergreift, da sich in den Bäumen des Kurparks seit einigen Jahren eine Saatkrähenkolonie angesiedelt hat. Durch die ständig wachsende Anzahl an Brutpaaren kam es besonders in der Brutzeit zu erheblichen Lärmbelästigungen, welche die Orientierungs- beziehungsweise Immissionsrichtwerte für ein Wohngebiet, wie durch ein Sachverständigengutachten festgestellt wurde, erheblich überschritten haben. Die Beklagte versuchte aufgrund der Beschwerden der Anwohner eine Ausnahmegenehmigung bei der Naturschutzbehörde zu beantragen, um die Saatkrähen durch akustische Störmaßnahmen und das Ausstoßen von Nestern bis in die Brutzeit hinein zu vergrämen. Dieser Antrag wurde aufgrund des besonderen Artenschutzes der Saatkrähen abgelehnt.

DAS URTEIL

Das Amtsgericht Bad Oldesloe hat in seinem Urteil vom 18.12.1998 (Aktenzeichen: 2 C 442/98) entschieden, dass ein zivilrechtlicher Anspruch eines Grundstückseigentümers ausgeschlossen ist, wenn die Beeinträchtigung auf dem Nachbargrundstück ausschließlich auf Naturkräfte zurückzuführen ist, die der Nachbar weder in zurechenbarerweise gefördert hat noch sonst wie zu vertreten hat. Siehe zu der Frage, inwieweit die Rechtsprechung dazu neigt, dem benachteiligten Eigentümer einen Ausgleichsanspruch gegen den Eigentümer des Grundstücks zuzusprechen, von dem die Störung ausgeht: Abschnitte „Nachbarrechtlicher Ausgleichsanspruch, auch bürgerrechtlicher Aufopferungsanspruch" (Seite 163) und „Naturschutz" (Seite 164).

? Muss ich das Krähen eines Hahnes aus der Nachbarschaft dulden?

Das Krähen eines Hahnes in der Nachbarschaft stellt in der Regel eine wesentliche Beeinträchtigung dar (§ 906 Bürgerliches Gesetzbuch). In einer ländlichen Gegend muss das Krähen eines Hahnes grundsätzlich jedoch geduldet werden. Siehe dazu auch schon voranstehend: „Was tun bei Ruhestörungen durch Tiere?" (Seite 127) und „Naturschutz" (Seite 164). In reinen Wohngegenden muss der Halter des Hahnes in der Regel für eine schalldichte Unterbringung oder, falls der Hahn nur zu nah am Nachbargrundstück kräht, für eine Verlegung des Standortes sorgen. Gibt es in der Gegend weitere Lärmquellen, zum Beispiel eine Straße oder Fluglärm, so bezieht sich die Pflicht des Halters nur auf bestimmte Ruhezeiten. Das Halten von mehr als zwei Hähnen kann auch gänzlich untersagt werden.

? *Muss ich das Bellen eines Hundes dulden?*

Es hat sich eine hinreichend gefestigte Rechtsprechung gebildet. Wir formulieren gleich der Einfachheit halber den Antrag, dem im Normalfall ein Gericht voraussichtlich stattgeben würde, nämlich: „Der Beklagte wird verurteilt, seinen Hund so zu halten, dass Hundegebell, Winseln oder Jaulen auf dem Grundstück des Klägers nur außerhalb der Zeitspannen von 13.00 bis 15.00 Uhr sowie von 22.00 bis 6.00 Uhr zu hören ist, und zwar nicht länger als 10 Minuten ununterbrochen und insgesamt 30 Minuten täglich." So formuliert hat das Oberlandesgericht Köln in einem Urteil vom 7. 6. 1993, Aktenzeichen: 12 U 40/93. In dem gleichem Sinne haben formuliert: Oberlandesgericht Hamm, Aktenzeichen: 22 U 249/88 sowie das Landgericht Mainz, Aktenzeichen: 6 S 87/94.

Mit den Zeitspannen: 13 bis 15 und 22 bis 6 Uhr sind die ortsüblichen Ruhezeiten gemeint. Soweit im Einzelfall die Ruhezeiten anders festgelegt sind, muss entsprechend umformuliert werden.
Ob bei Ihnen aufgrund der Umstände des Einzelfalls anders zu urteilen ist, können Sie danach einschätzen:

Maßgeblich sind – wie so oft – die Paragrafen 1004 und 906 des Bürgerlichen Gesetzbuches. Text siehe Vorwort (Seite 23). Hundegebell ist eine störende Beeinträchtigung im Sinne des § 1004 BGB auch dann, wenn es diejenige Phonstärke nicht überschreitet, bei der Verkehrs- und Industriegeräusche noch hinnehmbar sind. So formuliert hat es beispielsweise das Oberlandesgericht Brandenburg in einem Urteil vom 11. Januar 2007, Aktenzeichen: 5 U 152/05. Fragt sich nur noch, was als unwesentliche Beeinträchtigung (§ 906 Abs. 1 BGB) oder ortsübliche Benutzung (§ 906 Abs. 2 BGB) hinzunehmen ist. Maßgeblich ist jeweils die Sicht eines „verständigen Durchschnittsnutzers"; darüber ist man sich zur Zeit einig, obwohl sich gegen diesen Begriff manches einwenden lässt. Als unwesentliche Beeinträchtigung werden für den Normalfall die im Antrag aufgeführten „10 Minuten ununterbrochen und insgesamt 30 Minuten täglich" angenommen. Reagiert der Hundebesitzer nicht auf eine schriftliche Aufforderung, kann er gerichtlich auf Unterlassung verklagt werden. Siehe auch „Rechtsdurchsetzung" (Seite 179). Zur Beweissicherung bietet sich ein Lärmprotokoll an, in dem alle Störungen nach Datum, Uhrzeit und Dauer – unter Benennung von Zeugen – festgehalten werden.

Da es sich bei den maßgeblichen Kriterien „unwesentliche Beeinträchtigung" und „ortsüblich" um unbestimmte Rechtsbegriffe handelt und die Gerichte deshalb praktisch verhältnismäßig frei entscheiden können (siehe im Register die Hinweise auf „Unbestimmte Rechtsbegriffe" und „Dezisionismus"), können die Gerichte auf Besonderheiten des Einzelfalles eingehen. Wegen dieser Freiheit kommt es allerdings gelegentlich auch zu ungerechtfertigten „Ausreißern". Ein Musterbeispiel bietet das Urteil des Landgerichts Schweinfurt vom 21.2.1997 – Aktenzeichen: 3 S 57/96. Dieses Urteil erklärt unter anderem, Hundegebell dürfe nicht zu bestimmten Ruhezeiten untersagt werden, weil dies sonst zu einem Hundehalteverbot führen würde. Mehrere Stellen in diesem Urteil verdeutlichen „verräterisch", dass das Gericht in diesem Falle gefühlsmäßig ganz und gar gegen den klagenden Nachbarn eingestellt war, der einen vom Gericht schon protokollierten Vergleich widerrufen hatte.

? *Muss der Froschteich entfernt werden, wenn sich der Nachbar durch das Quaken der Frösche gestört fühlt?*

Haben sich geschützte Frösche angesiedelt, dürfen sie ohne Genehmigung der Naturschutzbehörde weder entfernt, noch darf der Teich zugeschüttet werden. Eine Ausnahmegenehmigung wird grundsätzlich nur in Härtefällen erteilt. So kann der Froschteichbesitzer in der Regel sorglos eine Trockenlegung des Teiches beantragen, ohne wirklich mit einem positiven Bescheid rechnen zu müssen. Nach der neuesten Entwicklung ist es jedoch möglich, dass der gestörte Nachbar erfolgreich verlangen kann, angemessen in Geld entschädigt zu werden. Siehe Abschnitt „Naturschutz" (Seite 164) und „Nachbarrechtlicher Ausgleichsanspruch, auch: bürgerrechtlicher Aufopferungsanspruch" (Seite 163).

DER FALL

Peter S. behauptet, seine Nachbarin Marion W. habe in ihrem Teich Frösche eingesetzt, durch deren lautes Quaken er vor allem nachts erheblich gestört werde. Er beantragte, die Nachbarin zu verurteilen, den Teich trockenzulegen.

DAS URTEIL

Der Bundesgerichtshof stellte fest, dass das geänderte Umweltbewusstsein und der Artenschutz im Naturschutzrecht berücksichtigt werden muss (Aktenzeichen: V ZR 82/91). Zwar sind massive Störungen der Nachtruhe – hier 64 dB(A) – gegenüber einem Richtwert von 35 dB(A) durch Froschlärm nicht zumutbar. Aber auch eingesetzte Frösche in einem künstlich angelegten Gartenteich sind nach § 20 des Bundesnaturschutzgesetzes (neue Fassung) geschützt, und es ist verboten, geschützte Frösche zu entfernen. Daher kann Marion W. Teich und Frösche grundsätzlich behalten. Nur wenn eine Ausnahmegenehmigung erteilt wird, kann die Nachbarin zur Lärmabwehr unter Vorbehalt einer behördlichen Ausnahmegenehmigung verurteilt werden. Ist dagegen eine Ausnahme nicht möglich, hat der Abwehranspruch keinen Erfolg. Es kann dann auch – so der BGH heute noch – regelmäßig kein nachbarrechtlicher Ausgleichsanspruch geltend gemacht werden; insoweit „liegt allerdings in der Luft", wie erwähnt, dass sich die Rechtsprechung ändert.

? *Was kann ich gegen Verkehrslärm tun?*

In diesem Buch wird beschrieben, was Nachbarn untereinander verlangen dürfen. Wir, die Autoren, versuchen aber, auch wichtige Hinweise zum Verhältnis des Bürgers gegenüber dem Staat zu geben. In der Regel müssen die vom Verkehr, insbesondere vom Straßenverkehr, ausgehenden Einwirkungen entschädigungslos hingenommen werden. Dies gilt auch für den Fall, dass der Verkehr zunimmt. Eine Ausnahme hat der Bundesgerichtshof anerkannt, wenn das erhöhte Verkehrsaufkommen auf eine Umwidmung des Verkehrsweges zurückzuführen ist (Aktenzeichen: III ZR 166/75). Die Entwicklung wird und muss dahin gehen, meinen die Autoren, dass der Bürger nach und nach stärker geschützt wird. Das öffentliche Recht ist aus historischen Gründen – nicht nur zum Verkehrslärm – durch ein Übergewicht der staatlichen Befugnisse geprägt. Der Rechtsstaat, wie ihn das Grundgesetz festgelegt hat, verlangt mehr Gleichgewicht. Die Gerichte zeigen sich auch mehr und mehr verständig. So zum Beispiel das Verwaltungsgericht Ansbach. Es hat neuerdings entschieden: Wenn aufgrund der Autobahnmaut Lastkraftwagen auf Umgehungsstraßen den Verkehrslärm erheblich verstärken, dann darf die zuständige Verkehrsbehörde zum Schutze der Anwohner ein Durchfahrtsverbot verfügen (Aktenzeichen: AN 10 S 06.02663).

Unter Nachbarn kommen wegen Verkehrslärms aber durchaus Ansprüche nach den §§ 1004 und 906 des Bürgerlichen Gesetzbuches in Betracht. Wer schon mehr in diesem Buch gelesen hat, weiß, dass diese Rechtsgrundlagen meist im Mittelpunkt der Rechtsverhältnisse unter Nachbarn stehen. Wortlaut der Paragrafen siehe bitte Seite 23.

Fortgeschritten ist die Rechtsprechung insbesondere zu den Fällen, bei denen Besucher von Betrieben – wie einer Gaststätte – lärmen. Musterbeispiel ist ein Urteil des Oberlandesgerichts Celle mit dem Aktenzeichen 4 U 152/85.

Der von Betrieben ausgehende Lärm bildet zudem ein Beispiel dafür, wie das unter Nachbarn geltende Recht und das öffentliche Recht ineinandergreifen können. So, wie ein Nachbar nach den §§ 1004, 906 BGB vorgehen kann, kann die Straßenverkehrsbehörde nach § 45 der Straßenverkehrsordnung Maßnahmen anordnen.

> *Handelt ein Grundstückseigentümer rechtsmissbräuchlich, wenn er umbaut und geltend macht, nun beinträchtige ihn der Lärm des Nachbarn wesentlich?*

Siehe Abschnitt: „Rechtsmissbrauch" (Seite 186).

Laub

> *Was kann ich dagegen unternehmen, dass Laub, Nadeln, Blüten und Fallobst von den Bäumen des Nachbarn über den Zaun fliegen oder fallen?*

Wir, die beiden Autoren, stellen Ihnen viele Urteile zu Laub-Fragen in die Urteilsdatenbank der von uns betreuten Zeitschriften.

Bei Laub, Nadeln, Pollen oder Blüten handelt es sich im Sinne von

§ 906 BGB um Immissionen, die grundsätzlich zu dulden sind (Landgericht Nürnberg-Fürth, Aktenzeichen: 13 S 10117/99). Die Gerichte urteilen in aller Regel, dass Laub von Nachbarbäumen hinzunehmen ist. Entweder wird für den einzelnen Fall angenommen, dass das Laub nicht wesentlich im Sinne des § 906 Absatz 1 Satz 1 des Bürgerlichen Gesetzbuches (BGB) beinträchtige. Oder die Gerichte urteilen, dass das Laub zwar wesentlich beeinträchtige, aber im Sinne von § 906 Absatz 2 Satz 1 BGB ortsüblich und als zumutbar hinzunehmen sei; zu den eindringlichsten Urteilen dieser Art (ortsüblich und zumutbar) gehört ein unter dem Aktenzeichen 14 U 124/86 erlassenes Urteil des Oberlandesgerichts Frankfurt. Die zwei wichtigsten Sätze aus diesem Urteil: „Pflanzliche Immissionen stellen daher in der Wohngegend der Kläger nichts Besonderes dar. Beeinträchtigungen durch solche Immissionen, auch wenn deren Beseitigung Zeit oder Geld kostet, sind deshalb in der Regel hinzunehmen." Der – von den Gerichten auch benannte – Hintergrund dieser Rechtsprechung ist vor allem: Aufgrund eines heute geänderten Umweltbewusstseins muss der erhöhte Laubfall meist als Kehrseite einer erhöhten Wohnqualität hingenommen werden, denn der Betroffene profitiert insoweit auch von dem vorhandenen Pflanzenbestand.

Es kann – so auch der Bundesgerichtshof – Ihnen (ausnahmsweise) im Einzelfall nach § 1004 BGB ein Abwehranspruch zustehen, wenn die Benutzung Ihres Grundstücks durch das Laub wesentlich beeinträchtigt wird und die Beeinträchtigung von einer nicht ortsüblichen Benutzung des Nachbargrundstücks herrührt. Erst dann kann in der Regel ein Anspruch auf Beseitigung der Störungsquelle oder auf eine sogenannte Laubrente, eine Geldzahlung, als Entschädigung bestehen (Aktenzeichen: V ZR 102/03).

Wird das Nachbargrundstück ortsunüblich, zum Beispiel als Baumschule, genutzt und ist gleichzeitig ein über dem Üblichen liegender Reinigungsaufwand erforderlich, kann dagegen ein Anspruch bestehen. Im Geltungsbereich einer Baumschutzverordnung sind Ansprüche allerdings meistens ausgeschlossen.

? Kann ich Schadensersatz für die Beseitigung von Laub des Nachbarn auf meinem Grundstück verlangen?

Diese Frage wurde soeben schon weitgehend beantwortet. Die Zahlung einer sogenannten Laubrente kann in Betracht kommen, wenn Ihnen der Aufwand für die Reinigung nicht mehr so recht zugemutet werden kann. Es handelt sich dabei um eine Aufwandsentschädigung, die für den erhöhten Aufwand vom störenden Nachbarn gezahlt werden muss. Das Oberlandesgericht Karlsruhe hat einmal – damals – 300 DM zuerkannt (Aktenzeichen 6 U 150/82). Aber, wie zur vorhergehenden Frage bereits betont, verlangt die Rechtsprechung in aller Regel, Laub von Nachbarbäumen hinzunehmen. Wenn Sie sich unbedingt gegen Laub wehren oder zumindest mit einer Laubrente entschädigt werden möchten, dann müssen Sie bitte den Abschnitt „Treu und Glauben" (Seite 218) durchlesen. Dort wird begründet, warum Sie für Ihren speziellen Fall zu beweisen haben, dass für Sie eine Ausnahme gemacht werden muss. Ein Gericht wird Ihnen zum Beispiel voraussichtlich helfen, wenn Sie nachweisen, dass Ihr Nachbar sein Grundstück verkommen lässt, und dass Sie vor allem deshalb mit Laub zugeschüttet werden. Vorstellbar ist auch, dass ein Gericht zu Ihren Gunsten entscheidet (ein solches Urteil wurde aber noch nicht gefällt): Das Laub vor Ihrer Garage stammt eindeutig von dem großen Kastanienbaum des Nachbarn. Dieser Platz lässt sich auch gut eingrenzen. Deshalb dürfen Sie als der Garagenbesitzer vom Kastanien-Nachbarn verlangen, dass er das Laub vor der Garage wegfegt.

DER FALL

Kurt W. und Theo F. sind Nachbarn in einer Gegend, wo die Anpflanzung von Bäumen ortsüblich ist. Im Garten von Theo F. wächst in unmittelbarer Nähe zur Grundstücksgrenze eine alte Kiefer. Der Nachbar Kurt W. gibt an, er müsse ständig mit ungewöhnlichem Zeitaufwand Kiefernnadeln auf Rasenfläche, Rabatten und Steinplatten beseitigen lassen, und verlangt Schadensersatz.

DAS URTEIL

Das Landgericht Lübeck hat Theo F. zur Zahlung einer Entschädigung von umgerechnet ca. 240 Euro jährlich verurteilt (Aktenzeichen: 14 S 122/85), da die seinen Nachbarn störenden Einwirkungen die ortsübliche Nutzung des Grundstücks über das zumutbare Maß hinaus beeinträchtigen. Kurt W. hat einen Anspruch auf Zahlung einer sogenannten Ausgleichsrente für die fallenden Kiefernnadeln (§ 906 Bürgerliches Gesetzbuch), kann das Herüberfallen der Nadeln jedoch nicht verbieten.

Leiterrecht

Siehe „Hammerschlags-, Leiter- und Schaufelschlagsrecht (Seite 103) und „Darf ich für Renovierungsarbeiten das Nachbargrundstück betreten?" (Seite 50).

Lichtimmissionen

Beispiele für Lichtimmissionen sind Einwirkungen auf das Grundstück durch Straßenlaternen, Außenleuchten auf dem Nachbargrundstück, Beleuchtungen in der Weihnachtszeit, Bewegungsstrahler, Leuchtreklame. Lichtimmissionen gehören zu den Rechtsthemen, die durch die Unterscheidung von „positiven Immissionen" einerseits und „negativen" sowie „ideellen Immissionen" geprägt sind. Siehe dazu „Immissionen" (Seite 105). Die Rechtsprechung nimmt in der Regel an, dass Lichtimmissionen – entsprechend den allgemeinen Grundsätzen zu negativen Immissionen – hingenommen werden müssen. So auch neuerdings zwei Entscheidungen des Oberverwaltungsgerichts Nordrhein-Westfalen vom 15. und 17. März 2008, Aktenzeichen: 10 A 998/06 und 8 A 929/07. Nach diesen Entscheidungen ist es Nachbarn zuzumuten, Wohnräume durch Vorhänge, Gardinen oder Jalousien gegen Lichteinwirkungen von Werbeanlagen abzuschirmen. Die Rechtsprechung geht aber doch nach und nach davon ab, dass für Lichtimmissionen als negative Immissionen kein Nachbarschutz bestehe. So hat immerhin schon im Jahre 1993 das Oberverwaltungsgericht Lüneburg (Aktenzeichen: 12 L 68/90) geurteilt: Ein Grundstückseigentümer muss nicht hinnehmen, dass er, seine Familie und Gäste durch die Straßenbeleuchtung („unzumutbar") geblendet werden. Das OVG Lüneburg hat allerdings ausdrücklich offen gelassen, ob ein bürgerlich-rechtlicher Abwehranspruch nach den Paragrafen 1004, 906 des Bürgerlichen Gesetzbuches (BGB) besteht, weil es einen öffentlich-rechtlichen Abwehranspruch bejahte.

Am fortschrittlichsten ist nach Auffassung der Autoren dieses Buches das Urteil des Landgerichts Würzburg zum Wiesbadener „Glühbirnenstreit". Gefällt wurde es am 19.12.2001; Aktenzeichen 10 S 46/01. Das LG Würzburg hat einen Unterlassungsanspruch nach Paragraf 1004 BGB für den Fall bejaht, dass eine Außenleuchte dauerhaft den Nachbarn im Schlaf erheblich belästigt.

Der Verwaltungsgerichtshof München hat schon im Jahre 1990 erklärt, es sei geklärt, dass die Zulässigkeitsgrenze „bereits unterhalb der Gesundheitsschädigung und unterhalb des schweren und unerträglichen Eingriffs in das Eigentum verläuft, und dass sie grundsätzlich auch für öffentliche Einrichtungen (wie Straßenlampen) gilt". Aktenzeichen: 8 B 87.03780. Dennoch hat der VGH gegen den sich wehrenden Straßenanlieger entschieden, weil Störungen und Belästigungen in der Regel dann nicht mehr auftreten, wenn in abgelegenen reinen Wohngebieten die Beleuchtungsstärke 1 Lux oder – wie im entschiedenen Fall – noch weniger beträgt.

Sie können diese Urteile, wie alle anderen auch, in den Urteilsdatenbanken der von uns betreuten Zeitschriften nachlesen.

Lichtimmissionen gehören zu den Themen, die, meinen die Autoren, unbedingt rechtlich entwickelt und stärker nachbarschützend beantwortet werden müssen. Lesen Sie dazu bitte den Abschnitt: „Immissionen" (Seite 105). Die Probleme mit Licht sind mittlerweile so groß, dass sogar bereits von „Lichtverschmutzung" die Rede ist. Zu einzelnen Fallgruppen wurden Richtlinien verfasst. So zum Beispiel „Hinweise zur Messung und Beurteilung von Lichtimmissionen", einschließlich „Hinweise über die schädliche Einwirkung von Beleuchtungsanlagen auf Tiere".

Lichtrecht

Siehe „Fenster- und Lichtrecht" (Seite 56).

M

Mängel beim Kauf und bei Leistungen

? *Welche Rechte habe ich bei einem Mangel, wenn ich für den Garten etwas kaufe?*

Sie kaufen Pflanzen, Geräte, Gartenmöbel und sonst noch das eine oder andere. Bei Mängeln werden die im Bürgerlichen Gesetzbuch (BGB) festgelegten Mängelgewährleistungsrechte für Sie wichtig. Erste Voraussetzung für Ansprüche ist, dass im Sinne des Gesetzes ein Mangel der Kaufsache vorliegt. Ein solcher Sachmangel wird in folgenden Fällen bejaht:

1) Wenn die Sache beim Gefahrübergang nicht die vertraglich vereinbarte Beschaffenheit hat (§ 434 Abs. 1 S. 1 BGB); oder:
2) Wenn sich die Sache nicht für die nach dem Vertrag vorausgesetzte Verwendung eignet (§ 434 Abs. 1 Nr. 1 BGB); oder:
3) Wenn sich die Kaufsache nicht für die gewöhnliche Verwendung eignet, oder wenn sie nicht so beschaffen ist, wie es bei Sachen der gleichen Art üblich ist und der Käufer eine solche Beschaffenheit erwarten darf (§ 434 Abs. 1 Nr. 2 BGB). Die Erwartung des Käufers kann sich auch nach öffentlichen Äußerungen des Verkäufers oder Herstellers oder seines Gehilfen, insbesondere in der Werbung oder bei der Kennzeichnung über bestimmte Eigenschaften richten (§ 434 Abs. 1 S. 3 BGB). Eine Ausnahme hiervon besteht nur, wenn der Verkäufer die Äußerung nicht kannte und auch nicht kennen musste (§ 434 Abs. 1 S. 3 BGB).
4) Ein solcher Mangel liegt auch vor, wenn der Verkäufer oder dessen Erfüllungsgehilfe die Montage der Sache falsch durchführt (§ 434 Abs. 2 S. 1 BGB), oder:
5) Wenn die Montageanleitung mangelhaft ist, außer wenn die Sache fehlerfrei montiert wurde (§ 434 Abs. 2 S. 2 BGB), oder:
6) Wenn der Verkäufer eine andere Sache oder eine zu geringe Menge liefert (§ 434 Abs. 3 BGB).

Ist ein solcher Mangel zu bejahen, dann stehen dem Käufer die in § 437 BGB aufgezählten Rechte zu, nämlich:
– An erster Stelle steht die **Nacherfüllung** (§ 439 BGB). Zur Nacherfüllung kann der Käufer wählen, ob der Verkäufer den Mangel beseitigen oder eine mangelfreie Sache liefern soll. Die Kosten für die Nacherfüllung muss der Verkäufer tragen (§ 439 Abs. 2 BGB). Der Verkäufer darf aber die gewählte Art der Nacherfüllung verweigern, wenn diese mit unverhältnismäßigen Kosten verbunden ist (§ 439 Abs. 3 S. 1 BGB), also wird der Verkäufer in der Regel versuchen, die mangelhafte Sache zu reparieren. Der Käufer muss dem Verkäufer eine Frist zur Nacherfüllung setzen, außer wenn der Verkäufer die Nacherfüllung ernsthaft und endgültig verweigert, oder wenn die Nacherfüllung für den Käufer unzumutbar ist (§ 440 S. 1 BGB). Wenn die erste Nacherfüllung erfolglos war, muss dem Verkäufer eine zweite Frist gesetzt werden. Wenn auch innerhalb dieser Frist nicht geleistet wird, dann gilt die Nachbesserung als fehlgeschlagen (§ 440 S. 2 BGB). Wenn die Nachbesse-

rung fehlgeschlagen ist, hat der Käufer die Wahl aus mehreren Rechten.
- **Rücktritt** (§ 440 BGB): Tritt der Käufer zurück, wird der Vertrag aufgelöst und rückabgewickelt, also der Kaufpreis zurückgewährt und die erhaltene Ware zurückgegeben. Wenn der Käufer zurückgetreten ist, darf er nicht mehr mindern.
- **Minderung** (§ 441 BGB): Anstelle zurückzutreten, kann der Käufer den Kaufpreis durch Minderung herabsetzen, auch bei unerheblichen Mängeln (§ 441 Abs. 1 S. 2 BGB). Wenn der Kaufpreis schon bezahlt worden ist, darf der Käufer den Differenzbetrag, der durch die Minderung entsteht, vom Verkäufer zurückverlangen. Die Minderung berechnet sich nach folgender Formel:

$$\text{Kaufpreis nach der Minderung} = \frac{\text{(vereinbarter Kaufpreis)} \times \text{(Wert der mangelhaften Sache)}}{\text{(Wert der Sache ohne Mangel)}}$$

- **Schadensersatz** kann auch neben dem Rücktritt und der Minderung geltend gemacht werden, wenn es zu Schäden an der Kaufsache selbst oder an anderen Rechtsgütern kommt. Voraussetzung ist aber, dass der Verkäufer schuldhaft gehandelt hat, entweder durch Handeln ohne die übliche Sorgfalt (fahrlässig) oder gar mit Absicht (Vorsatz), oder dass der Verkäufer eine besondere Garantie übernommen hat.

Die Mängelansprüche verjähren nach § 438 BGB:
Die regelmäßige Verjährungsfrist beträgt zwei Jahre ab Ablieferung des Kaufgegenstands, bei Grundstücken ab der Übergabe. Bei Bauwerken beträgt die Frist sogar fünf Jahre, wenn der Mangel des Bauteils Ursache für den Mangel des Bauwerks ist.

Eine besondere Beweiserleichterung nach dem Verbrauchsgüterkauf (§ 476 BGB) kommt für Sie in Betracht, wenn Sie als Verbraucher (§ 13 BGB) die Sache von einem Unternehmer (§ 14 BGB) kaufen. Wenn sich in den ersten sechs Monaten nach dem Gefahrübergang ein Mangel zeigt, so wird vermutet, dass die Sache bereits beim Gefahrübergang mangelhaft war. Eine Ausnahme hierfür besteht nur, wenn eine solche Annahme mit der Art der Sache oder des Mangels unvereinbar ist. In den ersten sechs Monaten muss also der Verkäufer beweisen, dass der Mangel beim Gefahrübergang noch nicht bestand. Nach dem Ablauf der sechs Monate müssen Sie dann dem Verkäufer beweisen, dass der Mangel schon beim Kauf vorlag, und dass Sie den Mangel nicht verursacht haben.

Wenn der Verkäufer den Mangel arglistig verschwiegen hat, dann verjähren die Ansprüche nach den allgemeinen Verjährungsvorschriften (§ 438 Abs. 3 S. 1 BGB), daher nach drei Jahren zum Ende des Kalenderjahres ab Kenntnis (§ 199 Abs. 1 BGB) des arglistigen Verschweigens. Bei einer bereits bestehenden Verjährungsfrist von fünf Jahren wird diese durch diese Vorschrift nicht verkürzt (§ 438 Abs. 3 S. 2 BGB).

? *Habe ich ein Widerrufsrecht, wenn ich über sogenannte Fernkommunikationsmittel (Brief, Telefon, Internet, Fax, etc.) kaufe, sogenannter Fernabsatzvertrag?*

Nach unserer Erfahrung greift das Widerrufsrecht schon heute oft. Ein Verbraucher (§ 13 BGB), das sind die Käufer dieses Buches in aller Regel, kann sich unter den Voraussetzungen des Widerrufsrechts nach § 355 BGB ohne Gründe von einem Vertrag mit einem Unternehmer (§ 14 BGB) lösen. Der Vertrag wird dann wie beim Rücktritt aufgelöst: Erhaltene Ware wird zurückgegeben und ein bereits bezahlter Kaufpreis muss zurückgegeben werden. Die wichtigste Voraussetzung hierfür ist die ausschließliche Verwendung von Fernkommunikationsmitteln: Briefe, Kataloge, Telefonanrufe, Telekopien, E-Mails sowie Rundfunk-, Tele- und Mediendienste (§ 312b Abs. 2 BGB). Der Verbraucher muss innerhalb von zwei Wochen (§ 355 Abs. 1 S. 2 BGB) den Widerruf in Textform erklären oder die Ware zurücksenden. Es genügt, wenn Sie fristgemäß absenden (§ 355 Abs. 1 S. 2 BGB). Die Frist zu widerrufen, beginnt erst, wenn der Verkäufer den Verbraucher deutlich in Textform auf das Widerrufsrecht hingewiesen hat. Wenn der Fristbeginn streitig ist, dann trägt der Verkäufer die sogenannte Beweislast.

? *Welche Rechte habe ich bei einem Mangel eines Werkes?*

Wenn man sich für das Fällen von Bäumen professionelle Hilfe holt, das Anlegen eines Gartenteiches, eines Gartens oder Ähnlichem schließt man mit den beauftragten Unternehmen oft einen Werkvertrag nach §§ 631 ff. BGB. Durch einen Werkvertrag wird der Unternehmer verpflichtet, ein mangelfreies Werk herzustellen (zum Beispiel einen Teich mangelfrei anzulegen). Wenn die tatsächliche Beschaffenheit des Werkes aber von der vereinbarten oder der für eine solche Arbeit üblichen, gewöhnlichen Beschaffenheit abweicht, dann können Sie sich als der Besteller mit Ansprüchen zur Mängelgewährleistung wehren. Auch wenn zu wenig oder anderes geliefert wird, ist das Werk in der Regel im Sinne des Gesetzes mangelhaft. Rechtsmängel sind meist genauso erheblich. Beispiele für Mängel bei der Planung/Anpflanzung eines Gartenbauunternehmers, die auf die Fehlleistung eines Profi-Gärtners zurückgehen: In der Regel, wenn Pflanzen eingehen, die ein Gartenbauunternehmer für Sie gepflanzt hat, wenn sonnenhungrige Pflanzen in den Schattenbereich gepflanzt werden und auch wenn falsche Pflegeanweisungen gegeben werden und die Pflanze daraufhin eingeht.

§ 634 BGB legt die Rechte des Bestellers bei einem mangelhaften Werk fest. Zunächst kann und muss der Besteller Nacherfüllung verlangen (§ 635 BGB). Im Gegensatz zur Mängelgewährleistung im Kaufrecht kann der Unternehmer entscheiden, ob er den Mangel ausbessern oder ein neues Werk produzieren will. Er ist nur dann berechtigt, die Nacherfüllung gänzlich zu verweigern, wenn er nur mit unverhältnismäßig hohen Kosten nacherfüllen könnte. Was der Unternehmer zur Nacherfüllung aufwenden muss, wie Kosten für Material- und Transport, muss der Unternehmer tragen. Setzen Sie als Besteller dem Unternehmer eine Frist zur Nacherfüllung. Diese Frist muss angemessen sein. Folglich kommt es darauf an, wie eilbedürftig die Fertigstellung ist. Eine Frist zu setzen erübrigt sich, wenn der Unternehmer die Nacherfüllung ernsthaft und endgültig verweigert, oder wenn eine Fristsetzung für den Besteller unzumutbar ist. Wenn die Nachbesserung im ersten Versuch fehlschlägt, müssen Sie dem Unternehmer eine zweite Frist setzen, also eine zweite Chance geben. Wenn auch diese Frist verstrichen ist, gibt es mehrere Möglichkeiten:

– **Selbstvornahme** (§ 637 BGB): Sie können den Mangel selbst oder durch eine Fachkraft beseitigen und die hierdurch anfallenden Kosten dem Unternehmer in Rechnung stellen oder auch einen Vorschuss verlangen.
– **Rücktritt** (§ 637 Nr. 3 Alt. 1 in Verbindung mit § 323 und § 326 Abs. 5 BGB): Ein Rücktritt vom Vertrag, also eine Auflösung und Rückabwicklung, ist nur möglich, wenn ein erheblicher Mangel vorliegt. Was Sie bezahlt haben, muss zurückgewährt werden, aber grundsätzlich auch das vom Unternehmer Geleistete. Soweit das vom Unternehmer Geleistete nicht mehr zurückgewährt werden kann, muss der Wert (wie er sich für Sie darstellt) erstattet werden. Nach einem Rücktritt kann nicht mehr Nacherfüllung oder Minderung beansprucht oder die Arbeit selbst vorgenommen werden.

Neben dem Rücktritt kann jedoch noch verlangt werden, dass der Schaden ersetzt wird.
- **Minderung** (§ 638 BGB): Sie können die konkret vereinbarte Vergütung für das mangelhafte Werk herabsetzen. Wenn Sie bereits bezahlt haben, können Sie das zu viel Bezahlte auch vom Unternehmer zurückverlangen. Nach folgender Formel wird die Minderung berechnet:

$$\text{Geminderter Werklohn} = \frac{(\text{Wert des Werkes mit Mangel}) \times (\text{vereinbarter Werklohn})}{(\text{Wert des Werkes ohne Mangel})}$$

Nach einer Minderung besteht kein Anspruch mehr auf Nacherfüllung, Selbstvornahme oder Rücktritt.
- Entsteht ein Schaden, dann können Sie diesen Schaden ersetzt verlangen, wenn der Unternehmer ihn verschuldet, das heißt, wenn er entweder fahrlässig (ohne die im Verkehr erforderliche Sorgfalt) oder vorsätzlich gehandelt hat. Dieser **Schadensersatzanspruch** kann auch erfolgreich geltend gemacht werden, wenn Sie zurückgetreten sind oder gemindert haben.

Die Mängelansprüche verjähren bei einem Werk, dessen Erfolg in der Herstellung, Wartung oder Veränderung einer Sache besteht, in zwei Jahren (§ 634a BGB). In fünf Jahren verjähren die Ansprüche bei der Erbringung von Planungs- und Überwachungsarbeiten bei Bauleistungen (§ 634a BGB). In diesen voranstehend aufgeführten Fällen beginnt die Verjährung grundsätzlich mit der Abnahme (§ 634a Abs. 2 BGB). Im Übrigen gilt die regelmäßige Verjährungsfrist von drei Jahren ab Kenntnis (§ 634a Abs. 2 BGB).

TIPP: Man kann auch in dem Vertrag mit dem Gartenbauunternehmer vereinbaren, dass er eine Garantie für das Anwachsen der Pflanzen übernimmt.

? *Welche Rechte habe ich bei der mangelhaften Ausführung einer Dienstleistung?*

Bei einem Dienstvertrag wird der Dienst an sich, also die Arbeitsleistung, geschuldet (und, vgl. voranstehend, beim Werkvertrag dagegen der Erfolg des Dienstes, also der Arbeitserfolg). Oft ist es schwierig, die Arbeit in den einen oder anderen Vertragstyp einzuordnen. Ein Hausmeister, der den Garten pflegt, arbeitet beispielsweise auf der Basis eines Dienstvertrages. Oder, wer für die Reinigung angestellt ist, leistet Dienste nach einem Dienstvertrag. Als Faustregel kann gelten, dass man danach zu fragen hat, wer das Risiko des Nichteintritts des Erfolgs tragen soll. Wenn beim Vertragsschluss ungewiss ist, ob der Erfolg erreicht werden kann und nicht allein von den Fähigkeiten des Verpflichteten abhängt, dann spricht das im Allgemeinen für einen Dienstvertrag. Auch wenn die Tätigkeit unter fachlicher Anleitung und der Mitverantwortung der Berechtigten geleistet wird und möglicherweise auch die erforderlichen Einrichtungen oder Arbeitsmittel gestellt werden, dann handelt es sich meist um einen Dienstvertrag.

Reparaturverträge sind regelmäßig als Werkverträge einzustufen, denn der Werkunternehmer, der die Tätigkeit ausführt, soll in der Regel das Risiko der erfolgreichen Reparatur tragen, und es ist sein Problem, ob und wie erfolgreich er repariert. Für diese Art von Verträgen siehe voranstehend: „Welche Rechte habe ich beim Mangel eines Werkes?" (Seite 140).

Der Dienstverpflichtete ist zur Leistung der versprochenen Dienste verpflichtet (§ 611 Absatz 1 BGB). Diese Dienste muss der Dienstverpflichtete „im Zweifel" persönlich erbringen, § 613 Satz 1 BGB. Er darf den Dienst nicht durch jemand anderes ausführen lassen, solange nichts anderes ausdrücklich oder stillschweigend vereinbart ist, aber er muss, wenn er verhindert ist, auch keinen Ersatzmann stellen. Aus dem Dienstvertrag ergeben sich für den Dienstverpflichteten auch Nebenleistungs- und Schutzpflichten. Er muss die berechtigten Interessen, die mit dem Dienstverhältnis zusammenhängen, nach besten Kräften wahrnehmen und alles unterlassen, was diesen Interessen zuwiderläuft. Wenn der Dienstverpflichtete seine Pflichten nicht oder schlecht erfüllt, dann hat der Dienstberechtigte folgende Möglichkeiten:

1. **Klage auf Erfüllung:** Der Dienstberechtigte kann den Dienstverpflichteten auf Erfüllung seiner Pflichten verklagen. Oder:
2. **Verweigerung der Lohnzahlung:** Der Dienstberechtigte muss so lange den Lohn des Dienstverpflichteten nicht zahlen, bis dieser seine Leistung erbringt (§ 320 Absatz 1 BGB), da die Pflicht zur Dienstleistung und die Pflicht zur Lohnzahlung in einem Gegenseitigkeitsverhältnis stehen und die Leistungen grundsätzlich Zug-um-Zug ausgetauscht werden. Wenn die Leistung nicht mehr nachholbar ist, dann hat der Dienstberechtigte auch keine Pflicht zur Lohnzahlung (§ 326 Absatz 1 BGB). Oder:
3. **Schadensersatz:**
a) Wegen schuldhafter Nichtleistung: Der Dienstberechtigte kann

vom Dienstverpflichteten Schadensersatz statt der Leistung nach §280 Absatz 3 BGB verlangen, wenn der Dienstverpflichtete das Ausbleiben oder die Verspätung der Leistung zu vertreten hat.
b) Wegen schuldhafter Schlechtleistung: Schadensersatzpflicht nach §280 BGB.

4. Kündigung:
a) Eine ordentliche Kündigung des Dienstverhältnisses ist nur bei Dienstverhältnissen, die auf unbestimmte Zeit geschlossen sind, möglich.
b) Eine außerordentliche Kündigung ist bei Dienstverhältnissen, die auf bestimmte oder unbestimmte Zeit geschlossen sind, möglich (abschließend in §§ 626, 627 BGB geregelt). Die Kündigung kann aus wichtigem Grund erfolgen; wobei wichtiger Grund mehr verlangt als nach dem üblichen Sprachgebrauch, nämlich Unzumutbarkeit.

Vergüten muss der Dienstberechtigte, wenn nichts anderes vereinbart wurde, nach Leistung der Dienste. Wenn keine Leistung erbracht wurde, dann muss der Lohn nicht bezahlt werden (siehe oben), außer es liegt eine der drei Ausnahmen des Dienstvertragsrechts vor.
1. Wenn der Dienstberechtigte die ordnungsgemäß angebotene Dienstleistung nicht annimmt, dann gerät er gemäß den §§ 293 ff. BGB in Annahmeverzug und muss den Lohn, ohne Möglichkeit der Nachleistung, bezahlen (§ 615 Satz 1 BGB). Oder:
2. Der Dienstberechtigte muss dem Gesetzeswortlaut nach den Lohn auch zahlen, wenn der Dienstverpflichtete für nicht erhebliche Zeit durch einen persönlichen Grund, zum Beispiel Krankheit, Unfall oder Todesfall in der Familie, ohne sein Verschulden verhindert wird, die Dienstleistung auszuführen (§ 616 Satz 1 BGB). Eine immer stärker werdende Meinung schließt jedoch Ansprüche aus sogenannten freien Dienstverträgen aus. Der Gärtner, der von Zeit zu Zeit den Rasen mäht, und die meisten anderen dienstleistenden Gartenhelfer können nach dieser Meinung somit von vornherein bei Verhinderung keinen Lohn verlangen, wenn sie nicht ausnahmsweise einmal Arbeitnehmer sind. Wir denken, dass sich diese Meinung durchsetzen wird, zumindest im Ergebnis. Aber unterstellt, dass sich diese Meinung nicht durchsetzt, dann gilt: Die Zahlungspflicht besteht jedenfalls nur für eine verhältnismäßig nicht erhebliche Zeit. Auch bei Dienstverhältnissen von längerer Dauer sind in der Regel nur wenige Tage von § 616 BGB ge-

deckt. Der Dienstberechtigte und der Dienstverpflichtete können jedoch auch eine abweichende Regelung treffen, sogar stillschweigend, obwohl der Bundesgerichtshof streng urteilt. Kein Anspruch auf Zahlung wegen Verhinderung besteht, wenn der Helfer aufgrund eines Werkvertrages arbeitet. Zum Unterschied zwischen Dienst- und Werkvertrag siehe voranstehend.

Mauer

Siehe bitte „Grenzeinrichtungen, Einfriedungen" (Seite 87).

Mieter

Die Themen zu Mietern betreffen meist unmittelbar das Mietrecht. In diesem Buch werden dennoch Mieter-Themen aufgeführt, soweit sie sich auf die Rechte und Pflichten im Garten und auf das Verhältnis von Nachbarn untereinander auswirken. Beispiele bilden die Tierhaltung in der häuslichen Nachbarschaft (siehe bitte Abschnitt: „Tiere im Garten und in der Nachbarschaft", Seite 210), Parabolantennen (Seite 166) und Pflichten des Eigentümers bei Ärgernissen des Mieters; siehe „Was kann der Mieter gegen den Vermieter unternehmen, wenn der Mieter von Nachbarn belästigt wird?" (Seite 149).

Es gibt Sonderfälle – wie die „Mietminderung": Es handelt sich bei den Entscheidungen zwar um dasselbe Stichwort, aber ein Teil der Entscheidungen betrifft entweder überhaupt nicht oder nur am Rande die Themen dieses Buches. Auf diese Entscheidungen können wir aus Raumgründen in der Regel nicht eingehen. Die für das Recht in Garten und Nachbarschaft wichtigen Entscheidungen stellen wir jedoch möglichst dar.

? *Wem gehören die Sträucher, die ich in dem von mir gemieteten Garten gepflanzt habe?*

> **DER FALL**
>
> Die Klägerin ist seit über 30 Jahren Mieterin einer Erdgeschosswohnung. Laut Mietvertrag darf sie auch den Garten mitbenutzen. Schon vor 30 Jahren pflanzte sie zwei Rhododendron-Sträucher in den Garten. Der Beklagte ist Eigentümer einer Souterrainwohnung im selben Haus. Er hat die Sträucher 1996 stark zurückge-

schnitten und behauptet, dass er dies durfte, weil sie seiner Wohnung zu viel Licht genommen hätten. Die Klägerin meint, dass der Beklagte die Sträucher durch unfachmännischen Schnitt völlig zerstört habe. Sie verlangt, dass der Beklagte 13.000 Euro für den Schaden bezahlen muss.

DAS URTEIL

Das Oberlandesgericht Düsseldorf hat die Klage abgewiesen (Aktenzeichen: 22 U 161/97). Die Begründung:
Die Klägerin hat keinen Anspruch, da sie als Mieterin nicht die Eigentümerin der Sträucher ist. Durch das feste Einpflanzen auf dem Grundstück hatte sie ihr Eigentum an den Pflanzen verloren. Diese Rechtslage ergibt sich aus den §§ 946 und 94 des Bürgerlichen Gesetzbuches. Die Klägerin hätte die Sträucher auch bei einem Auszug nicht mitnehmen dürfen, da im Mietvertrag der Wille zum Ausdruck kommt, dass Einrichtungen, inklusive Pflanzen, und Anlagen beim Auszug kostenlos zurückzulassen sind. Pflanzen, die mit dem Grundstück derart verbunden sind, dass sie bei einer Trennung zerstört würden, müssen zurückgelassen werden. Ältere Sträucher können nicht mehr ohne Risiko entfernt werden. Ob der Beklagte der Eigentümergemeinschaft einen Schaden ersetzen muss, war hier nicht zu entscheiden, da die Eigentümer nicht geklagt haben.

Mehr zum Thema „Eigentum und Mieter" schildern wir Ihnen in diesem Abschnitt noch an anderen Stellen; vor allem auch bei der Frage: „Kann ich als Mieter wieder mitnehmen, was ich eingepflanzt habe?" (Seite 155).

? *Darf ich auch als Mieter grillen – so wie ich sonst die Mietsache nutzen darf?*

Gehört ein Balkon oder Garten zur vermieteten Wohnung, so kann ihn der Mieter grundsätzlich, wenn nichts anderes vereinbart ist, nach seiner freien Verfügung nutzen, das heißt, er darf Blumenkästen aufstellen, Rankgitter befestigen, die sogenannte „kleine Wäsche trocknen", selbstverständlich rauchen und auch Gäste empfangen. Die Grenze des vertragsgemäßen Gebrauches des Balkons ist dort erreicht, wo Mitmieter gestört werden beziehungsweise die Bausubstanz beeinträchtigt und dadurch Rechte des Hauseigentümers verletzt werden.

Soweit im Mietvertrag nicht ausdrücklich etwas anderes geregelt ist, ist das Grillen im Rahmen der genannten Beschränkungen grundsätzlich zulässig. Wenn jedoch zu erwarten ist, dass andere Mieter durch Rauch und Geruch belästigt werden, kann der Vermieter das Grillen auf dem Balkon verbieten. Verwendet der Mieter aber einen Elektrogrill, auf dem ohne Rauchentwicklung die Steaks innerhalb von fünf Minuten gar sind, wird sich normalerweise niemand mit Recht daran stören. Ob hier der Vermieter überhaupt noch das Grillen verbieten kann, kommt dann auf die Umstände des Einzelfalles an, etwa wenn die Bausubstanz beeinträchtigt wird. Gewöhnlich wird ein solches Grillen aber zulässig sein. Um unnötigen Ärger wegen des Grillens zu vermeiden, kann sich der Vermieter elegant aus der Affäre ziehen, wenn er einen neuen Mietvertrag abschließt. Ein Gartengrill auf dem Balkon einer Mietwohnung gehört nämlich grundsätzlich nicht mehr zum vertragsgemäßen Gebrauch der Mietsache und kann im Mietvertrag ausdrücklich verboten werden.

DER FALL – KEINE MIETMINDERUNG WEGEN DER GRILLFESTE ANDERER MIETER

Der Kläger hat eine Dachwohnung an die Beklagten vermietet. Die Mieter sind mit 150 Euro mit der Miete im Rückstand, jedoch berufen sie sich darauf, dass sie die Miete mindern können, da sie ihre Dachterrasse durch die Grillfeste der anderen Mieter auf ihren Balkonen nicht mehr richtig nutzen könnten. Durch die Rauchentwicklung zieht Rauch durch die geöffneten Fenster in die Dachterrassenwohnung und kann nicht mehr ohne Schwierigkeiten weggelüftet werden. Die Beklagten haben Widerklage gegen den Vermieter erhoben, damit er dafür sorgt, dass keine Grillfeste mehr auf den Balkonen stattfinden.

DAS URTEIL

Das Amtsgericht Bonn hat im Urteil vom 29.4.1997 (Aktenzeichen: 6 C 545/96) entschieden, dass der Anspruch des Mieters auf vertragsgemäßen Gebrauch der Mietsache nicht ohne jegliche Einschränkung gewährt werden kann. Einschränkungen ergeben sich aus dem Gebot gegenseitiger, nachbarschaftlicher Rücksichtnahme und aus dem Grundsatz, dass geringfügige Beeinträchtigungen entschädigungslos hinzunehmen sind. Jegliches Grillen kann nicht untersagt werden, da es auch als sozial üblich anerkannt ist, aber ständiges Grillen muss auch nicht akzeptiert werden. Das Gericht hält es für einen angemessenen Interessenausgleich, wenn in den Monaten April bis September nur einmal im Monat gegrillt wird und die in der Dachwohnung lebenden Beklagten 48 Stunden vorher informiert werden.

? Darf und muss mein Vermieter im Garten Pflanzen setzen? Darf der Vermieter Bäume fällen?

Wurde über die Pflege des Gartens vertraglich nichts Näheres fixiert, muss der Vermieter den Garten instand halten. Zur Instandhaltung durch den Vermieter gehört grundsätzlich auch, einen kaputten Strauch durch einen neuen zu ersetzen. Die Instandhaltungspflicht ist ebenso wie die Instandsetzungspflicht in § 535 Absatz 1 Satz 2 des Bürgerlichen Gesetzbuchs (BGB) festgelegt. Über die Instandsetzungs- und die Instandhaltungspflicht sowie über eine Modernisierung und den Vertragszweck hinaus darf der Vermieter die Mietsache jedoch nicht gegen den Willen des Mieters ändern. Der Vermieter darf somit insbesondere keine Bäume fällen.

So, wie einerseits der Vermieter insbesondere zur Instandhaltung verpflichtet ist, muss andererseits der Mieter Instandhaltungs- und Modernisierungsmaßnahmen nach § 554 des BGB dulden.

Ob der Mieter den Garten nutzen, pflegen und gestalten darf oder muss, hängt von den Umständen des konkreten Einzelfalles ab. Bei einem Einfamilienhaus geht die Rechtsprechung in der Regel davon aus, dass der Garten mitvermietet ist und ausschließlich vom Mieter genutzt werden darf (Oberlandesgericht Köln, Aktenzeichen: 19 U 132/93). Das OLG Köln begründet seine Ansicht mit der Verkehrsanschauung. Nach ihr – so das Gericht – gehört zum Einfamilienhaus der umliegende Garten.

Für Wohnungen gibt es eine solche Verkehrsanschauung nicht, führt das OLG Köln in seinem Urteil auch noch aus. Der Mieter einer Erdgeschosswohnung darf dementsprechend den „Hausgarten" nicht ohne Weiteres benutzen. Fehlt eine ausdrückliche Vereinbarung im

Mietvertrag, stellt der Garten im Zweifel eine Gemeinschaftseinrichtung dar.

Zur Bedeutung der Verkehrsanschauung, siehe „Vertragsauslegung" (Seite 231).

Bei Wohnungseigentumsgemeinschaften können im Einzelfall selbst für den Eigentümer strenge Vorschriften gelten, die auch vom Mieter beachtet werden müssen (wenn zum Beispiel eine Teilungserklärung oder ein Gemeinschaftsbeschluss bestimmen, dass eine Hecke erhalten werden muss).

? *Was muss ich als Mieter tun, um mich gegen Lärm-, Geruchs- und Rauchbelästigungen durch Nachbarn zu wehren?*

Die Beseitigungs- und Unterlassungsansprüche nach §1004 des Bürgerlichen Gesetzbuches, auf die wir zu den einzelnen Themen immer wieder hinweisen, stehen nach dem Wortlaut des §1004 BGB dem Eigentümer zu. Der Mieter, der Pächter und ein anderer berechtigter Besitzer können sich in den meisten Fällen praktisch den gleichen Schutz mit der Besitzstörungsklage nach §862 in Verbindung mit §858 des Bürgerlichen Gesetzbuches verschaffen. Die Besitzstörungsklage wird gelegentlich auch als „Besitzschutzklage" bezeichnet. Besondere Probleme entstehen zum Besitzrecht, wenn der Mieter in einer Eigentumswohnanlage sein Zuhause hat. Ein Musterbeispiel bietet das schon erwähnte Urteil des Oberlandesgerichts Düsseldorf, Aktenzeichen: 22 U 161–97; siehe: „Wem gehören die Sträucher, die ich in dem von mir gemieteten Garten gepflanzt habe?" (Seite 145). Das OLG Düsseldorf lehnte einen Anspruch wegen Verletzung des Besitzes ab, weil sich die Pflanzen im Mitbesitz der Hausbewohner befanden und der Mieter kein ausschließliches Besitzrecht geltend gemacht hat.

? *Was kann der Mieter gegen seinen Vermieter unternehmen, wenn der Mieter von Nachbarn belästigt wird? Darf die Miete gemindert werden?*

Mieter können von ihrem Vermieter in der Regel erfolgreich verlangen, dass die Belästigung, also zum Beispiel rechtswidriger Rasenmäherlärm, beseitigt wird. Der Vermieter ist nämlich mietrechtlich verpflichtet, den vertragsgemäßen Gebrauch der Wohnung ohne Störungen zu ermöglichen. Der Vermieter muss mit geeigneten Maßnahmen dafür sorgen, dass der störende Nachbar das beanstandete

Verhalten einstellt. Der Vermieter wird in den allermeisten Fällen nach §§ 1004, 906 BGB gegen den Störer vorgehen können.

Unter Umständen darf der Mieter die Miete mindern, sodass der Vermieter mittelbar gezwungen ist, gegen seinen Mieter vorzugehen – ja sogar einem anderen Mieter zu kündigen.

Einen krassen Fall hat am 15. April 2008 das Landgericht Coburg entschieden; Aktenzeichen: 32 S 1/08. Der Mieter eines Mehrfamilienhauses hatte die Mitbewohner immer wieder nachts durch laute Musik gestört. Als auch eine Abmahnung erfolglos blieb, kündigte der Vermieter den (für den Mieter günstigen) Fünfjahresvertrag fristlos. Das Landgericht Coburg gab – wie schon zuvor das Amtsgericht Coburg – der Räumungsklage statt. Es half dem Mieter nichts, dass er sich – anders als nach der Abmahnung – nach der fristlosen Kündigung korrekt verhielt.

Ein Beispiel für ein Urteil, das ausdrücklich auf eine Mietminderung eingeht: Das Amtsgericht erklärt in einem Urteil vom 12.Juli 2006, Aktenzeichen: 172 C 41295/04, ausdrücklich zu einem Fall der Lärmbelästigung wegen Umbaumaßnahmen, dass die Miete gemindert werden darf.

Darüber hinaus können zugunsten des Mieters die Voraussetzungen für einen vertraglichen Schadensersatzanspruch oder einen Schadensersatzanspruch aus unerlaubter Handlung erfüllt sein.

Ein Mieter kann sich auch vom Eigentümer ermächtigen lassen, die Ansprüche des Eigentümers im eigenen Namen geltend zu machen, und dann sowohl nach § 862 als auch nach § 1004 BGB als Anspruchsgrundlage vorgehen.

? *Können einem Mieter auch Ansprüche gegen andere Vermieter zustehen, wenn er durch einen Nachbarn beeinträchtigt wird?*

Ja. So, wenn in einem Mehrfamilienhaus die Balkonbepflanzung eines Mieters dazu führt, dass ein anderer Mieter durch herunterfallende Blüten und Vogelkot belästigt wird. Der Mieter kann in diesem Falle vom Vermieter verlangen, dass der Vermieter bei seinem Mieter durchsetzt, die Balkonbepflanzung zurückzuschneiden. Landgericht Berlin, Aktenzeichen: 67 S 127/02.

? *Muss ich höher werdende Bäume entfernen, wenn sich mein Mieter durch ihren Schattenwurf gestört fühlt?*

Das Landgericht Hamburg hat geurteilt, dass es in der Natur der Sache liegt, wenn Bäume in einem Garten in die Höhe wachsen (Aktenzeichen: 307 S 130/98). Der Mieter kann nicht verlangen, dass Sie die Bäume entfernen, oder dass Sie den Mietzins reduzieren. Auch liegt kein Fehler im Mietvertrag vor, wenn das Wachstum der Bäume darin nicht ausdrücklich geregelt wurde.

? *Müssen Mieter für Pflegemaßnahmen im Garten bezahlen?*

DER FALL

Die Beklagte ist die Mieterin des Klägers. Der Kläger machte in der Betriebskostenabrechnung die Kosten für das Fällen eines Baumes und für das Zurückschneiden eines anderen Baumes geltend. Die Beklagte weigerte sich, als Mieterin ihren Anteil an der Betriebskostenabrechnung in Höhe von 44,89 Euro zu bezahlen. Sie argumentiert, dass der Kläger den Garten wesentlich umgestaltet habe und die hierfür entstandenen Kosten nicht auf die Mieter umgelegt werden könnten. Außerdem sei das Ausasten keine umlagefähige Pflegemaßnahme, sondern eine nicht umlagefähige Instandsetzungsmaßnahme. Der Vermieter ist der Meinung, dass die Kosten für die Pflege von Gartenflächen auf die Mieter umgelegt werden können. Der Kläger trägt vor, das ergebe sich ausdrücklich aus der entsprechenden Berechnungsverordnung.

DAS URTEIL

Das Amtsgericht Köln gab dem Kläger Recht (Urteil vom 27.9.2000, Aktenzeichen: 207 C 213/00). Welche angefallenen Kosten auf die Mieter umgelegt werden können, beurteilt sich jeweils nach der Berechnungsverordnung und dem konkreten Einzelfall. Wird nur einer von mehreren Bäumen gefällt, liegt auf jeden Fall nur eine Pflegemaßnahme vor, die umlagefähig ist. Anders wäre der Fall zu entscheiden gewesen, wenn sämtliche Bäume auf dem Grundstück gefällt worden wären. Erst dann wird laut Gericht der Garten wesentlich umgestaltet, sodass die Kosten nicht mehr auf die Mieter umgelegt werden können. Auch hat sich das Gericht darauf berufen, dass die für die Baumpflege angefallenen Kosten in Höhe von insgesamt 360 Euro nicht derart gravierend sind, dass sich eine Umlage als laufende Betriebskosten verbieten würde. Somit durfte der Vermieter die für die Baumpflege angefallenen Kosten nach der Anlage 3 Nr. 10 zu § 27 der II. Berechnungsverordnung als Kosten der Pflege gärtnerisch angelegter Flächen auf seine Mieter umlegen. Sogar wenn für den gefällten Baum ein neuer Baum gepflanzt werden würde, könnten diese Kosten umgelegt werden.

? *Welche Besonderheiten gelten für die Nutzung des Gartens für Mieter und Eigentümergemeinschaften im Nachbarrecht? Bestätigung der Tendenz, kinderfreundlich zu entscheiden.*

Nur ein Grundstückseigentümer kann mit seinem Garten machen, was er will. Mieter müssen dagegen stets berücksichtigen, was genau im Mietvertrag steht – auch dann, wenn im Mietvertrag bestimmt ist, dass der Garten zur gärtnerischen Nutzung mitvermietet ist. Sondernutzungsberechtigte müssen das Wohnungseigentumsrecht beachten. Bei einem vermieteten Einfamilienhaus steht dem Mieter grundsätzlich ein Besitzrecht am gesamten Garten zu (der Vermieter darf also den Garten, soweit nichts anderes vereinbart ist, nicht mehr selbst nutzen), auch dann, wenn der Garten im Mietvertrag nicht ausdrücklich mitvermietet ist. Der Garten darf im ortsüblichen Rahmen und im Rahmen des Mietvertrages vom Mieter frei genutzt werden. Klauseln im Mietvertrag wie: „Der Garten wird vom Mieter in einem gepflegten Zustand gehalten" sind wirksam. Ein Verstoß kann zu Schadensersatzforderungen oder sogar zur Kündigung führen. Bei Eigentumsanlagen kann die Eigentümergemeinschaft vorschreiben, wie der Garten auszusehen hat.

Zur Gartennutzung durch den Mieter gehört, soweit der Mietvertrag nicht entgegensteht, dass bauliche Veränderungen vorgenommen werden können, wie das Aufstellen eines Gartenhäuschens, wenn dieses die übliche Größe nicht übersteigt. Je nach Bundesland kann jedoch eine öffentlich-rechtliche Baugenehmigung erforderlich sein. Die Zustimmung des Vermieters ist oft damit verbunden, dass sich der Mieter verpflichtet, bei Auszug das errichtete Gebäude wieder zu entfernen. Grundsätzlich muss der Mieter damit rechnen, dass er alles, was er im Garten verändert, wieder rückgängig machen muss. Aber auch umgekehrt wird eine Faustformel daraus: Das, was wieder rückgängig gemacht werden kann, ist im Rahmen des Nutzungsrechts am Garten auch erlaubt. Der Mieter darf also zum Beispiel einen Teich anlegen, wenn er ihn beim Auszug wieder entfernen kann, es sei denn, ein Teich wurde ausdrücklich im Mietvertrag ausgeschlossen. Baut der Mieter aber ohne Erlaubnis einen besonders großen Teich aus Stahlbeton, überschreitet er sein Nutzungsrecht und kann sich schadensersatzpflichtig machen.

DER FALL – DIE SCHAUKEL IM GARTEN

Dem A gehört die Erdgeschosswohnung, die er aber vermietet hat, und B gehört die Wohnung im ersten Stock. Der Mieter des A hat im Garten, der nach der Teilungserklärung dem A zur alleinigen Nutzung als Grünfläche und Ziergarten zugewiesen ist, eine zweisitzige, zirka zwei Meter hohe Schaukel aufgestellt. B will, dass die Schaukel wieder entfernt wird, da er der Meinung ist, dass dadurch der Gesamtcharakter und der ästhetische Gesamteindruck der Gartenfläche als Ziergarten erheblich gestört wird.

DAS URTEIL

Die Schaukel darf nach einem Beschluss des Oberlandesgerichts Düsseldorf (Aktenzeichen: 3 Wx 261/89) stehen bleiben. Das Gericht konnte aus der Teilungserklärung nicht erkennen, dass die Gartenfläche nur zur optischen Erbauung dienen soll und nur zum Rasenmähen betreten werden darf, denn auch Kinder dürfen auf dem Rasen spielen. Es gehört zum Zusammenleben von Miteigentümern, dass Kinder auch anderer Miteigentümer und Mieter auch mit größeren Spielgeräten spielen dürfen, solange diese nicht übermäßig stören. Die Schaukel kann allenfalls eine optische Beeinträchtigung darstellen, aber sie stört nicht den architektonischen Gesamteindruck. Die optische Veränderung ist relativ gering und ist zu dulden.

DER FALL – DIE WÄSCHESPINNE

Der Beklagte hat eine Eigentumswohnung, verbunden mit einem Sondernutzungsrecht an einem Garten, der nicht sein Eigentum ist. Auf der Rasenfläche hat der Mieter des Beklagten ein metallenes Führungsrohr für eine Wäschespinne in die Erde eingelassen. Der Mieter stellt die Wäschespinne nur in das Rohr, wenn Wäsche getrocknet wird und nach dem Abnehmen der Wäsche nimmt er die Wäschespinne wieder heraus. Die anderen Wohnungseigentümer stören sich an dieser Wäschespinne, die ohne ihr Einverständnis aufgestellt worden ist, und wollen, dass diese beseitigt wird. Das Amtsgericht hat den Antrag zurückgewiesen und auch die sofortige Beschwerde beim Landgericht blieb ohne Erfolg. Daraufhin haben die anderen Wohnungseigentümer eine weitere Beschwerde beim Oberlandesgericht (OLG) Zweibrücken eingereicht.

DAS URTEIL

Im Beschluss des OLG Zweibrücken vom 23.12.1999 (Aktenzeichen: 3 W 198/99) wurde festgestellt, dass den Beklagten oder dessen Mietern es nicht verwehrt werden darf, die Wäsche an der freien Luft trocknen zu lassen. Die Kläger hätten nur einen Anspruch auf Beseitigung nach § 1004 BGB, wenn es sich bei der Wäschespinne um eine bauliche Veränderung, die über eine ordnungsgemäße Instandhaltung des gemeinschaftlichen Eigentums hinausgeht, handeln würde. Eine Wäschespinne könnte je nach dem Einzelfall eine bauliche Veränderung sein. Hier kann die Wäschespinne jedoch jederzeit wieder entfernt werden. Nur das fest verankerte Rohr stellt somit eine bauliche Veränderung dar, aber das kleine Loch im Rasen führt zu keiner optischen oder sonstigen Beeinträchtigung der anderen Miteigentümer. Die Rechte der Miteigentümer werden durch die Wäschespinne auch nicht über das bei einem geordneten Zusammenleben unvermeidliche Maß hinaus beeinträchtigt.

DER FALL – IM GARTEN DREI SCHWEINE STATT EINES HUNDES

Die Beklagten haben ein Einfamilienhaus mit Garten und Gartenhaus gemietet. Laut Mietvertrag darf der Mieter einen Hund auf dem Grundstück halten, und er ist verpflichtet, den Garten zu pflegen. Die Beklagten haben aber keinen Hund, sondern drei Schweine, die im Freien mit Lebensmitteln gefüttert werden, und die Beklagten haben Stallungen errichtet, in denen sie Kaninchen, Meerschweinchen, Schildkröten und zahlreiche Vögel halten. Der Kläger hat den Beklagten fristlos gekündigt und die Räumungsklage eingereicht, da er der Meinung ist, dass sich sein Rasen in einen schlammigen Acker verwandelt hat. Die Beklagten halten diese Kündigung jedoch für unwirksam; da der Garten mitvermietet worden ist, durften sie ihn – so argumentieren die Beklagten – nach ihren Vorstellungen nutzen.

DAS URTEIL

Der Kläger hat vom Amtsgericht München, Aktenzeichen: 462 C 27294/98, Recht bekommen. Er durfte fristlos kündigen. Das Gericht hat sein Urteil so begründet: Die Beklagten haben durch die intensive Tierhaltung das Grundstück in einen unerträglich verwahrlosten Zustand versetzt und dadurch ihre vertraglichen Pflichten schwerwiegend verletzt. Die Mietsache wurde nicht bestimmungsgemäß gebraucht, und wegen dieser massiven Pflichtverletzung hat der Kläger ein Recht zur fristlosen Kündigung.

? Kann ich als Mieter wieder mitnehmen, was ich eingepflanzt habe?

In aller Regel nicht. Was mit dem Grundstück fest verbunden wird, wird nach dem Bürgerlichen Gesetzbuch regelmäßig Bestandteil des Grundstücks und gehört fortan dem Grundstückseigentümer. Diese Erfahrung können auch Mieter machen: Pflanzt der Mieter einen Baum, den er aus seiner eigenen Tasche bezahlt hat, in den Garten des Vermieters, bleibt er nicht Eigentümer des Baumes. Jedenfalls dann, wenn der Baum oder Strauch schon groß und längst mit dem Boden fest verwurzelt ist; wir kommen darauf gleich noch mal zurück.

Eigentümer ist somit nicht, wer den Baum gekauft und eingepflanzt hat, sondern wer Eigentümer des Grundstücks ist. Der Baum ist ein fester Bestandteil des Grundstücks. Das Gesetz spricht von einem „wesentlichen Bestandteil" des Grundstücks. § 94 des Bürgerlichen Gesetzbuches regelt, dass zu den wesentlichen Bestandteilen eines Grundstücks die mit dem Grund und Boden fest verbundenen Sachen gehören: Eine Pflanze wird bereits mit dem Einpflanzen wesentlicher Bestandteil des Grundstücks. Der pflanzende Mieter verliert also grundsätzlich sein Eigentum und kann nur im besten Falle eine Entschädigung verlangen, deren Höhe sich danach orientiert, ob und inwieweit der Wert des Grundstücks erhöht wurde. Die Pflanze muss also – wenn der Vermieter darauf besteht – beim Auszug zurückgelassen werden. Ist im Mietvertrag vereinbart, dass der Mieter beim Auszug die Pflanzen kostenlos zurücklassen muss, dann muss er diese Regelung grundsätzlich einhalten.

Eine Pflanze ist ausnahmsweise dann kein wesentlicher Bestandteil, wenn sie nur zu einem vorübergehenden Zweck mit dem Grundstück verbunden wurde. Etwa wenn Zimmerpflanzen im Sommer in die Erde eingeschlagen werden. Das Gesetz spricht in solchen Fällen von Scheinbestandteilen (§ 95 Bürgerliches Gesetzbuch). Maßgebend für die Feststellung, ob es sich um einen Scheinbestandteil handelt, ist der Zeitpunkt der Verbindung beziehungsweise Einfügung; eine spätere Zweckänderung berührt die ursprünglich entstandene Rechtslage nicht. Scheinbestandteile können zum Beispiel auch ein Vogelhäuschen oder ein kleines Gartenhaus aus dem Baumarkt sein. Wenn ein Mieter oder Pächter Sachen mit einem Grundstück verbindet, gilt zunächst die Vermutung, dass die Verbindung nur zu einem vorübergehenden Zweck erfolgen soll. Diese Vermutung gilt aber für Bäume und Sträucher nicht uneingeschränkt. Bäume und Sträucher können schon nach einigen Jahren nicht mehr ohne Schwierigkeiten entfernt werden. Oft können Bäume und Sträucher nur noch mit großem Aufwand und von einem Fachmann umgepflanzt werden. Es besteht darüber hinaus das Risiko, dass ein Baum am neuen Standort nicht wieder anwächst. Zwar werden auch große, mehrere Jahre alte Gehölze von Baumschulen verkauft. Diese haben dann aber eine besondere Pflege erhalten, unter anderem durch mehrmaliges Umpflanzen, was in den hohen Preisen seinen Niederschlag findet.

? *Darf der Mieter wenigstens seine Aufwendungen für die Gartenanlage ersetzt verlangen?*

Nach einem Urteil des Bundesgerichtshofs vom 13. Juni 2007: nein, es sei denn, dass ein Aufwendungsersatz vereinbart worden ist; Aktenzeichen: VIII ZR 387/04.

? *Wer haftet dem Mieter für die Einhaltung der Räum- und Streupflicht?*

Nach der ständigen Rechtsprechung des Bundesgerichtshofs muss der Vermieter zum Schutze der Mieter den unmittelbaren Zugang zum Haus bei Schnee- und Eisglätte sichern; Urteil des BGH vom 22. Januar 2008, Aktenzeichen: VI ZR 126/07. Der Eigentümer darf seine Pflicht jedoch delegieren. Einzelheiten dazu können Sie in den Abschnitten „Verkehrssicherungspflicht" (Seite 226) sowie „Räum- und Streupflicht" (Seite 175) nachlesen.

? *Haftet ein Mieter verschuldensunabhängig einem anderen Mieter?*

Nein. Der Bundesgerichtshof hat es abgelehnt, für diesen Fall § 906 Abs. 2 des Bürgerlichen Gesetzbuches entsprechend anzuwenden. Dem geschädigten Mieter steht somit kein nachbarrechtlicher Ausgleichsanspruch zu. Aktenzeichen: V ZR 180/03. Deshalb muss zum Beispiel – so der BGH in seiner Entscheidung – ein Mieter, bei dem ein Zuleitungsschlauch platzt, nicht den Wassereinbruch-Schaden eines anderen Mieters ersetzen.

! *Das Verhältnis von Vermietern und Mietern zur Haltung von Tieren*

Ein Urteil des Bundesgerichtshofs vom 14. November 2007, Aktenzeichen VIII ZR 340/06, hat eine teilweise neue Situation zu formularmäßigen Wohnungsmietverträgen und auch sonst noch zur Haltung von Tieren durch Mieter geschaffen. Dieses Urteil leitet voraussichtlich in mehrfacher Hinsicht neue Entwicklungen ein. So werden künftig wahrscheinlich die Gerichte oftmals Bestimmungen, wie sie die Formularmietverträge bislang üblicherweise enthalten, für rechtsunwirksam erklären. Darüber hinaus wird künftig – rechtsunsicher – jeder Einzelfall für sich beurteilt werden müssen, wenn der Mietvertrag die Haltung von Tieren nicht rechtswirksam regelt. Genauer:

! *Rechtsunwirksame Klauseln in Formularmietverträgen*

Der Bundesgerichtshof hat in seinem zuvor erwähnten Urteil erklärt, rechtsunwirksam sei in einem Formularvertrag die Klausel: „Jede Tierhaltung, insbesondere von Hunden und Katzen, mit Ausnahme von Ziervögeln und Zierfischen, bedarf der Zustimmung des Vermieters". Die Ausführungen des Urteils zu dieser Regelung spornen geradezu dazu an, auch andere Klauseln in Frage zu stellen.

! *Die Rechtslage zur Haltung von Tieren, wenn der Mietvertrag nur eine rechtsunwirksame Klausel oder überhaupt keine Regelung zur Haltung von Tieren enthält*

Dieses Urteil vom 14.11.2007 hat darüber hinaus dargelegt:
a. Fehlt eine wirksame mietvertragliche Regelung, dann richtet sich die Frage nach der Tierhaltung danach, ob im Einzelfall die Haltung zum vertragsgemäßen Gebrauch im Sinne von § 535 Abs. 1 des Bürgerlichen Gesetzbuchs gehört.
b. Dazu, was den vertragsgemäßen Gebrauch umfasst, sind die Interessen des Vermieters und des Mieters sowie der weiteren Beteiligten umfassend gegeneinander abzuwägen.
c. Diese Abwägung lässt sich nicht allgemein, sondern nur im Einzelfall vornehmen.

Man braucht kein Hellseher zu sein, um vorhersagen zu können, dass nach diesem Urteil, weil nach ihm für jeden Einzelfall die Interessen abgewogen werden müssen, viel gestritten werden wird. Der eine gewichtet die Interessen im Einzelfall so, der andere eben anders. Das gilt auch für die Richter. In der Fachsprache spricht man in diesen Fällen von „Dezisionismus". Was er bedeutet, können Sie noch genauer im Abschnitt „Treu und Glauben" (Seite 218) nachlesen.

? *Ist wenigstens das Verhältnis von Vermietern und Mietern zur Haltung von Kleintieren ganz klar?*

Ja. In Bezug auf Kleintiere – wie vor allem Zierfische, Kleinvögel, Zwergkaninchen, winzige Yorkshire-Terrier, Chinchillas, harmlose kleine Echsen, ungefährliche Schlangen in Terrarien – werden Verbote schon seit Längerem von allen Gerichten für grundsätzlich unbeachtlich erklärt.

Mobilfunk

Eine nachbarstörende Mobilfunkanlage

? *Kann ich etwas gegen den Plan eines Nachbarn unternehmen, eine Mobilfunkanlage auf seinem Grundstück zuzulassen?*

Sie sind mit ihrem Problem nicht alleine. In den meisten betroffenen Orten haben sich Bürger zusammengeschlossen. Geschätzt wird, dass 65.000 bis 90.000 Mobilfunkbasisstationen in Deutschland benötigt werden. Entsprechend groß ist der Bedarf der Mobilfunkbetreiber an Mietverträgen für die Errichtung und den Betrieb von Mobilfunkstationen.

Wie sonst beim Schutz gegen Immissionen gibt es öffentlich-rechtliche und privatrechtliche Rechtsgrundlagen. Bitte lesen Sie zum besseren Verständnis Einzelheiten zu diesen Grundlagen in den Abschnitten: „Immissionen" (Seite 105) und „Immissionsschutzgesetze" (Seite 109) nach. In welchem Verhältnis die öffentlich-rechtlichen und die privatrechtlichen Normen zueinander stehen, haben wir auch zu einzelnen Fragen schon beschrieben. Siehe zum Beispiel „Dachgaube" (Seite 52).

? Was sind die öffentlich-rechtlichen Grundlagen?

Für die beim Sendebetrieb entstehenden elektrischen und magnetischen Wellen oder nicht ionisierenden Strahlen gilt öffentlich-rechtlich das Bundesimmissionsschutzgesetz (BImSchG). Es handelt sich vom ausstrahlenden Grundstück aus um Emissionen und für Sie als Nachbar um Immissionen nach den Begriffsbestimmungen des Paragrafen 3 Absatz 3 und Absatz 2 des BImSchG.

Nach dem BImSchG sind die Sendeanlagen nicht genehmigungsbedürftig. Es sind jedoch nach Paragraf 22 Absatz 1 BImSchG schädliche Umwelteinwirkungen, die nach dem Stand der Technik vermeidbar sind, zu verhindern. Wann schädlich auf die Umwelt nach Auffassung des Gesetzgebers eingewirkt wird, ergibt sich aus der 26. Bundesimmissionsschutzverordnung (BImSchV). Die von uns betreuten Zeitschriften haben diese Verordnung über elektronische Felder bei dem Material zu diesem Buch ins Netz gestellt. Wenn die dort festgelegten Grenzwerte eingehalten werden, kann die öffentliche Hand, insbesondere die Gemeinde, rechtlich nicht einschreiten.

Das Bundesverfassungsgericht hat eine gegen diese Ansätze eingereichte Verfassungsbeschwerde nicht angenommen und diese Ansätze in einem Beschluss vom 17. Februar 1997 verfassungsrechtlich akzeptiert (Aktenzeichen: 1 BvR 1658/96, – auch 1 BvR 1676/01).

In einem Beschluss vom 5. November 2007 hat das OVG Nordrhein-Westfalen die Bauordnung in der Weise angewandt, dass wegen „gebäudegleicher Wirkung" die Abstandsflächen für Gebäude eingehalten werden müssen; Aktenzeichen: 7 B 1339/07.

? Hilft mir der privatrechtliche Nachbarschutz?

In der Tat kommt ein privatrechtlicher Schutz nach Paragraf 1004 des Bürgerlichen Gesetzbuches (BGB) in Betracht. Wir haben ihn schon zu vielen anderen nachbarrechtlichen Detailfragen beschrieben. Aber: Das Bundesverfassungsgericht hat nebenbei auch erklärt (juristisch sagt man „obiter dictum"), dass die 26. BImSchV im Rahmen des Paragrafen 906 Absatz 1 Satz 2 des Bürgerlichen Gesetzbuches grundsätzlich zu beachten ist. Auch diese gesetzliche Grundlage finden Sie bei den Materialien zu diesem Buch bei den von uns betreuten Zeitschriften.

§ 906 Absatz 1 Satz 2 BGB legt fest, dass in der Regel nur eine unwesentliche Beeinträchtigung vorliegt, wenn die Richtwerte eingehalten sind.

Der Bundesgerichtshof hat am 13. Februar 2004 ganz in diesem Sinne entschieden (Aktenzeichen: V ZR 217/03): Die 26. BImSchV hat Indizwirkung. Will sich ein betroffener Nachbar durchsetzen, muss er Umstände darlegen und beweisen, welche diese Indizwirkung erschüttern. Um zu erschüttern, muss er „darlegen und beweisen, dass ein begründeter wissenschaftlicher Zweifel an der Richtigkeit der festgelegten Grenzwerte und ein fundierter Verdacht einer Gesundheitsgefährdung besteht".

Das heißt – für die Mobilfunkgegner ist dieses Ergebnis deprimierend: Wenn die Werte der 26. BImSchV eingehalten werden, können Sie sich nachbarrechtlich gegenwärtig in aller Regel nicht erfolgreich wehren; – so wie die Gemeinde auch meist nichts gegen die geplante Mobilfunkanlage rechtlich unternehmen kann.

Für die Gemeinden besteht öfters ein Ausweg. Sie können teilweise die Mobilfunkmasten verbieten, indem sie andere Gründe vorschieben, zum Beispiel: Die Anlage verunstaltet rechtswidrig das reine Wohngebiet, in dem sie aufgestellt werden soll.

? *Können wenigstens meine Bekannten als Miteigentümer in einer Wohnanlage etwas erreichen?*

Ja. Das Oberlandesgericht Karlsruhe hat im Juni 2006 geurteilt, dass ein Mehrheitsbeschluss ausreicht, um einen Mietvertrag über die Errichtung einer Mobilfunksendestation auf dem Dach des gemeinschaftlichen Wohnhauses zu verhindern. Aktenzeichen: 1 U 20/06. Dieses Urteil ist deshalb besonders interessant, weil es die 26. BImSchV überspringt, indem es darlegt: „Auch bei Einhaltung der Grenzwerte der 26. BImSchV kann nach der Verkehrsanschauung bereits die Besorgnis einer Gesundheitsgefahr die Gebrauchstauglichkeit von Mieträumen zu Wohnzwecken beeinträchtigen" und den Wert des Wohnungseigentums mindern.

? *Wie finde ich weitere Urteile?*

Wir haben weitere Urteile in die Urteilsdatenbank der von uns betreuten Zeitschriften eingestellt, auch Fragen dazu, wie sich Mobilfunkanlagen im Verhältnis zu Mietern auswirken. Wie für die anderen Themen auch, werden wir darüber hinaus laufend die Urteilsdatenbank mit neuen Urteilen erweitern.

Moralisches Empfinden

Das moralische Empfinden wird bislang eher geschützt als das ästhetische Empfinden. Allerdings werden im Bereich der Moral Urteile immer mehr überholt. Als Beispiel für ein überholtes Urteil wird gerne ein Urteil des Reichsgerichts genannt, das gegen Nackte im städtischen Freibad entschieden hat. Das Amtsgericht Bonn hat am 17. Mai 2006 geurteilt, dass Sex auf dem Balkon gegen das Gebot der Rücksichtnahme verstößt; Aktenzeichen: 8 C 209/05. Zu diesem Gebot siehe Abschnitt: „Rücksichtnahme" (Seite 189) mit Hinweis auf Abschnitt: „Nachbarliches Gemeinschaftsverhältnis" (gleich nachfolgend). Dieser Themenbereich „Moralisches Empfinden" gehört zu den unsichersten Rechtsgebieten. Siehe zur Entscheidung im Einzelfall auch „Treu und Glauben" (Seite 218) sowie vor allem „Immissionen" (Seite 105) und dort „ideelle Immissionen" (Seite 106).

N

Nachbarliches Gemeinschaftsverhältnis

Das sogenannte nachbarliche Gemeinschaftsverhältnis ist ein besonderer Ausdruck des Grundsatzes von Treu und Glauben. Siehe „Treu und Glauben"(Seite 218). Gesprochen wird auch vom nachbarschaftlichen und vom nachbarrechtlichen Gemeinschaftsverhältnis. Im Grundsatz geht es bei ihm um die Pflicht eines jeden Nachbarn, auf den anderen Rücksicht zu nehmen (Gebot der Rücksichtnahme). Die §§ 906 bis 924 des Bürgerlichen Gesetzbuches konkretisieren die sich aus dem nachbarlichen Gemeinschaftsverhältnis ergebenden Rechte und Pflichten. Im Rahmen des nachbarlichen Gemeinschaftsverhältnisses sind die gegenläufigen Interessen gegeneinander abzuwägen. Ergebnis des Abwägungsprozesses kann eine Pflicht zur Duldung oder Unterlassung sein; aber auch, dass dem Nachbarn nur ein Ausgleichsanspruch zusteht. Aus dem nachbarlichen Gemeinschaftsverhältnis wird bislang nicht die Pflicht entnommen, die den Nachbarn schonendste Nutzungsmöglichkeit zu wählen; in diese Richtung kann sich die Rechtsprechung jedoch noch entwickeln. Wie dieser Grundsatz in der Praxis angewandt wird, können Sie dem Abschnitt „Treu und Glauben" entnehmen, – eben weil das nachbarliche Gemeinschaftsverhältnis ein besonderer Ausdruck des Grundsatzes von Treu und Glauben (Seite 218) ist.

Zu den neuesten Beispielen aus der Rechtsprechung gehört das Urteil des Bundesgerichtshofs mit dem Aktenzeichen V ZR 199/02. Sein amtlicher Leitsatz bezieht sich ausdrücklich auf die „Grundsätze des nachbarlichen Gemeinschaftsverhältnisses". Nach diesem Verhältnis kann nach einer Grundstücksteilung – so der BGH – „der Erwerber des einen Grundstücks verpflichtet sein, bauliche Änderungen an seinem Gebäude in einer die Belange des anderen (teilenden) Grundstückseigentümers möglichst wenig beeinträchtigenden Weise zu verwirklichen". Ein interessantes Musterbeispiel haben wir auch bei der Frage: „Muss ich einen Komposthaufen an der Gartengrenze dulden?" (Seite 77) aufgeführt.

Nachbarrechtlicher Ausgleichsanspruch, auch: bürgerrechtlicher Aufopferungsanspruch

Geregelt ist der nachbarrechtliche Ausgleichsanspruch in § 906 Abs. 2 Satz 2 des Bürgerlichen Gesetzbuches. Siehe schon voranstehend „Nachbarliches Gemeinschaftsverhältnis". Interessant ist dieser Anspruch auch deshalb, weil er unabhängig davon besteht, ob jemanden ein Verschulden trifft oder nicht.

Gegenwärtig steht im Fokus der Rechtsprechung, inwieweit dieser Anspruch über seinen Wortlaut hinaus (entsprechend) zugestanden werden soll. Wir gehen auf diese Diskussion jeweils im Zusammenhang ein. Siehe zum Beispiel: „Muss ich meinen Baumbestand regelmäßig auf Krankheiten und Überalterung sowie sonst auf seine Standfestigkeit hin kontrollieren?" (Seite 37), „Kann ich Schadensersatz für die Beseitigung von Laub des Nachbarn auf meinem Grundstück verlangen?" (Seite 134), „Kann ich verlangen, dass mein Nachbar die an die Grundstücksgrenze gesetzten Bäume und

Sträucher wieder entfernt oder abholzt?" (Seite 84), „Naturschutz" (Seite 164) und: „Haftet ein Mieter verschuldensunabhängig einem anderen Mieter?" (Seite 157). Gesprochen wird auch vom „nachbarrechtlichen Ausgleichs- beziehungsweise Aufopferungsanspruch", von „bürgerrechtlichem Aufopferungsanspruch" und von „Ausgleichsrente".

Besonders hilfreich ist ein Urteil des Bundesgerichtshofs vom 1. Februar 2008, Aktenzeichen: V ZR 47/07. Ein angrenzendes Gebäude war durch einen Brand geschädigt worden. Schaden entstand unter anderem an den Warenvorräten in angemieteten Räumen eines Lederwarengeschäftes durch Rauch, Ruß und Löschwasser. Der BGH billigte einen nachbarrechtlichen Ausgleichsanspruch in entsprechender Anwendung des Paragrafen 906 Absatz 2 Satz 2 des Bürgerlichen Gesetzbuches zu. Unmittelbar ließ sich § 906 Abs. 2 S. 2 BGB allein schon deshalb nicht anwenden, weil die Einwirkung durch den Brand nicht eigentlich „geduldet" werden musste. Zum Wortlaut des § 906 siehe bitte Seite 23. Entsprechend anzuwenden ist § 906 deshalb, weil nach dem rechtsmethodischen Grundsatz der Gleichbewertung des Gleichsinnigen bei Brandschäden, gegen die der Nachbar nichts unternehmen kann, erst recht ein Anspruch bestehen muss.

Nachbarschaftshilfe

Siehe Abschnitt: „Gefälligkeiten unter Nachbarn" (Seite 64).

Naturschutz

Darf sich mein Nachbar darauf berufen, ich müsse die Störung hinnehmen, weil das Naturschutzrecht vorgehe und zum Beispiel Bäume sowie Frösche unter bestimmten Umständen schütze?

Es wird heute noch davon ausgegangen, dass eine sonst rechtswidrige Störung rechtmäßig ist, wenn Maßnahmen zur Verhinderung von Einwirkungen naturschutzrechtlich verboten sind. Es handelt sich beim Verhältnis des Nachbarrechts zum Naturschutz um einen Spezialbereich, bei dem das Recht zur Zeit entwickelt wird. Der Bundesgerichtshof hat zwar auch zuletzt noch angenommen, dass das Naturschutzrecht vorgeht und der Nachbar die Störung dulden muss. Er hat das Recht jedoch bemerkenswert entwickelt, indem er in einem Fall dem gestörten Nachbarn unter bestimmten Umständen zugestanden hat, dass er analog § 906 Absatz 2 Satz 2 des Bürgerlichen Gesetzbuches angemessen in Geld zu entschädigen ist.

In diesem Sinne entschieden wurde vom Bundesgerichtshof der Fall, dass aus naturschutzrechtlichen Gründen eine Stieleiche und eine Rotbuche nicht gefällt wurden und später den Nachbarn schädigten. Aktenzeichen: V ZR 230/03. Siehe zu dieser Thematik des Ausgleichsanspruchs auch: BGH, Urteil v. 26.11.2004, Aktenzeichen: V ZR 83/04, „13 über 70 Jahre alte Linden im Abstand von 40 cm von der Grenze".

Man wird erwarten können, dass ältere Urteile, die eine entschädigungslose Duldungspflicht bejahten, heute nicht mehr ohne Weiteres als Vorbild herangezogen werden können. Allerdings, wie immer bei Rechtsentwicklungen, wird es in einzelnen Urteilen immer wieder Rückschläge, Abwägungs- und Abgrenzungsprobleme geben.

Ein Musterbeispiel bildet das vom Bundesgerichtshof erlassene Urteil zu einer massiven Störung der Nachtruhe durch den Lärm von Fröschen, die in einen Gartenteich ausgesetzt worden waren (Aktenzeichen: V ZR 82/91). In diesem Urteil hat der Bundesgerichtshof einen Ausgleichsanspruch für den Fall verneint, dass es beim Lärm bleibt, weil keine Ausnahmegenehmigung zu erlangen ist. Siehe zu diesem Urteil bei „Lärm – Muss der Froschteich entfernt werden, wenn sich der Nachbar durch das Quaken der Frösche gestört fühlt?" (Seite 131).

Der BGH wörtlich im Urteil vom 26.11.2004, Aktenzeichen: V ZR 83/04: „Nach der Rechtsprechung des Senats stellen naturschutzrechtliche Verbote die Störereigenschaft eines Grundstückseigentümers jedenfalls so lange nicht in Frage, wie er mit Erfolg eine Ausnahmegenehmigung für die Beseitigung der Störungsquelle beantragen kann."

Normenkontrolle

Siehe Abschnitt „Bebauungsplan, Baugenehmigung" (Seite 41).

Notwegrecht

Siehe „Betreten des Nachbargrundstücks – Was ist das Notwegrecht? (Seite 50).

P

Parabolantennen

Kann man sich gegen einen solchen Anblick wehren?

Sie können sich einen umfassenden Ein- und Überblick verschaffen, wenn Sie die Gerichtsentscheidungen durchsehen, die wir in die Urteilsdatenbank der von uns betreuten Zeitschriften aufgenommen haben. In den meisten Einzelfällen muss abgewogen werden zwischen einerseits dem Informationsgrundrecht, das in Artikel 5 des Grundgesetzes geregelt ist, sowie andererseits dem Eigentumsrecht auf eine schöne Optik des Gebäudes. Wie immer bei Abwägungen entscheiden die Richter letztlich nach ihren eigenen Wertvorstellungen, zumal es immer auf die Umstände des Einzelfalles ankommt. Siehe im Register das Schlagwort: „richterlicher Dezisionismus". Es haben sich jedoch bereits Grundzüge herausgebildet. Bei der Abwägung können sich neue technische Entwicklungen und Programmangebote, die berechtigte Interessen für eine Parabolantenne einschränken, auswirken.

Wenn Ihnen die ins Netz gestellten Entscheidungen und die nachfolgenden Erläuterungen nicht ausreichen sollten, bitten wir Sie, dass Sie sich an uns wenden, wie wir es Ihnen im Vorwort zu allen

Fragen angeboten haben (Seite 20). Wir reagieren dann in dem im Vorwort beschriebenen Rahmen.

Bei den Fragen zu Parabolantennen muss im Prinzip unterschieden werden zwischen „ästhetischen" Störungen für den Nachbarn, den Verhältnissen innerhalb von Wohnungseigentumsanlagen sowie dem Verhältnis zwischen Eigentümer und Mieter.

? *Muss ich es hinnehmen, dass mein Nachbarhaus noch stärker mit Parabolantennen verschandelt wird?*

In aller Regel: ja (wenn es sich nicht um eine Wohnungseigentumsanlage mit mehreren Gebäuden handelt, Oberlandesgericht München, Aktenzeichen: 34 Wx 109/06). Für den Normalfall gelten die Grundsätze für sogenannte ideelle Immissionen. Wie für andere ideelle Immissionen wird für den hässlichen Anblick angenommen, dass sich der Nachbar nicht erfolgreich wehren kann. Wir haben die Problematik ausführlich im Abschnitt „Immissionen" beschrieben, und zwar bei den nacheinander gestellten Fragen: „Warum ist die Unterscheidung zwischen positiven, negativen und ideellen Immissionen so wichtig? (Seite 107), „Wohin entwickelt sich das Recht bei den Immissionen?" (Seite 107) und „Wie verhalte ich mich in meinem Fall?" (Seite 108).

Vom Verhältnis zwischen den Eigentümern von zwei nebeneinanderstehenden Häusern untereinander ist die Frage zu unterscheiden, ob sich die Eigentümer gegenseitig helfen können. Ein Beispiel bietet das neuerdings erlassene Urteil des Bundesgerichtshofs mit dem Aktenzeichen VIII ZR 118/04. Mit diesem Urteil hat ein Eigentümer verhindert, dass sein Haus verunstaltet wird und hat so auch dem Nachbarn geholfen. Erfolgreich gestritten hat dieser Eigentümer mit einem Mieter. Siehe zum Verhältnis Eigentümer/Mieter in der nächsten Frage: „Welche Rechte haben Mieter gegenüber Eigentümern zu Parabolantennen?"

? *Welche Rechte haben Mieter gegenüber Eigentümern zu Parabolantennen?*

Das Bundesverfassungsgericht urteilt in ständiger Rechtsprechung: Verfassungsrechtlich geht es in Ordnung, dass die Gerichte in der Regel einen Anspruch des Mieters auf Zustimmung des Vermieters zur Errichtung einer Parabolantenne jedenfalls dann verneinen, wenn dem Mieter ein Kabelanschluss bereitgestellt wird. Wenn ein ständig in Deutschland lebender Ausländer als Mieter eine Parabolantenne zum Empfang von Rundfunkprogrammen seines Heimatlandes installieren will, müssen die Vermieter- und Mieterbelange gegeneinander abgewogen werden. Eine Leitentscheidung ist der Beschluss des Bundesverfassungsgerichts vom 9. Februar 1994, Aktenzeichen: 1 BvR 1687/92.

Einen aufschlussreichen Abwägungsfall hat der Bundesgerichtshof am 10. Oktober 2007 entschieden, Az.: VIII ZR 260/06. Ein türkischer Mitbürger wollte auf dem Balkon seiner Wohnung eine mobile Parabolantenne beibehalten, obwohl über einen Kabelanschluss sechs türkische Programme zu empfangen sind, aber doch kein Programm, das – so der klagende Türke – seiner alevitischen Glaubensrichtung gerecht wird. Abzuwägen ist nach dem BGH, dass die Interessen des Mieters nicht überwiegen, er also die Parabolantenne entfernen muss.

Wer sich schon – vielleicht mit diesem Buch – in das Garten- und Nachbarrecht eingelesen hat, weiß: Wenn abzuwägen ist, dann gewinnen die Umstände des Einzelfalles an Bedeutung, zumal die Richter im Rahmen der von der Rechtsprechung schon gesetzten Eckpfeiler sehr frei entscheiden. Viele Hinweise finden Sie zu der allgemeinen Problematik, wenn Sie die im Register unter „richterlicher Dezisionismus" angegebenen Seiten durchlesen.

Deutsche können durchaus ebenfalls mit ihrem Informationsgrundrecht argumentieren, und zwar selbst dann, wenn sie nicht beruflich, sondern nur zur Fortbildung an fremdsprachlichen Programmen interessiert sind. In diesem Sinne hat zum Beispiel das Oberlandesgericht Zweibrücken geurteilt (Aktenzeichen: 3 W 213/05).

Allerdings werden meist diese Fortbildungsinteressen eines Deutschen nicht so schwer wiegen wie der Kontaktbedarf eines Ausländers zu seiner Heimat. Dieses Urteil des OLG Zweibrücken betraf eine Wohnungseigentumsanlage. Das vom OLG Zweibrücken herausgestellte Informationsgrundrecht besteht jedoch auch im Verhältnis Mieter/Eigentümer.

Interessant ist auch ein Beschluss des Bundesverfassungsgerichts, Aktenzeichen 1 BvR 1320/04, zum „Herauspicken eines Mieters im Parabolantennen-Wald". Das BVerfG hat ein landgerichtliches Urteil gebilligt, das einem Mieter recht gegeben hat, weil der Vermieter nicht ausreichend vorgetragen hatte, dass er gegen andere Mieter genauso vorgehen wird und auch erfolgreich sein kann.

Es handelt sich hier um Mietrecht, das grundsätzlich nicht das Recht in Garten und Nachbarschaft betrifft. In diesem speziellen Fall sind wir auf das Mietrecht kurz eingegangen, um die Abgrenzung zu veranschaulichen, und weil es im Rahmen der Wohnungseigentümergemeinschaften Bedeutung gewinnt. Dazu jetzt sofort anschließend. Außerdem interessieren die Möglichkeiten des Eigentümers gegenüber den Mietern, wenn sich die Nachbarn untereinander unterstützen möchten; vergleiche dazu voranstehend: „Muss ich es hinnehmen, dass mein Nachbarhaus noch stärker mit Parabolantennen verschandelt wird?" (Seite 167).

? *Wie verhält es sich zu Parabolantennen in einer Gemeinschaft von Wohnungseigentümern?*

Wenn Parabolantennen baulich verändern, müssen, wie bei anderen baulichen Veränderungen auch, grundsätzlich nach den Paragrafen 14 und 22 des Wohnungseigentumsgesetzes (WEG) alle Wohnungseigentümer zustimmen. Aber: Das grundrechtlich geschützte Informationsinteresse gilt nicht nur im Verhältnis des Mieters zum Eigentümer, sondern auch im Verhältnis der Wohnungseigentümer untereinander. So hat es das Bundesverfassungsgericht schon am 13. März 1995 entschieden (Aktenzeichen: 1 BvR 1107/92).

Die Miteigentümer müssen deshalb – so wie ein Eigentümer gegenüber einem Mieter – regelmäßig die Installation einer Parabolantenne erlauben, wenn zwar per Kabel empfangen werden kann, aber der ausländische Mieter nur per Parabolantenne empfangbare Heimatprogramme sehen will.

Öfter kommt es vor, dass die Eigentümerversammlung rechtswidrig beschließt, der Beschluss jedoch nicht rechtswirksam angefochten wird. Für diesen Fall hat das Oberlandesgericht Köln entschieden, dass in dem Verstreichenlassen der Frist ein Rechtsverzicht liege (Aktenzeichen: 16 Wx 135/04). Da ist das letzte Wort aber noch nicht gesprochen.

Diese Zeilen zeigen Ihnen bereits, dass – wenn Sie sich mit einer Parabolantenne rechtlich beschäftigen – Sie sich mit Urteilen orientieren müssen. Diese Urteile füllen allein schon ein kleineres Buch. Damit Sie eine gute Lösung für sich finden können, haben wir Ihnen bei den von uns betreuten Zeitschriften die Urteile ins Netz gestellt. Lesen Sie bitte die Hinweise zur Urteilsdatenbank im Vorwort.

? *Habe ich richtig gehört, dass ein Teil der deutschen Rechtsprechung zu Parabolantennen wegen des Europarechts infrage gestellt ist?*

Ja. Es wird in der Tat darüber gestritten, ob die deutsche Rechtsprechung wegen des freien Dienstleistungsverkehrs zugunsten der Anbringung von Parabolantennen zumindest teilweise geändert werden muss. Der Europäische Gerichtshof hat aber noch nicht Stellung genommen. Vorerst müssen Sie von der bisherigen Rechtsprechung ausgehen.

? *Kann ich verlangen, dass ich gleich behandelt werde?*

Es liegt neuerdings bereits Rechtsprechung dazu vor, dass der Vermieter in vergleichbaren Fällen die Mieter gleich behandeln muss; siehe vor allem ein Urteil des Kammergerichts mit dem Aktenzeichen 8 U 210/06. Der Anspruch auf Gleichbehandlung gilt grundsätzlich allgemein; nicht nur im Verhältnis des Vermieters zum Mieter und nicht nur zu Parabolantennen. Dieser Anspruch auf Gleichbehandlung ergibt sich zumindest mittelbar bereits aus dem Gleichheitssatz des Grundgesetzes. In der juristischen Konstruktion lässt sich hier über manches streiten. In der Regel werden die Gerichte im Einzelfall die Pflicht und das Recht auf Gleichbehandlung im Miet- und im Nachbarrecht aus § 242 des Bürgerlichen Gesetzbuches ableiten, das heißt aus dem Grundsatz von Treu und Glauben. Informieren Sie sich zu diesem Grundsatz bitte im Abschnitt „Treu und Glauben" (Seite 218).

? *Kann ein Anspruch auf Entfernung einer Parabolantenne verwirkt werden?*

Ja. Wie in aller Regel andere Ansprüche auch. Erforderlich ist jedoch, dass sich der Verpflichtete tatsächlich auf den Verbleib eingerichtet hat. Siehe zum Beispiel den Beschluss des Oberlandesgerichts München vom 9. April 2008, Aktenzeichen: 32 Wx 001/08.

Pflanzen

? *Kann ich als Mieter wieder mitnehmen, was ich eingepflanzt habe?*

Siehe „Mieter" (Seite 155).

? *Wann haftet ein Gartenbauunternehmer für das Eingehen oder Absterben von Pflanzen?*

Haben Sie ein Gartenbauunternehmen mit der Anpflanzung bestimmter Pflanzen im Garten beauftragt und gehen diese Pflanzen anschließend ein, haftet grundsätzlich der Gartenbauunternehmer, wenn die tatsächliche Leistung des Gartenbauunternehmers von der vertraglich vereinbarten Leistung abweicht. Dabei ist zu berücksichtigen, dass ein Unternehmer über ausreichend Fachkenntnisse verfügen muss. So liegt zum Beispiel ein Mangel vor, wenn er sonnenliebende Pflanzen im Schattenbereich pflanzt, aber auch, wenn er falsche Pflegeanweisungen gibt und die Pflanze daraufhin eingeht. Ist vertraglich nichts Besonderes vereinbart, sieht das Gesetz Ansprüche wegen sogenannter Mangelhaftigkeit des Werkes vor. Können Sie beweisen, dass ein Mangel aufgrund einer Fehlleistung des Unternehmers entstanden ist, können Sie vom Unternehmer zunächst Beseitigung des Mangels beziehungsweise Neuherstellung verlangen (der Unternehmer darf wählen). Hierzu müssen Sie dem Unternehmer eine angemessene Frist setzen. Verstreicht diese Frist ergebnislos, können Sie den Mangel selbst beseitigen (Selbstvornahme), vom Vertrag zurücktreten, den vereinbarten Preis mindern oder Schadensersatz verlangen. Diese Ansprüche verjähren in der Regel innerhalb von zwei Jahren. Die Verjährungsfrist beginnt grundsätzlich mit Abnahme des Werkes. Siehe insgesamt Abschnitt „Mängel beim Kauf und bei Leistungen" (Seite 137).

Es besteht auch die Möglichkeit, im Vertrag mit dem Gartenbauunternehmer zu vereinbaren, dass dieser eine Garantie für das Anwachsen der Pflanzen übernimmt. So kann vereinbart werden, dass Sie Ihr Geld zurückerhalten, wenn die Pflanze den ersten Winter unabhängig von einer nachzuweisenden Schuld des Unternehmers nicht übersteht.

Pflanzenabfälle

Siehe „Gartenabfälle" (Seite 57).

Pflanzenschutzmittel

? *Was muss ich bei der Verwendung von Pflanzenschutzmitteln beachten?*

Die Verwendung von Chemikalien ist grundsätzlich immer auf das eigene Grundstück zu begrenzen. Verwendet Ihr Nachbar chemische Spritzmittel in seinem Garten und wirken sich diese Spritzmittel auf Ihr Grundstück aus, so haben Sie als Betroffener unter Umständen einen Unterlassungsanspruch gegen den Nachbarn (§ 1004 Bürgerliches Gesetzbuch beziehungsweise § 862 BGB für Mieter und Pächter). Auf Ihr Grundstück auswirken können sie sich zum Beispiel, wenn sie durch Wind oder Wasser auf Ihr Grundstück geweht oder gespült werden. Voraussetzung für einen solchen Anspruch ist, dass Ihr Grundstück wesentlich beeinträchtigt wird (§ 906 BGB).

Werden Dritte durch Chemikalien geschädigt (zum Beispiel Verätzungen, Allergien bei Kindern oder Krankheit von Katzen, Hunden), so muss der Nachbar grundsätzlich dafür haften. Dies gilt auch, wenn beispielsweise die Bienen des Nachbarn durch die Verwendung unzulässiger Mittel sterben oder verseuchten Honig produzieren. Es können auch Schadensersatzansprüche nach den Bestimmungen über unerlaubte Handlungen entstehen (§§ 823 ff. Bürgerliches Gesetzbuch).

Weitere Einschränkungen für die Verwendung von Chemikalien können sich aus vertraglichen Vereinbarungen (Miet- und Pachtverträgen) sowie Hausordnungen oder individuellen Vereinbarungen ergeben.

Die Rechtsfragen zur Verwendung von Pflanzenschutzmitteln bilden ein Musterbeispiel für ein Problem, das wir schon im Vorwort erwähnt haben: Es gibt noch zu wenige höchstrichterliche Entscheidungen. Die gesetzlichen Regelungen enthalten unbestimmte Rechtsbegriffe wie: wesentlich, ortsüblich und fahrlässig. Zu diesen Unsicherheitsfaktoren kommt hinzu, dass Richter ganz unterschiedlich eingestellt sein können. Der eine Richter hat viel Verständnis für Chemikalien, der andere gerade nicht. Selbst spezialisierte Juristen können deshalb nicht für alle Fälle genau vorhersagen, wie ein Gericht einen Rechtsstreit entscheiden wird. Es kommt für Sie in einem Rechtsstreit darauf an, das Verständnis des Richters zu gewinnen. Machen Sie verständlich, dass Sie kein „Rechthaber" und schon gar nicht ein Querulant sind, sondern dass und warum Sie wirklich richterliche Hilfe in Anspruch nehmen müssen und verdienen.

Hinweis: Es dürfen nur zugelassene chemische Mittel verwendet werden. In Deutschland ist das Bundesamt für Verbraucherschutz und Lebensmittelsicherheit (BVL) für die Zulassung von Pflanzenschutzmitteln zuständig. In der BVL-Liste der zugelassenen Pflanzenschutzmittel wird darauf hingewiesen, ob eine Anwendung im Haus- und Kleingartenbereich zulässig ist. Befolgen Sie in Ihrem eigenen Interesse die Gebrauchsanweisung ganz genau. Sie gibt genau vor, wie Sie im privaten Bereich die Mittel einsetzen können. Achten Sie darauf, dass von Land zu Land und, wie erwähnt, sogar von Ort zu Ort unterschiedliche Regelungen dazu bestehen können, welche Pflanzenschutzmittel verwendet werden dürfen.

Pollenflug

? *Kann ich von meinem Nachbarn die Beseitigung von Birken fordern, wenn ich auf ihre Pollen allergisch reagiere?*

Das Landgericht Frankfurt am Main (Aktenzeichen: 2/16 S 49/95) hatte 1995 einen ähnlichen Fall zu entscheiden. Zwar handle es sich – so das Gericht – bei den Birkenpollen um eine lästige Störung; die Klägerin müsse die Einwirkungen aber als ortsüblich dulden. Wenn Sie Einzelheiten beurteilen wollen, müssen Sie bitte § 906 des Bürgerlichen Gesetzbuches nachlesen; Text siehe Vorwort zu diesem Buch (Seite 23). Zunächst bestimmt Absatz 1 des § 906, dass ein Nachbar unwesentliche Beeinträchtigungen hinnehmen muss; und dann legt Absatz 2 fest, dass selbst wesentliche Beeinträchtigungen in der Regel hingenommen werden müssen, wenn sie ortsüblich sind.

Obwohl Pollen (Blütenstaub) vielfach auftreten – vor allem durch Bäume, Sträucher, Gräser, Wildkräuter und Getreide –, und obwohl durch Pollen die Atemwege schwer beeinträchtigt werden können, ist die Rechtsprechung auffällig „naturfreundlich".

? *Wo aber muss unbedingt Schluss sein mit einer duldsamen Rechtsprechung?*

Wenigstens in Extremfällen wird zugunsten eines beeinträchtigten Nachbarn entschieden, auch wenn nach der Rechtsprechung selbst verwilderte Gärten meist hingenommen werden müssen. Siehe Abschnitt: „Unkraut in Nachbars Garten" (Seite 221). Von Fachleuten gibt es zwar Gegenstimmen, aber genauso wird die Ansicht vertre-

Gegen den gefährlichen Pollenflug der Ambrosia-Pflanze müssen Sie sich wehren.

ten, Pollenflug müsse noch naturfreundlicher zugelassen werden.

§ 906 BGB und seine Kriterien „nur unwesentliche Beeinträchtigung" sowie „ortsüblich" als Voraussetzung einer Duldungspflicht veranschaulicht, dass Sie exotische Problempflanzen wie das Traubenkraut (Ambrosia), das sich allmählich in unseren Gefilden ausbreitet, auf dem Nachbargrundstück nicht hinnehmen müssen. Traubenkraut beeinträchtigt wesentlich. Es gehört zu den stärksten und gefährlichsten Allergie-Auslösern. Bereits ab sechs Pollen Ambrosia pro Kubikmeter Luft reagieren empfindliche Personen allergisch. Ab elf wird regelmäßig stark belastet. Bei Gräserpollen beispielsweise bedarf es mehr als 50 Pollen pro Kubikmeter Luft, bis eine starke Belastung angenommen werden muss. Und „ortsüblich" ist Ambrosia Gott sei Dank nicht. Es muss, ganz im Gegenteil, alles nur Mögliche getan werden, um zu verhindern, dass Ambrosia ortsüblich wird.

Siehe auch den Abschnitt: „Unterlassung" (Seite 222).

? *Können sich Pollen auf die Anwendung einer Baumschutzsatzung auswirken?*

Verbietet die Baumschutzsatzung einer Gemeinde das Fällen eines Baums, besteht sonst aber Einigkeit mit dem Nachbarn, kann eine Allergie (durch ärztliches Attest nachgewiesen) im Einzelfall ein Grund dafür sein, dass die Gemeinde ausnahmsweise erlauben muss, den Baum zu fällen. Zur Baumschutzsatzung muss bei Einverständnis des Nachbarn nicht unbedingt gleich abgewogen werden, wie in dem oben beschriebenen Urteil des Landgerichts Frankfurt a. M. zu Pollen von Birken. In der rechtlichen Bewertung ähnelt dieser Baumschutzfall der im Abschnitt „Baum" gestellten Frage: „Darf eine Eibe als giftige Pflanze gefällt werden, obwohl für sie eine Baumschutzsatzung gilt? (Seite 36).

R

Rasenmäher

? *Wann darf ich laute und lärmintensive Gartengeräte benutzen?*
Siehe „Lärm" (Seite 126).

Rauchbelästigung

? *Was muss ich als Mieter tun, um mich gegen Lärm-, Geruchs- und Rauchbelästigungen durch Nachbarn zu wehren?*
Siehe „Mieter" (Seite 149).

? *Wie kann ich mich als Eigentümer gegen Lärm-, Geruchs- und Rauchbelästigungen wehren?*
Siehe „Geruchs- und Rauchbelästigung" (Seite 65).

Räum- und Streupflicht

? *Wer ist für das Schneeräumen auf dem Gehweg zuständig, und wann besteht eine Räum- und Streupflicht?*
Kommt jemand auf einem ungeräumten Weg zu Schaden, muss der Pflichtige dafür haften (§ 823 Bürgerliches Gesetzbuch). Grundsätzlich ist der Eigentümer für das Räumen verantwortlich, und zwar auch zum Schutze der Mieter – siehe Abschnitt: „Wer haftet dem Mieter für die Einhaltung der Räum- und Streupflicht" (Seite 157). Er trägt die „Verkehrssicherungspflicht" (Seite 226) und kann diese Pflicht auch an Mieter oder Hausverwalter übertragen, muss dann aber kontrollieren, ob auch wirklich geräumt wird. Bei Schnee- und Eisglätte müssen alle Wege, Parkplätze und Hauszugänge, die zum Grundstück gehören, gefahrlos begangen werden können. Dies gilt auch für öffentliche Gehwege.

Für öffentliche Gehwege übertragen die Gemeinden meist – durch Satzung – die Räum- und Streupflicht auf die Anlieger. Sie, liebe Leserinnen und Leser, wissen, dass rechtlich der Begriff „Gemeinden" auch „Städte" umfasst. In diesem Sinne ist also beispielsweise Leipzig eine Gemeinde. Die Gemeinden müssen dann nur noch kontrollieren, ob die Anlieger die ihnen übertragene Pflicht erfüllen. Wer stürzt und seinen Schaden ersetzt verlangt, muss darlegen und beweisen, dass die Gemeinde ihre Überwachungspflicht verletzt hat. Ein gutes Beispiel zu Einzelheiten bietet Ihnen das Urteil des Oberlandesgerichts Nürnberg mit dem Aktenzeichen: 4 U 2611/05, das Sie in der Urteilsdatenbank nachlesen können.

Wie oft Sie räumen und streuen müssen, richtet sich nach den Wetterverhältnissen: bei schlechtem Wetter mehrfach am Tag, bei Eisregen sogar stundenweise. Die Räum- und Streupflicht beginnt im Allgemeinen mit dem morgendlichen Verkehr um 7.00 Uhr. Vereinzelt wurde jedoch aber auch, ohne dass Umstände für eine Ausnahme vorgelegen hätten, entschieden: 8.00 Uhr. Die Räum- und Streupflicht endet um 20.00 Uhr, außer wenn der Gehsteig stark genutzt wird. Bei Bürgersteigen muss nicht die gesamte Fläche geräumt werden. Es reicht ein Streifen aus, auf dem zwei Fußgänger aneinander vorbeigehen können. Anders jedoch im Innenbereich von Großstädten: Wegen des hohen Publikumsverkehrs muss regelmäßig der gesamte Gehweg geräumt und gestreut werden. Einzelheiten zur Räum- und Streupflicht können auch in Gemeindesatzungen gefunden werden. Anschaulich ist ein Urteil des Oberlandesgerichts Düsseldorf mit dem Aktenzeichen: 24 U 143/99. Es legt dar, dass – wie es auch der Bundesgerichtshof bereits entschieden hat – die Verkehrsauffassung maßgeblich ist. Auf dieser Basis schildert das Urteil dann die Sach- und Rechtslage in einzelnen Fällen. Siehe zur Verkehrsauffassung bitte noch den Abschnitt: „Verkehrsauffassung" (Seite 225).

Die neuesten Gerichtsurteile konzentrieren sich auf die sogenannte Darlegungs- und Beweislast sowie auf außergewöhnliche Grenzfälle. Grundsätzlich muss der Geschädigte darlegen und beweisen, dass der Streupflichtige den Schaden schuldhaft verursacht hat. Diese Last kehrt sich jedoch um, wenn sich der Streupflichtige auf außergewöhnliche Umstände beruft. So zum Beispiel, wenn er geltend macht, es sei zwecklos gewesen zu streuen (Bundesgerichtshof, Aktenzeichen: VI ZR 219/04). Das Oberlandesgericht Schleswig hat den Fall entschieden, dass die Streupflicht um 8.00 Uhr begonnen und sich der Unfall schon um 8.02 Uhr ereignet hat. Das Urteil:

keine Schadensersatzpflicht, weil nicht an einer bestimmten Stelle begonnen werden muss (Aktenzeichen: 11 U 174/2001). Allerdings: Es muss vorbeugend gestreut werden, wenn mit hinreichender Sicherheit absehbar ist, dass es in den folgenden Stunden, in denen eine Räum- und Streupflicht nicht besteht, Glätte auftritt. Einzelheiten ergeben sich aus einem Urteil des Oberlandesgerichts Brandenburg vom 18. Januar 2007, Aktenzeichen: 5 U 86/06, das weitere Rechtsprechung einbezieht. Das letzte Wort ist hier allerdings noch nicht gesprochen. Die Urteile widersprechen sich teilweise.

Ein Urteil des Oberlandesgerichts Celle veranschaulicht, dass unbedingt so sorgsam wie möglich der Sachverhalt vorgetragen werden muss. Trotz schwerer Verletzungen wurde die Klage einer Fußgängerin abgewiesen, weil der Anwalt nichts dazu vorgetragen hat, dass nachgestreut hätte werden müssen (Aktenzeichen: 9 U 42/03). Eine Beweiserleichterung hat das OLG Celle nicht zugestanden, weil die Fußgängerin in unmittelbarer Nähe wohnte.

? Muss ich ein Schneefanggitter anbringen?

Fragen Sie bei Ihrer Gemeindeverwaltung nach, ob Regelungen zu Fanggittern oder ähnlichen Schutzmaßnahmen existieren. Es gibt Gerichtsentscheidungen, nach denen selbst ohne örtliche Vorschriften konkrete Einzelmaßnahmen gegen Dachlawinen erforderlich sind, wenn bald mit Schneemassen zu rechnen ist. Eventuell können Warnschilder ausreichen. Das Landgericht Ulm hat im Jahre 2006 entschieden: Wenn sich in einem nicht schneearmen Gebiet neben einem Haus mit einer Dachneigung von mehr als 35 Grad ein öffentlicher Parkplatz befindet, dann müssen am Dach Schneefanggitter angebracht werden; unter Umständen sind auch Warnschilder aufzustellen oder gefährdete Bereiche des Parkplatzes zeitweise ganz zu sperren. Aktenzeichen: 1 S 16/06.

Tipp: Achten Sie auch darauf, welche Maßnahmen Ihre Nachbarn ergreifen, aber verlassen Sie sich nicht ausschließlich darauf, dass schon richtig sein wird, was die Nachbarn tun.

Siehe auch „Wer haftet für Schäden, die von herunterrutschendem Schnee und Eis verursacht werden?" (Seite 198).

? *Besteht bei öffentlichen und privaten Parkplätzen eine Räum- und Streupflicht?*

Ja. Aber längst nicht in dem Umfang, wie es sich viele vorstellen. Eine gute Übersicht gibt ein Hinweisbeschluss des Oberlandesgerichts Düsseldorf vom 19.5.2008, Aktenzeichen: 24 U 161/07. Bei öffentlichen Parkplätzen sind die Anforderungen deutlich strenger. Jedoch besteht selbst bei ihnen keine generelle Pflicht, den gesamten Parkplatz von Glatteis zu befreien und zu streuen. Es ist ausreichend sicherzustellen, dass der Platz gefahrlos erreicht und verlassen werden kann.

Bei privaten Parkplätzen steht im Vordergrund, dass keine Räum- und Streupflicht existiert, wenn dem Nutzer, also zum Beispiel dem Mieter aufgrund der örtlichen Verhältnisse zugemutet werden kann, auf winterliche Glätte zu achten und etwaige Gefahren auf einer kurzen Strecke zu meistern.

Rechtsanwaltshaftung

? *Was ist, wenn meinem Anwalt ein Fehler unterläuft?*

In diesem Buch wurde einige Male erwähnt, dass ein Prozess verloren wurde, weil etwas nicht vorgetragen wurde. Lesen Sie, wenn ein Prozess geführt wird, unbedingt auch die Protokolle zu den Gerichtsverhandlungen, die gegnerischen Schriftsätze und die Ihres Anwalts sowie die Urteile durch. Während des Verfahrens können Sie meist noch rechtzeitig reagieren und den Fehler reparieren. Stellen Sie den Fehler erst im Urteil fest, müssen Sie gegen den Anwalt vorgehen.

Ihr Rechtsanwalt haftet grundsätzlich, wenn er fahrlässig war. Das gilt für die gesamte anwaltliche Tätigkeit, also nicht nur, wenn er etwas nicht vorträgt, obwohl es rechtserheblich ist und durchaus vorgetragen werden konnte. Klassisch ist als Haftungsfall, dass der Anwalt eine Frist versäumt. Als Haftungsgrund kommt beispielsweise auch in Betracht, dass der Rechtsanwalt Sie nicht auf Risiken hinweist. Die schon gerichtlich beurteilten Fälle füllen Bücher.

Sie brauchen keine Hemmungen zu haben. Die Rechtsanwälte sind versichert. Damit aber kein Missverständnis entsteht: Die Anwälte leisten meistens sehr gute Arbeit und verdienen großes Vertrauen. Vor allem bei kleineren Gegenstandswerten, wie sie im Garten- und Nachbarrecht üblich sind, müssen die Anwälte oft viel mehr Zeit aufwenden als die Gebühren hergeben.

Rechtsdurchsetzung

? *Wie mache ich mein Recht geltend?*

Zunächst sollten Sie, wenn Ihr Verhältnis zum Nachbarn das noch zulässt, versuchen, sich gütlich zu einigen. Soweit Ihr Nachbar auf diesen ersten Hinweis nicht in der gewünschten Weise reagiert, fordern Sie ihn auf, eine strafbewehrte Unterlassungserklärung abzugeben. Die von uns rechtlich betreuten Zeitschriften (siehe Vorwort) bieten in ihren Online-Auftritten Muster an.

Wenn eine strafbewehrte Unterlassungserklärung abgegeben wird, erübrigt sich eine Klage. In der Regel fehlt für eine Klage sogar das Rechtsschutzbedürfnis. In einer strafbewehrten Unterlassungserklärung verpflichtet sich Ihr Nachbar, bei jeder neuen Störung eine Strafe von zum Beispiel 150 Euro an Sie zu zahlen. Der Nachbar spart sich so Prozesskosten und weitere Unannehmlichkeiten. Hält der Nachbar sich nicht an die abgegebene Erklärung und zahlt er den verwirkten Betrag nicht freiwillig, so können Sie diesen Betrag auf Grundlage der strafbewehrten Unterlassungserklärung für jede Störung bei Gericht einklagen. Der Nachbar stellt sich übrigens durch die Abgabe einer solchen Erklärung nicht schlechter. Würde er gerichtlich zu Unterlassung verurteilt werden, so müsste er künftig auf Ihren Antrag hin für jeden Verstoß ein Ordnungsgeld bezahlen, das der Höhe nach jeweils vom Gericht festgesetzt wird. Diese Zahlung geht dann allerdings nicht in Ihre Kasse, sondern in die Staatskasse. Verräterisch ist übrigens, wenn ein Anwalt „strafbewährte" schreibt, also „ä" statt „e". Wer so schreibt, verfügt sehr wahrscheinlich über keine Erfahrung in diesem Rechtsschutzbereich. „Strafbewehrt" ist ein Fachausdruck, der besagt, dass die zugesagte Unterlassung durch ein Vertragsstrafeversprechen geschützt abgesichert ist.

Weigert sich Ihr Nachbar, eine solche strafbewehrte Unterlassungserklärung abzugeben, können Sie gegen ihn auf Unterlassung klagen. Doch dabei ist zu beachten, dass Sie bei nachbarschaftlichen Streitigkeiten meist nicht sofort Klage einreichen können. In vielen Bundesländern ist eine Klage nämlich erst zulässig, wenn ein sogenanntes obligatorisches Schlichtungsverfahren erfolglos durchgeführt wurde (siehe dazu gleich anschließend bei der nächsten Frage).

Sollte keine Einigung im Schlichtungsverfahren erzielt werden, wird Ihnen eine Bescheinigung über den erfolglosen Schlichtungsversuch ausgestellt. Sie können dann klagen. Ihre Klage muss entweder beim Amtsgericht oder beim Landgericht eingereicht werden. Das Amtsgericht ist zuständig, wenn der Streitwert 5.000 Euro nicht übersteigt. Das Landgericht ist zuständig, wenn der Streitwert über 5.000 Euro liegt. In der Regel wird beispielsweise das Amtsgericht bei Streitigkeiten über Haustiere zuständig sein. Sie müssen in aller Regel bei dem Amtsgericht klagen, an dem der beklagte Nachbar seinen Wohnsitz hat. Vor dem Amtsgericht können Sie selbst, ohne Anwalt, klagen. Vor dem Landgericht müssen Sie sich dagegen durch einen Anwalt vertreten lassen.

> **?** *Was besagen die Bezeichnungen: „Freiwilliges Schiedsverfahren", „Schlichtung bei Privatklageverfahren" und die soeben erwähnte „Obligatorische außergerichtliche Schlichtung als Prozessvoraussetzung"?*

Wenn man sich außergerichtlich nicht einigen kann, kommt man oft nur vor Gericht zu seinem Recht. Um sich aber mit dem Nachbarn nicht völlig zu zerstreiten, ist manchmal freiwilliges Schlichten besser als Richten. In Deutschland gibt es schon seit 1827 in ehemals preußischen Landen eine Institution der vorgerichtlichen Streitschlichtung, nämlich das Schiedsamt. In zwölf Ländern der Bundesrepublik Deutschland sind entsprechend dieser Tradition auch heute ehrenamtliche Schiedspersonen tätig, die sogenannten Schiedsmänner und Schiedsfrauen, beziehungsweise Friedensrichterinnen und Friedensrichter in Sachsen. In einem Gespräch mit beiden Parteien wird die Schiedsperson versuchen, den Streit beizulegen und einen Vergleich zu schließen. Der Schiedsmann ist durch einen abgelegten Eid verpflichtet, absolut verschwiegen und unparteiisch zu sein.

Nur in Bayern, Baden-Württemberg, Bremen und Hamburg ist ein Schiedsverfahren vor dem Schiedsamt aus historischen Gründen grundsätzlich unbekannt. Teilweise gibt es aber auch hier freiwillige oder sogar vorgeschriebene Schlichtungsverfahren, die beispielsweise vor einer Gütestelle durchgeführt werden.

Zuständig war und ist die das Schiedsamt ausübende Schiedsperson zunächst für eine freiwillige Schlichtung in allen vermögensrechtlichen Streitigkeiten (gleich welcher Höhe) und in nachbarrechtlichen Streitigkeiten. Nach und nach hat sich der Aufgabenbereich des Schiedsamtes erweitert. Neben der freiwilligen Schlichtung gibt es noch die Schlichtung zu strafrechtlichen Privatklageverfahren und zum Teil auch ein vorgeschriebenes Schlichtungsverfah-

ren als Prozessvoraussetzung im Zivilrechtsverfahren. Schlichten ist somit in manchen Bereichen zur Pflicht geworden. Die Grenzen zwischen Schlichtungsstelle, Gütestelle, Vergleichsbehörde und dem Schiedsamt verwischen. Ursprünglich konnten Sie in den zwölf Schiedsamtsländern die traditionelle Schiedsperson nur bitten, den Streit mit dem Nachbarn auf freiwilliger Basis beizulegen. Ob der Schlichter angerufen wurde oder nicht, blieb jedem Bürger selbst überlassen. Wenn beispielsweise um höhere Geldbeträge gestritten wird (etwa um Schadensersatzansprüche oder rückständige Miete) ist das Schiedsverfahren für alle Beteiligten auch heute grundsätzlich völlig freiwillig! Wenn der Gesetzgeber aber zwingend einen vorgerichtlichen Güteversuch vorschreibt, muss die Schiedsperson angerufen werden. Bei folgenden Privatklagedelikten:
– Beleidigung
– Hausfriedensbruch
– Bedrohung
– Körperverletzung
– Sachbeschädigung
– Verletzung des Briefgeheimnisses
ist Schlichten zur Pflicht geworden. Können sich die Kontrahenten nicht einigen, wird eine sogenannte Sühnebescheinigung ausgestellt. Erst dann kann das Opfer vor das Strafgericht ziehen. Denn ohne diese Sühnebescheinigung wird grundsätzlich keine Privatklage zugelassen. Zuständig für die „strafrechtliche" Schlichtung sind die traditionellen Schiedsämter in den zwölf Schiedsamtsländern, ansonsten die durch die Landesjustizverwaltung zu bezeichnenden Vergleichsbehörden.

Außerdem kann, wie erwähnt, seit jüngster Zeit je nach Bundesland bei Streitigkeiten ein obligatorisches Schlichtungsverfahren vor einem Prozess zwingend vorgeschrieben werden.

> **?** *Können Sie mir einen Beispielsfall schildern, bei dem ich zuerst ein solches verbindliches Schlichtungsverfahren führen muss?*

Heinz H. aus Bonn hatte seit Jahren ein freundschaftliches Verhältnis zu seinem Nachbarn. Das ist jetzt vorbei. Es gibt Ärger wegen des Fahrrades, das der Nachbar sich von Heinz H. ausgeliehen hat. Bei der Rückgabe war es kaputt. Hat das Fahrrad von Heinz H. aus Bonn einen Schaden von weniger als 600 Euro, ist in Nordrhein-Westfalen vor einer Klage zwingend eine Schlichtung vorgeschrieben. Zahlt der Nachbar nicht, muss Heinz H. somit ein Schlichtungsverfahren einleiten, bevor er seinen Schadensersatz einklagen kann. Beträgt der Schaden aber mehr als 600 Euro ist die Einschaltung einer Schiedsperson wieder eine völlig freiwillige Angelegenheit (gemäß § 13 Schiedsamtsgesetz Nordrhein-Westfalen). Würde der Fall beispielsweise in Niedersachsen spielen, gäbe es ebenfalls nur eine freiwillige Schlichtung vor dem Schiedsamt. Denn in diesem Schiedsamtsland wurde bisher keine obligatorische Schlichtung eingeführt. Somit kann in Niedersachsen sofort eine Schadensersatzklage eingereicht werden.

> **?** *Schildern Sie mir nun doch ausführlicher, wann ein Schlichtungsverfahren vorgeschaltet werden muss, und was die wichtigsten Grundsätze eines solchen Verfahrens sind?*

Für bestimmte zivilrechtliche Streitsachen ist, wie Sie jetzt schon wissen, eine Schlichtung, eine außergerichtliche Einigung vor einer unabhängigen Schlichtungsstelle, vom Gesetz vorgeschrieben oder zumindest möglich. In Fällen, in denen eine Schlichtung vorgeschrieben ist, wird die Klage ohne weitere Prüfung als unzulässig abgewiesen, wenn bei Klageerhebung keine Bescheinigung über eine durchgeführte Schlichtung vorgelegt wird. Bei einer solchen Schlichtung wird durch Streitmittler eine Konfliktlösung erarbeitet, die den Interessen beider Parteien entsprechen soll. Die Schlichtung hemmt die Verjährung des Anspruchs genauso wie eine Klage vor Gericht. Die Hemmung endet sechs Monate nach Beendigung des Schlichtungsverfahrens (§ 204 Abs. 1 Nr. 4 BGB) oder wirkt fort, wenn in dieser Frist ein gerichtliches Verfahren eingeleitet wird. Eine Schlichtungsvereinbarung kann einem gerichtlichen Vergleich im Sinne des § 127a BGB nicht gleichgestellt werden. Sie kann deshalb nicht eine etwa vorgeschriebene notarielle Form ersetzen.

Eine Einigung durch Schlichtung kann oft schnell einen Streit beenden, die Schlichtung belastet meist das nachbarschaftliche Verhältnis weniger, und sie ist billiger als ein Gerichtsverfahren.

In den Fällen, in denen ein Schlichtungsverfahren einer Klage vorzuschalten ist, muss, wenn die Klage eingereicht wird, nachgewiesen werden, dass das Schlichtungsverfahren erfolglos war. Wenn in diesen Fällen das Verfahren einseitig beantragt wird, muss die Schlichtung von einer anerkannten Gütestelle, landesrechtlich geregelt, durchgeführt werden. Wenn beide Parteien eine Schlichtung durchführen wollen, dann können die Parteien sich einvernehmlich auf eine sonstige Schlichtungsstelle einigen.

Der Verfahrensablauf ist in § 15a des Einführungsgesetzes zur Zivilprozessordnung (EGZPO) teilweise geregelt, doch sind weitere Einzelheiten vom Landesgesetzgeber festzulegen und meist auch festgelegt worden. Es muss schriftlich oder zu Protokoll der Güte- oder Schlichtungsstelle ein Antrag gestellt werden mit den Namen und ladungsfähigen Anschriften der Parteien sowie einer kurzen Darstellung des Streits. Die Schlichtung beginnt mit der Ladung der Beteiligten und, falls sich Anwälte bestellt haben, auch ihrer Rechtsanwälte. Es folgt das Schlichtungsgespräch mit den Parteien, die grundsätzlich persönlich erscheinen müssen. Zeugen und Sachverständige werden nicht gehört, es sei denn, eine Partei bringt sie auf eigene Kosten mit. Wenn der Antragssteller unentschuldigt nicht zum Termin erscheint, gilt der Antrag als zurückgenommen, und der Antragsteller muss die Kosten tragen. Entschuldigt sich der Antragsteller innerhalb von vierzehn Tagen hinreichend, wird der Schlichter einen neuen Termin bestimmen. Nach dem Gespräch wird ein Zeugnis über die Erfolglosigkeit der Schlichtung ausgestellt oder ein erzielter Vergleich wird schriftlich niedergelegt und unterschrieben. Wenn die Gegenpartei unentschuldigt fehlt, so kann frühestens nach vierzehn Tagen eine Bescheinigung über einen erfolglosen Schlichtungsversuch ausgestellt werden. Ein Schlichtungsverfahren ist – lesen Sie dazu bitte in Ruhe den Gesetzestext durch – verbindlich vorgeschrieben, wenn:

1) Ein Anspruch nach § 15a Abs. 1 EGZPO in Verbindung mit dem landesrechtlichen Schlichtungsgesetz besteht
2) Keine Ausnahme nach § 15a Abs. 2 S. 1 Nr. 1 bis Nr. 6 EGZPO vorliegt
3) Der Antragssteller und Antragsgegner ihren Wohnsitz oder ihren Sitz/Niederlassung im selben Bundesland haben
4) Ein sonstiges Güteverfahren nach § 15a EGZPO nicht durchgeführt worden ist, und:
5) Die weiteren landesrechtlichen Voraussetzungen erfüllt sind.

Dies bedeutet – für Sie unter Umständen ganz besonders wichtig: Wenn in Ihrem Land – wie meist – ein Schlichtungsverfahren gesetzlich beschlossen wurde, dann ist, soweit das Landesgesetz dies festlegt, verbindlich ein Schlichtungsverfahren durchzuführen, wenn Ihr Anliegen betrifft: § 906 BGB (Einwirkungen auf das Nachbargrundstück), § 910 BGB (Überhang), § 911 BGB („Hinüberfall" von Früchten auf ein Nachbargrundstück), § 923 BGB (Grenzbaum) und Regelungen aus den landesrechtlichen Nachbarrechten, sofern es sich nicht um Einwirkungen von einem gewerblichen Betrieb handelt.

Die Höhe der Gebühren für die Schlichtung hängt vom Erfolg oder Misserfolg der Verhandlungen ab und sind von Bundesland zu Bundesland unterschiedlich im jeweiligen Gesetz bestimmt.

? *Können Sie mir eine Übersicht zu den einzelnen landesrechtlichen Regelungen geben?*

Wir listen Ihnen nachfolgend kurz auf, wo – was – geregelt ist. Sie müssen aber bitte, wenn Sie unter Umständen ein Verfahren führen müssen oder wollen, unbedingt das für Ihr Bundesland geltende Gesetz genau durchlesen. Wir können in der Übersicht insbesondere nicht alle Ausnahmen aufführen. So ergibt sich beispielsweise § 1 Absatz 2 des baden-württembergischen Gesetzes, dass entgegen § 1 Absatz 1 doch kein Schlichtungsverfahren durchzuführen ist, „wenn ein Anspruch im Mahnverfahren geltend gemacht worden ist". Das heißt, wenn jemand Geld fordert, kann er ein Schiedsverfahren „umgehen", wenn er einen Mahnbescheid beantragt und vom Gericht ausgestellt bekommt. Aus dem Vorwort ist schon bekannt, dass Sie in den Internetdiensten der von uns betreuten Zeitschriften vollständig die Gesetzestexte finden. Wir geben immer an, wann das Gesetz erlassen, aber nicht datumsmäßig, wann es geändert worden ist. Änderungen sind jedoch selbstverständlich eingearbeitet, sodass Sie im Internet die gegenwärtig geltende Fassung nachlesen können. Hier nun also die Übersicht:

Baden-Württemberg: Schlichtungsgesetz (SchlG) v. 28.6.2000 (GBl. S. 470). Der Einigungsversuch ist nur für eine Klage vor dem Amtsgericht erforderlich (§ 1 Abs. 1 SchlG), und wenn alle Parteien ihren Wohnsitz, Sitz oder ihre Niederlassung in Baden-Württemberg im selben oder benachbarten Landgerichts(LG)-Bezirk haben (§ 1 Abs. 3 SchlG). Nach § 3 Abs. 2 SchlG sind die Schlichtungspersonen: Rechtsanwälte/innen.

Bayern: Bayerisches Schlichtungsgesetz (BaySchlG) v. 25.4.2000 (GVBl. S. 268). Der Einigungsversuch ist nur für eine Klage vor dem

Amtsgericht erforderlich (Art. 1 BaySchlG), und wenn alle Parteien ihren Wohnsitz, Sitz oder ihre Niederlassung im selben LG-Bezirk, LG München I und München II gelten als ein LG-Bezirk, haben (Art. 2 BaySchlG). Nach Art. 3 Abs. 1 und Art. 5 Abs. 1 BaySchlG sind die Schlichtungspersonen: Notare, Rechtsanwälte/innen und dauerhaft eingerichtete Schiedsstellen.

Brandenburg: Brandenburgisches Schlichtungsgesetz (BbgSchlG) v. 5.10.2000 (GVBl. S. 134). Der Einigungsversuch ist nur für eine Klage vor dem Amtsgericht erforderlich (§ 1 I BbgSchlG), und wenn alle Parteien ihren Wohnsitz, Sitz oder ihre Niederlassung im selben LG-Bezirk haben (§ 2 BbgSchlG). Schlichtungspersonen sind nach §§ 1, 3 BbgSchlG: nach dem Schiedsstellengesetz eingerichtete Schiedsstellen und weitere Gütestellen nach § 794 Abs. 1 Nr. 1 Zivilprozessordnung (ZPO).

Hessen: Hessisches Schiedsamtsgesetz zur Ausführung des § 15a des Gesetzes betreffend der Einführung der ZPO (HSchAG) v. 6.2.2001 (GVBl. S. 98) und Gesetz zur Regelung der außergerichtlichen Streitschlichtung (HSchlichtG) v. 6.2.2001 (GVBl. S. 98). Der Einigungsversuch ist nur für eine Klage erforderlich, wenn alle Parteien ihren Wohnsitz, Sitz oder ihre Niederlassung in Hessen haben (§ 2 HSchlichtG). Schlichtungspersonen sind: Schiedspersonen bei von den Gemeinden eingerichteten Schiedsämtern (§ 1f. HSchAG; § 3 Abs. 1 HSchlichtG) oder anerkannten Gütestellen (§ 3 Abs. HSchlichtG).

Nordrhein-Westfalen: Gütestellen- und Schlichtungsgesetz (GüSchlG NRW) v. 6.2.2001 (GVBl. S. 98). Der Einigungsversuch ist nur für eine Klage erforderlich, wenn alle Parteien ihren Wohnsitz, Sitz, oder ihre Niederlassung im selben LG-Bezirk haben (§ 11 GüSchlG NRW). Schlichtungspersonen sind: das Schiedsamt oder eine anerkannte Gütestelle (§ 12 GüSchlG NRW).

Saarland: Landesschlichtungsgesetz (LSchlG) v. 21.2.2001 (Amtsbl. S. 532). Der Einigungsversuch ist nur für eine Klage erforderlich, wenn alle Parteien ihren Wohnsitz, Sitz oder ihre Niederlassung im Saarland haben (Art. 1 LSchlG; § 37a Abs. 1 Ausführungen zum Gesetz betreffend die Einführung der ZPO). Schlichtungspersonen

i. S. d. Art. 1 LSchlG; § 37b Abs. 1 Ausführungen zum Gesetz betreffend die Einführung der ZPO sind: Schiedspersonen nach § 1 SSchO (v. 19.4.2001 Amtsbl. S. 974).

Sachsen-Anhalt: Schiedsstellen- und Schlichtungsgesetz (SchStG) v. 22.6.2001 (GVBl. LSA S. 214). Der Einigungsversuch ist nur für eine Klage erforderlich, wenn alle Parteien ihren Wohnsitz, Sitz oder ihre Niederlassung in Sachsen-Anhalt haben (§ 34a Abs. 3 SchStG). Schlichtungspersonen sind: Schiedsstellen (§§ 1f. SchStG) und diejenigen Schlichtungsstellen, die von einem Notar oder einer Notarin oder von einem Rechtsanwalt oder einer Rechtsanwältin, die in die Listen der Rechtsanwaltskammer eingetragen sind, errichtet sind (§ 34b Abs. 1 SchStG).

Schleswig-Holstein: Landesschlichtungsgesetz (LSchliG) v. 11.12.2001 (GVBl. S. 361, ber. GVBl 2002, S. 218). Der Einigungsversuch ist nur für eine Klage erforderlich, wenn alle Parteien ihren Wohnsitz, Sitz oder ihre Niederlassung im selben LG-Bezirk haben (§ 1 LSchliG). Schlichtungspersonen sind: Rechtsanwälte/innen, allgemeine Gütestellen, Schiedsämter und anwaltliche Gütestellen (§ 3 Abs. 1 LSchliG).

? *Soll ich einen vom Gericht vorgeschlagenen Vergleich annehmen?*

Siehe Abschnitt: „Vergleich" (Seite 223).

Rechtsmissbrauch

Rechtsmissbrauch ist ein Fall des Verbots gegen Treu und Glauben zu verstoßen. Siehe zu Treu und Glauben insgesamt: Abschnitt „Treu und Glauben" (Seite 218). Ein interessantes, manchen im Ergebnis überraschendes Beispiel aus der neueren Rechtsprechung: Wer umbaut, handelt nicht rechtsmissbräuchlich, wenn er geltend macht, nunmehr liege sein Schlafzimmer so, dass „die Lärmimmission seines Nachbarn" zu sehr störe. So das Oberlandesgericht Saarbrücken, Aktenzeichen: 4 U 552/04.

Rechtsschutzversicherung

Rechtsschutzversicherer bieten Policen an, mit denen man Nachbar- und Grundstücksstreitigkeiten versichern kann. Nicht nur Grundstücks- und Wohnungseigentümer können sich versichern lassen, sondern auch Mieter.

Eine Rechtsschutzversicherung übernimmt grundsätzlich die Kosten für einen Anwalt und – sollte es zu einem Gerichtsverfahren kommen – auch die Gerichts- und Sachverständigenkosten sowie die gegnerischen Anwaltskosten.

Bei den meisten Versicherern kann die Versicherung entweder im Rahmen eines Gesamtpakets oder als gesonderte Rechtsschutzversicherung abgeschlossen werden.

Erkundigen Sie sich genau, was nach dem Vertrag alles versichert ist, den Sie unterschreiben wollen.

Die Kosten liegen je nachdem, was und bei wem versichert wird, zwischen 35 und 160 Euro jährlich. Wird der Rechtsschutz für ein Einfamilienhaus zusammen mit einem Individual-Rechtsschutz (Privat, Beruf, Wohnen, Verkehr) abgeschlossen, liegt der Jahresbeitrag je nach Vertragsgestaltung zwischen 25 und 75 Euro oder 20 und 55 Euro (bei 150 Euro Selbstbeteiligung).

Bei einem Streit, den Sie schon führen, hilft Ihnen die Rechtsschutzversicherung in der Regel nicht. Abgesichert wird nur ein künftiges Risiko. Vorsicht: Die Rechtsschutzversicherungen stehen meist nicht ein, wenn die Ursache für den Streit schon vor Vertragsabschluss gesetzt war. Dies gilt auch dann, wenn erst Jahre nach Abschluss des Versicherungsvertrages gestritten wird; – zum Beispiel wegen einer Hecke, die vor Abschluss des Vertrages gepflanzt wurde.

Regenwasser

Siehe „Schäden durch fremde Einwirkungen" (Seite 189) und „Wasser" (Seite 233).

Renovierungsarbeiten

Siehe „Betreten des Nachbargrundstücks" (Seite 50).

Richtwerte, technische Standards

Nur unwesentlich beeinträchtigt im Sinne des § 906 des Bürgerlichen Gesetzbuches und ähnlicher Bestimmungen wie insbesondere § 15 Wohnungseigentumsgesetz wird die Nachbarschaft in der Regel durch Geräusche und andere Einwirkungen, wenn die in Gesetzen, Rechtsverordnungen und Verwaltungsvorschriften festgelegten Richtwerte und DIN-Normen nicht überschritten werden. Der Bundesgerichtshof hat entschieden, dass kein Messabschlag gerechtfertigt ist (Aktenzeichen: V ZR 85/04). Das Urteil betrifft die TA-Lärm (Technische Anleitung zum Schutz gegen Lärm), die im entschiedenen Fall auf Windkraftanlagen angewandt worden ist. Nach dem vom BGH angenommenen Grund gilt dieses Abschlag-Verbot für alle Grenz- oder Richtwerte. Der Grund ist nämlich, dass nur ohne Abschlag eine gesicherte Grundlage dafür besteht, dem darlegungs- und beweispflichtigen Störer mit Richtlinien den Beweis zu erleichtern.

Dieses neue Urteil ändert jedoch nichts daran, dass den Richt- und Grenzwerten nur eine indizielle Bedeutung zukommt, und dass dem Richter ein Beurteilungsspielraum zugestanden wird: Er darf vom Regelfall abweichen, wenn dies besondere Umstände des Einzelfalls gebieten. Es zeigt sich also auch hier nebenbei, dass die Richter viel Freiheit genießen und die Beteiligten oft erst dann rechtssicher sein können, wenn sie prozessieren und das gerichtliche Urteil rechtskräftig ist. Siehe dazu „Treu und Glauben", Seite 218.

Wenn Sie für sich eine spezielle Frage zu – von einem Nachbargebäude ausgehenden – Störungen beurteilen müssen, sollten Sie unbedingt § 906 Absatz 1 Sätze 2 und 3 des Bürgerlichen Gesetzbuches studieren. Wir haben diese Norm im Vorwort abgedruckt (Seite 23). Sie schreibt die „Regel-Harmonisierung" fest; das heißt: Bei der Konkretisierung des hinzunehmenden Maßes an Immissionen gibt die Einhaltung von öffentlich-rechtlichen Vorschriften einen Hinweis darauf, ob die Beeinträchtigungen auch für den zivilrechtlichen Nachbarschutz unwesentlich sind. Damit Sie auch den Fachausdruck kennen: Mit einer solchen Gleichstellung wird die „Konvergenz von öffentlichem Recht und Zivilrecht" erreicht.

Zu Störungen unter Wohnungseigentümern hat das Oberlandesgericht München in einem Beschluss vom 9. Januar 2008, Aktenzeichen: 34 Wx 114/07, entschieden, dass im Allgemeinen auf das bei

Errichtung des Gebäudes durch die damals gültige DIN beschriebene Mindestniveau abzustellen ist. Anders verhält es sich jedoch – so das OLG München –, wenn das Bauwerk nach Jahrzehnten verändert wird. Dieser Beschluss betrifft Trittschallwerte und Veränderungen am Bodenbelag in Wohnungseigentumsanlagen.

Wie so oft, gilt auch zu den technischen Standards: Was ein Gericht für die eine Art von Nachbarschaft – wie die unter Wohnungseigentümern – feststellt, kann auch für eine andere Art – wie die unter Mietern – gelten. Hintergrund der Entscheidungen ist letztlich, was nach Treu und Glauben richtig ist. Deshalb muss jeweils untersucht werden, ob im Einzelfall wesentliche Unterschiede bestehen, oder ob Sachverhalte gleich zu behandeln sind. Gerichtsentscheidungen und die Fachliteratur gehen zwar so gut wie nie darauf ein, aber ganz wesentlich ist der rechtsmethodische „Grundsatz der Gleichbewertung des Gleichsinnigen". Er geht auf den Gedanken zurück, dass die Rechtsordnung eine Einheit bildet und deshalb Gleichsinniges gleich behandelt werden soll. Siehe dazu bitte auch den Abschnitt: „Anwendung von Gerichtsentscheidungen" (Seite 24).

Rücksichtnahme

Siehe „Nachbarliches Gemeinschaftsverhältnis" (Seite 162) sowie „Treu und Glauben" (Seite 218).

Ruhestörung

Siehe „Lärm" (Seite 117).

S

Schäden durch fremde Einwirkungen, wie durch Sturm und Regen, durch Tiere oder Vertiefung des Nachbargrundstücks

Siehe auch „Haftung" (Seite 103), „Verkehrssicherungspflicht" (Seite 226), „Grenze" (Seite 69) sowie „Baum – Muss ich meinen Baumbestand regelmäßig auf Krankheiten und Überalterung sowie sonst auf seine Standfestigkeit hin kontrollieren?" (Seite 37), „Nachbarrechtlicher Ausgleichsanspruch, auch: bürgerrechtlicher Aufopferungsanspruch" (Seite 163), „Schnee – Wer haftet für Schäden, die von herunterrutschendem Schnee und Eis verursacht werden?" (Seite 198).

? Wer trägt den Schaden, wenn Geröll, Erde oder Wasser über die Grundstücksgrenze gelangen?

Erheblich ist, ob der Schaden ausschließlich eine Folge des Unwetters ist, oder ob zum Beispiel Bauarbeiten die Ursache waren. Im ersten Fall haftet der Grundstückseigentümer nur, wenn er durch eigenes Zutun die Gefahr erhöht hat (zum Beispiel durch Veränderung eines Hanges oder Bachlaufes). Im zweiten Fall haftet der Nachbar voll. Siehe auch „Wasser – Muss ich dulden, dass Regenwasser oder Wasser vom Nachbarn auf mein Grundstück läuft" (Seite 234).

? Wer muss für den Sturmschaden aufkommen, wenn ein Baum umstürzt?

Nicht immer, wenn ein Baum auf Nachbars Garten stürzt, oder wenn sonst ein Sturm einen Schaden verursacht, kann Schadensersatz verlangt werden. Grundsätzlich muss ein Nachbar nur für Schäden aufkommen, die er verursacht hat und für die er verantwortlich ist. Dazu reicht aber die bloße Stellung als Eigentümer eines umgestürzten Baumes noch nicht aus. Schäden, die ein Naturereignis wie ein Sturm auslöst, sind dem Eigentümer eines Baumes nur dann zuzurechnen, wenn er sie durch sein Verhalten erst ermöglicht oder durch pflichtwidriges Unterlassen herbeigeführt hat. Grundsätzlich genügt aber nicht, dass der Eigentümer Bäume gepflanzt und aufgezogen hat. Solange die Bäume im Garten gegen die normalen Einwirkungen der Naturkräfte widerstandsfähig sind, haftet er nicht. Aber der Grundstückseigentümer muss den Baumbestand regelmäßig auf Krankheit und Überalterung kontrollieren. Nur wenn ein Baum erkennbar krank oder schlecht gepflanzt ist und trotzdem nicht entfernt wird, muss der Eigentümer für einen Sturmschaden aufkommen. Der Maßstab für die normalen Einwirkungen der Natur ist nicht an Jahrhundertstürmen wie dem Orkan „Wiebke" zu messen (Windstärke neun bis zehn). Solche Naturereignisse müssen nicht eingeplant werden. Der Eigentümer der Bäume muss nicht haften, wenn seine Bäume nur aufgrund der besonderen Stärke einer solchen „Naturkatastrophe" nicht stehen bleiben.

DER FALL

Auf das Gartenhaus von Heinz W. fiel während des Sturms eine Fichte aus dem Nachbargrundstück von Siegrid H. Heinz W. verlangt Schadensersatz in Höhe von 5.000 Euro. Er argumentiert: Nicht der Sturm, sondern die Fäulnis der Fichte sei Grund für den Sturz gewesen. Die Nachbarin habe den Baum regelmäßig überprüfen lassen müssen. Siegrid H. wendet dagegen ein, der Sturz sei nicht vorhersehbar gewesen und sie habe ihre Verkehrssicherungspflicht nicht verletzt. Hauptursache für den Schaden sei der Sturm gewesen.

DAS URTEIL

Das Amtsgericht Hermeskeil hat die Klage abgewiesen (Aktenzeichen: 1 C 288/01). Seine Begründung:
Das Gutachten des Sachverständigen besagt, dass die Ursache für den Sturz der Fichte nicht darin liegt, dass Siegrid H. ihre Pflicht verletzt hat, den Baum regelmäßig zu untersuchen. Als Eigentümerin ist sie zwar für die Verkehrssicherung verantwortlich. Auch größere, gesunde Bäume, die an der Grundstücksgrenze stehen, müssen regelmäßig untersucht werden. Aber es reicht aus, wenn das ein Laie tut. Hätte man den Schaden bei regelmäßigen Besichtigungen voraussehen können, wäre das unterlassene Besichtigen die Ursache für den Schaden gewesen. Der Sachverständige hat aber ausgeführt, dass Stammfäule die Ursache war. Dies konnte ein Laie nicht erkennen. Siegrid H. muss nicht für den Schaden aufkommen.

DER FALL

Auf dem Grundstück der Beklagten steht eine über 30 Meter hohe Buche mit einem Stammdurchmesser von etwa 1,50 Meter direkt an der Grenze. Bereits bei früheren Stürmen sind Äste abgebrochen und auf das Nachbargrundstück gefallen. Durch einen weiteren Sturm ist dann der Hauptast abgebrochen und hat sieben

Fichten auf dem Nachbargrundstück zerstört. Der Kläger will Schadensersatz, aber die Beklagte ist der Auffassung, dass der Schaden ein Fall höherer Gewalt sei.

DAS URTEIL

Das OLG Schleswig hat der Klage stattgegeben (Aktenzeichen: 12 U 22/93). Die Urteilsbegründung:
Je näher ein Baum an der Grundstücksgrenze steht, je größer und älter er ist und je mehr er durch Krankheiten geschwächt ist, umso größer ist die Gefahr für das Nachbargrundstück und dementsprechend auch die Sicherungspflicht des Grundstückseigentümers. In diesem Fall kommt es nicht darauf an, dass der Schaden durch einen Sturm ausgelöst worden ist, denn die Beklagte hat es jahrelang pflichtwidrig unterlassen, die Buche zu inspizieren. Sonst wäre ihr auch der etwa 40 Zentimeter große Riss am Hauptast aufgefallen. Da bereits früher Äste abgebrochen waren, hätte sie mindestens halbjährlich die Buche inspizieren müssen. Wenn der Baum so starke Schäden aufweist, dass er dem nächsten Sturm nicht standhalten wird, muss er gefällt werden.

? *Wer muss für den Sturmschaden aufkommen, wenn Dachziegel herabfallen?*

DER FALL

Das am 26.12.1999 auf einem Pkw-Stellplatz vor der Wohnungseigentumsanlage abgestellte Auto des Klägers wurde durch vom Dach der Wohnungseigentumsanlage herabfallende Ziegel beschädigt. Die Ziegel sollen anlässlich des Sturms „Lothar" vom Dach gefallen sein. Der geschädigte Wohnungseigentümer, der Kläger, will nun von den übrigen Wohnungseigentümern und dem Verwalter Schadensersatz für sein beschädigtes Auto. Er verlor in erster Instanz (Landgericht). Das erstinstanzliche Gericht hat einen atypischen Geschehensablauf als nachgewiesen angesehen. Der Geschädigte hat – so das erstinstanzliche Gericht –

nicht nachgewiesen, dass der Schaden durch die Beklagten mitverschuldet wurde.

DAS URTEIL

Das Oberlandesgericht (OLG) Zweibrücken hat in einem Beschluss mit dem Aktenzeichen: 3 W 11/02 die Entscheidung des Landgerichts bestätigt. Das OLG hat geprüft, ob das Landgericht zutreffend angenommen hat, dass der Anscheinsbeweis für ein Verschulden der Beklagten entkräftet ist und somit die Beweislast des Verschuldens wieder beim Kläger gelegen hat. Es bestehen – so das Oberlandesgericht – keine Zweifel an der Richtigkeit des erstinstanzlichen Urteils:

Das Gericht erster Instanz durfte davon ausgehen, dass während des Orkans „Lothar" zeitweise extrem hohe Windgeschwindigkeiten von bis zu 153 km/h, was einem Wert von Stärke 14 der Beaufortskala entspricht, geherrscht haben, mit denen allenfalls einmal in 50 bis 100 Jahren zu rechnen ist. Aufgrund der „höheren Gewalt" besteht kein Schadensersatzanspruch gegen die Miteigentümer und den Verwalter.

DER FALL

Das Auto des Klägers wurde durch vom Haus der Beklagten fallende Dachziegel beschädigt. Der Schaden betrug etwa 3.500 Euro. Das Landgericht hat die Klage abgewiesen. Der Kläger legte Berufung ein.

DAS URTEIL

Mit Erfolg. Nach dem Urteil des Oberlandesgerichts Düsseldorf Aktenzeichen: 22 U 120/91 haftet die Beklagte für den – durch die abgedeckten Ziegel – am Fahrzeug entstandenen Schäden, und zwar deshalb:

Wenn sich vom Gebäude ein Teil löst, dann wird nach der allgemeinen Lebenserfahrung angenommen, dass das Gebäude fehlerhaft errichtet oder unzulänglich unterhalten worden ist. Eine Ausnahme besteht für Schäden durch außergewöhnliche Naturereignisse, mit denen nicht, auch nicht selten, gerechnet werden muss. Mit einem Sturm der Stärke 8 nach der Beaufortskala mit Böen bis Stärke 12 musste die Hausbesitzerin aber rechnen. Der Beweis, dass die im Verkehr erforderliche Sorgfalt eingehalten worden ist und vom Dach des Hauses bei Stürmen keine Gefahr ausgehen konnte, wurde von der Beklagten nicht erbracht. Bereits im Januar 1990 kam es zu Sturmschäden, und trotzdem hatte die Beklagte nichts zur Verhinderung weiterer Schäden unternommen. Die Beklagte muss deshalb dem Kläger den Schaden ersetzen.

? Wie kann ich mich bei Sturmschäden absichern?

Um Sturmschäden wirtschaftlich abzufangen, kann man, wie Sie sicher wissen, eine Versicherung abschließen. Als Geschädigter laufen Sie bei Sturmschäden durch Bäume Gefahr, dass Sie, wenn Sie nicht versichert sind, leer ausgehen. Andererseits besteht für von Ihrem Grundstück ausgehende Sturmschäden Dritter ein Haftungsrisiko.

Sturmschäden an Gebäuden, Hausrat und Autos werden von den meisten Versicherungsgesellschaften erst ab Windstärke 8 ersetzt. Einzelne Versicherungen bieten eine Versicherungsdeckung erst ab Windstärke 9. Sturmschäden an parkenden Autos werden grundsätzlich von der eigenen Vollkasko- oder Teilkaskoversicherung des Fahrzeughalters ersetzt. Sturmschäden am eigenen Gebäude zahlt grundsätzlich die Wohn- und Geschäftsgebäudeversicherung. Dies gilt regelmäßig auch für Folgeschäden, etwa für Wasserschäden durch eingedrungenes Regenwasser und Glasbruchschäden.

Für den Fall, dass ein Sturm Glas eindrückt, ist eine zusätzliche Glasbruchversicherung notwendig, um eine Deckung des Schadens zu erreichen. Ob neben den Schäden am Haus auch weitere Grundstückseinrichtungen (zum Beispiel Zäune) von der Gebäudeversicherung erfasst sind, hängt vom einzelnen Versicherungsvertrag ab. Die meisten Versicherer verlangen für die Deckung dieser Schäden besondere Vereinbarungen. Bei Schäden an Möbeln kommt grundsätzlich die Hausratversicherung auf.

Wird man selbst für Sturmschäden ersatzpflichtig, so muss meistens die eigene Haftpflichtversicherung eintreten. Dabei ist zwischen einer Privathaftpflichtversicherung und einer Grundbesitzerhaftpflichtversicherung zu unterscheiden. Bei einem ausschließlich selbst genutzten Einfamilienhaus deckt die private Haftpflichtversicherung grundsätzlich auch Schäden ab, die Dritten aus dem Zustand des Gebäudes oder des Grundstücks entstehen. Bei vermieteten Ein- und Mehrfamilienhäusern muss eine separate Grundbesitzerhaftpflichtversicherung zum Versicherungsschutz abgeschlossen werden.

Tipp: Sturmschäden umgehend dem Versicherer melden. Bevor die Aufräumarbeiten beginnen, sollten zur Beweissicherung Fotos vom Schaden gemacht werden. Probleme können wegen Mitverschuldens entstehen; zum Beispiel, wenn ein versehentlich offen gelassenes Fenster den Schaden verursacht hat.

? *Haftet der Nachbar, wenn mich eine Vertiefung seines Grundstücks schädigt?*

Grundsätzlich: ja. So bestimmt es § 909 des Bürgerlichen Gesetzbuches. Der Bundesgerichtshof hat am 15.2.2008 entschieden, dass § 909 den Grundstückseigentümer schützt, soweit sein Haus durch eine Vertiefung des Nachbarhauses geschädigt wird. Aktenzeichen: V ZR 17/07.

? *Wer haftet für Schäden, die Tiere verursachen?*

Siehe Abschnitt: „Tiere im Garten und in der Nachbarschaft", Frage: „Wer haftet für Schäden, die fremde Haustiere, zum Beispiel ein Hund, anrichten? (Seite 215).

Schattenwurf

? *Muss mein Nachbar in seinem Garten Bäume schneiden oder fällen, wenn ich durch den Schatten gestört werde?*

Siehe vor allem schon „Grenze" – „Kann ich verlangen, dass mein Nachbar die an die Grundstücksgrenze gesetzten Bäume und Sträucher wieder entfernt oder abholzt?" (Seite 84). Die Rechtsprechung gegen den Nachbarn auf Licht und Sonne gehört zu den reformbedürftigen Rechtsprechungsgebieten, meinen wir, obwohl sich der Bundesgerichtshof auch neuerdings eingehend (eher nachbarfeindlich) mit dem Schattenwurf befasst hat. Wir haben diese Problematik schon im Abschnitt „Immissionen" (Seite 105) erwähnt. Nach den uns zugehenden Leseranfragen mutmaßen wir, dass die Gerichte die Wertvorstellungen der Bevölkerung zum Schattenwurf grundlegend falsch einschätzen. Es ist gut vorstellbar, dass die von uns rechtlich betreuten Zeitschriften bald dieses Thema aufgreifen. Rechtshistorisch geht diese Rechtsprechung ironischerweise darauf zurück, dass die Juristen „scharf gedacht" und angenommen haben, wenn Licht und Luft entzogen werde, dann sei das doch „nur" eine sogenannte negative Immission und mit seinem Eigentum dürfe doch jeder grundsätzlich machen, was er wolle. Bei diesem scharfen Denken hätten die Gerichte und die anderen Fachjuristen unseres Erachtens schon früher nicht stehen bleiben dürfen. Jedenfalls in einer Zeit, in der viele Wohngebiete über Jahrzehnte „zugewachsen" sind und Grundstücke enger bebaut werden, passen die älteren Gesetze zu Abständen und die bisherige nachbarfeindliche Rechtsprechung nicht mehr.

Gegen Schatten, egal ob er von einem Baum oder einem Wohnhaus stammt, können Sie gegenwärtig grundsätzlich nicht erfolgreich vorgehen, sofern die rechtlichen Anforderungen beim Pflanzen eingehalten wurden. Es ist auch unerheblich, ob Sie sich als Grundstückseigentümer oder als Mieter gegen Schatten zur Wehr setzen. Schatten von Bäumen gilt in einer Wohngegend mit Gärten und Bäumen als ortsüblich. Die Gerichte argumentieren so: Wer im Grünen wohnt und so den Vorteil einer schönen Wohngegend hat, muss als Kehrseite auch etwaige Nachteile durch Schatten und Laubfall hinnehmen. Ein Baum muss grundsätzlich nur beseitigt werden, wenn er entgegen den nachbarrechtlichen Vorschriften der einzelnen Bundesländer zu grenznah gepflanzt wurde. Auch wenn das Nachbargrundstück bebaut wird und der Bau Schatten wirft, müssen Sie den Schatten hinnehmen, wenn in ortsüblicher Weise gebaut wird.

Wie erwähnt, ist sehr fraglich, ob sich diese Rechtsprechung aufrechterhalten lässt, wenn – auch mit Rechtstatsachenforschung – die Problematik von Grund auf neu überprüft werden wird. Orientieren Sie sich bitte auch im Abschnitt „Immissionen" (Seite 105). Dort wird beschrieben, dass und warum Sie als benachteiligter Nachbar nicht so ohne Weiteres aufgeben müssen.

Achtung: In der Regel verjährt der Beseitigungsanspruch schon in fünf Jahren nach dem Anpflanzen. Ein Baum, der in ausreichendem Abstand zur Gartengrenze wächst, muss nicht geschnitten oder gestutzt werden, wenn sich der Nachbar durch den Schatten gestört fühlt (Oberlandesgericht Hamm, Aktenzeichen: 5 U 67/98). Der Nachbar darf überhängende Zweige nicht abschneiden, wenn dadurch der Schatten nicht wesentlich geringer wird (Oberlandesgericht Oldenburg, Aktenzeichen: 4 U 89/89).

DER FALL

Auf der Grundstücksgrenze, zwischen den beiden Parteien, stehen serbische Fichten, Zypressen und weitere Anpflanzungen. Diese überschreiten, seit mehr als fünf Jahren, drei Meter. Der Kläger will, dass die Bäume wieder zurückgeschnitten werden.

DAS URTEIL

Am 10.6.2005 fällte der Bundesgerichtshof sein Urteil zu diesem Fall, Aktenzeichen: V ZR 251/04. Nach ihm kann der durch den Schatten Beeinträchtigte in diesem Falle nicht verlangen, dass die Bäume zurückgeschnitten werden. Aus der Begründung:
Um einen Beseitigungs- und Unterlassungsanspruch nach § 1004 Abs. 1 BGB zu haben, muss eine konkrete Beeinträchtigung des Nachbargrundstücks von der Anpflanzung ausgehen. Eine reine Verletzung einer Vorschrift über die Höhe oder den Grenzabstand reicht nicht aus, damit eine Eigentumsstörung vorliegt. Bislang hat der BGH den Entzug von Licht und andere sogenannte negative Einwirkungen nicht zu den nach § 1004 Abs. 1 BGB abwehrfähigen Beeinträchtigungen gezählt (zum Beispiel Urteil vom 11.7.2003, Aktenzeichen: V ZR 199/02). Nur in den Fällen, wo über die §§ 905 ff. BGB und den landesrechtlichen Nachbarrechtsgesetzen kein billiger Ausgleich der Interessen stattfindet, bleibt Raum für die Anwendung des nachbarlichen Gemeinschaftsverhältnisses. Dieses verpflichtet die Nachbarn zwar zu gesteigerter Rücksichtnahme, aber begründet keinen selbstständigen Anspruch, sondern wirkt nur als Schranke. So wird also gegenwärtig noch geurteilt.

Schlichtung

Siehe „Rechtsdurchsetzung" (Seite 179).

Schnee

? *Wer ist für das Schneeräumen auf dem Gehweg zuständig, und wann besteht eine Räum- und Streupflicht?*

Siehe „Räum- und Streupflicht" (Seite 175).

? *Muss ich ein Schneefanggitter anbringen?*

Siehe „Räum- und Streupflicht" (Seite 177).

? *Besteht bei öffentlichen und privaten Parkplätzen eine Räum- und Streupflicht?*

Siehe „Räum- und Streupflicht" (Seite 178).

? *Wer haftet für Schäden, die von herunterrutschendem Schnee und Eis verursacht werden?*

Fällt bei Unwetter Schnee oder Eis vom Dach und wird dadurch zum Beispiel ein parkendes Auto beschädigt, muss im Einzelfall entschieden werden, ob und wer haftet. Als Grundsatz gilt nach der Rechtsprechung des Bundesgerichtshofs, dass sich jeder selbst vor Dachlawinen schützen muss. Ob und inwieweit aber doch der Hauseigentümer voll oder teilweise haftet, hängt davon ab, ob im Einzelfall besondere Umstände vorliegen. Die Gerichte entscheiden unter anderem danach, ob es sich um eine schneearme oder eine schneereiche Gegend handelt. In schneereichen Gebieten kann der Hauseigentümer verpflichtet sein, den Schnee vom Dach zu entfernen, Schneefanggitter anzubringen und/oder mit Warnschildern vor Dachlawinen zu warnen. Auf einen Jahrhundertwinter muss sich der Hauseigentümer grundsätzlich aber nicht vorbereiten. Drohen jedoch regelmäßig Schneelawinen, sind Schutzmaßnahmen anzuraten.

Schnee und Eis zählen nicht zu Gebäudeteilen im Sinne der Vorschriften der §§ 836 beziehungsweise § 908 des Bürgerlichen Gesetzbuches, sodass grundsätzlich weder ein vorbeugender Abwehranspruch noch ein Schadensersatzanspruch besteht. Vom Nachbargrundstück herüberwehender Schnee ist in der Regel als ortsüblich hinzunehmen. Jedoch kann im Einzelfall die Anbringung von Schneefanggittern entweder durch Gemeindesatzung vorgeschrieben oder wegen Ortsüblichkeit erforderlich sein. Besteht die Pflicht zu Sicherungsmaßnahmen und kommt der Hausbesitzer dieser Pflicht nicht nach, so muss er grundsätzlich für Schäden aufkommen, die ein Dritter dadurch erleidet (§ 823 Bürgerliches Gesetzbuch). Hinweise darauf, ob und wie gesichert werden muss, können Sie erhalten, wenn Sie darauf achten, was in der weiteren Nachbarschaft an Maßnahmen ergriffen wird.

Einen guten Einblick in die Rechtsprechung können Sie sich verschaffen, wenn Sie sich das sorgfältig begründete Urteil des Landgerichts Ulm vom 31. Mai 2006 durchlesen. Es trägt das Aktenzeichen: 1 S 16/05. Wir haben es, wie alle anderen uns wissenswert erscheinenden Urteile, in die für Sie kostenlosen Urteilsdatenbanken der von uns betreuten Zeitschriften aufgenommen. Wie Sie vorgehen müssen, können Sie im Vorwort nachlesen. Dort steht auch, wie Sie sich dieses Urteil beschaffen können, wenn Sie noch über keinen Internetzugang verfügen. Das Ulmer Urteil stellt Rechtsprechung zu allgemeinen Grundsätzen zusammen und befasst sich eingehend mit der Bedeutung von Dachneigungen. Im entschiedenen Fall hatte das Dach eine Neigung von mindestens 60 Grad und befand sich „in einem zumindest nicht schneearmen Gebiet", nämlich im württembergischen Geislingen. Wie viele andere Urteile stellt es darauf ab, dass die Gefahrenstelle nicht abgesperrt worden ist. Dem Geschädigten lastete das Gericht ein Mitverschulden von 50 Prozent an, „weil die Bürger in schneereichen Wintern im März eines Jahres gewöhnlich in besonderem Maße für die Gefahr von Dachlawinen sensibilisiert sind"; besser formuliert wäre: „Sie müssen besonders sensibilisiert sein und sich ein Mitverschulden anrechnen lassen, wenn sie sich unsensibilisiert verhalten."

DER FALL

Der Pkw des Klägers wurde durch eine Schneelawine, die von dem nicht durch Schneegitter gesicherten Haus des Beklagten abging, beschädigt. Der Kläger möchte den entstandenen Schaden ersetzt haben. Er argumentiert, der Beklagte habe durch die Nichtanbringung von Schneegittern seine Verkehrssicherungspflicht verletzt. Der Beklagte beruft sich darauf, dass man in Köln nicht ständig mit Schnee rechnen müsse. Außerdem hätte der Kläger sein Auto bei Schneefall an einem anderen, sicheren Ort parken sollen.

DAS URTEIL

Das Landgericht Köln (Urteil vom 25.6.1986, Aktenzeichen: 19 S 484/85) hat die Klage abgewiesen. In Köln ist weder durch gesetzliche noch durch polizeiliche Anordnungen die Anbringung von Schneegittern oder sonstigen Sicherungsmaßnahmen gegen Dachlawinen vorgeschrieben. Der Beklagte hat seine Verkehrssicherungspflicht nicht verletzt. Die Anbringung von Schneegittern oder ähnlichen Vorkehrungen ist in Köln nicht ortsüblich. Es kann auch aus anderen Gründen von den Hauseigentümern nicht verlangt werden, derartige Maßnahmen zu treffen. Denn die damit verbundenen Kosten stünden in keinem angemessenen Verhältnis zu den von den Dächern ausgehenden Gefahren. In Köln fallen nur selten erhebliche Mengen Schnee, die zu Dachlawinen führen können. Tritt tatsächlich im Winter einmal die Gefahr auf, dass größere Schneemassen von den Dächern rutschen, so kann den Verkehrsteilnehmern durchaus zugemutet werden, nicht an Gefahrenstellen zu parken. Der Verkehrssicherungspflicht des Hauseigentümers darf kein größeres Gewicht beigemessen werden, als der Sorglosigkeit eines Autofahrers, der nach erheblichem Schneefall so im Bereich eines Hauses parkt, dass eine Dachlawine den Wagen erreichen kann. Jeder Autofahrer weiß ebenso wie ein Hauseigentümer, dass bei starken Schneefällen Dachlawinen von ungesicherten Dächern fallen können. Der Autofahrer kann sich durch Parken an anderer Stelle viel besser gegen solche Beschädigungen seines Wagens sichern als der Hauseigentümer verhindern kann, dass eine solche Lawine abgeht.

DER FALL

Vom Dach einer vierstöckigen Bäckerei fiel ein Eiszapfen herunter und traf die Klägerin am Kopf. Die Klägerin erlitt eine Gehirnerschütterung und musste sieben Tage stationär behandelt werden.

DAS URTEIL

Die Klage auf Schadensersatz wegen Verletzung der Verkehrssicherungspflicht wurde vom Oberlandesgericht Celle abgewiesen (Aktenzeichen: 9 U 227/86). Das Gericht begründete die Klageabweisung so:
Zwar muss ein Grundstückseigentümer beim Vorliegen besonderer Umstände besondere Vorkehrungen gegen Schnee und Eis treffen, jedoch sind Vorkehrungen gegen das Herabfallen von Eiszapfen vielfach nicht möglich. Gesichert werden kann oft nur dadurch, dass eben die Eiszapfen entfernt werden. Diese Verkehrssicherung kann man dem Eigentümer eines Einfamilienhauses zumuten, wenn dieser Eigentümer in der Lage ist, vom Erdboden aus mit einem Stock die Eiszapfen abzuschlagen. Man kann sie realistisch aber nicht dem Eigentümer eines mehrstöckigen und sehr hohen Miets- oder Geschäftshauses aufbürden. Unter diesen Umständen konnte im entschiedenen Fall keine geeignete und zumutbare Maßnahme vom Beklagten verlangt werden, welche den Unfall verhindert hätte.

Sichtschutz

? *Darf ich einen beliebigen Sichtschutz errichten?*
Die Vorschriften für den Bau von Sichtschutzwänden und Zäunen unterscheiden sich von Bundesland zu Bundesland. Mitunter sind sogar kommunale Regelungen zu beachten. In der Regel bedarf eine Sichtschutzwand mit einer Höhe von bis zu 1,8 Metern keiner Baugenehmigung. Die Wand kann grundsätzlich direkt an die Gartengrenze gestellt werden, außer sie beeinträchtigt die Sicht auf zum Beispiel eine Straßenkreuzung. Wird die erlaubte Höchstgrenze für Sichtschutzwände überschritten, müssen Abstände zur Grundstücksgrenze eingehalten werden.

Für den Fall, dass es keine gemeindliche Regelung durch einen Bebauungsplan oder eine Satzung gibt, ist ein Sichtschutz grundsätzlich zulässig, solange er noch im ortsüblichen Rahmen bleibt. Er sollte mit dem jeweiligen Wohngebiet oder Straßenzug übereinstimmen. Es könnten, so lässt es sich zum Beispiel für einen konkreten Fall vorstellen, hinter einem bestehenden Holzzaun Strohmatten angebracht werden, damit der Zaun blickdicht wird. Ein Nachbar kann gegen einen so gestalteten Zaun in der Regel nichts unternehmen, wenn sich dieser Zaun im Rahmen des Üblichen hält. Prüfen Sie vorher, wie häufig ein Sichtschutzzaun in Ihrem Siedlungsgebiet vorkommt.

Rechtlich wird eine Sichtschutzwand wie eine Einfriedung, also beispielsweise ein Zaun, behandelt. Die Gestaltung der Grundstücksgrenzen muss – wie sich auch schon aus dem voranstehenden Absatz schließen lässt – zum Wohngebiet oder Straßenzug passen. Hat sich in einem Stadtgebiet jedoch keine ortsübliche Einfriedung herausgebildet, kann der Nachbar in der Regel nicht verlangen, dass eine seiner Meinung nach unästhetische Einfriedung nicht errichtet oder wieder beseitigt wird. Zur Sicherheit empfiehlt es sich, vorher bei der Gemeinde nachzufragen. Siehe „Auskünfte" (Seite 28).

DER FALL – EINE WOHNANLAGE BETREFFEND

Ralf S. und Axel F. wohnen in einer Wohnanlage, die aus sechs Einfamilienhäusern besteht. Jeder Eigentümer hat ein Sondernutzungsrecht für den Garten hinter dem Haus. Der Beklagte Axel F. hat an der Terrassentrennwand neben dem vorhandenen Zaun eine 3,70 Meter lange und 1,92 Meter hohe, aus Holz geflochtene Sichtblende angebracht. Ralf S. verlangt, dass dieser Zaun entfernt wird, weil eine ortsübliche Einfriedung nur eine Höhe von 1,20 Meter haben dürfe.

DAS URTEIL

Das Oberlandesgericht Köln hat Axel F. verurteilt, den Sichtschutzzaun zu entfernen (Aktenzeichen: 16 Wx 3/98). Wer nicht Eigentümer des Gartens ist, sondern (wie bei Eigentumswohnungen üblich) nur ein Sondernutzungsrecht hat, darf keinen Sichtschutzzaun eigenmächtig aufstellen: Da es sich bei einem solchen Zaun um eine bauliche Maßnahme handelt, müssen alle Miteigentümer der Wohnanlage mehrheitlich zustimmen. Im vorliegenden Fall wurde nie ein Beschluss gefasst. Deshalb verstößt der Zaun schon gegen das Wohnungseigentumsgesetz (WEG). Außerdem darf in Nordrhein-Westfalen eine bestehende Grenzeinrichtung grundsätzlich nur verändert werden, wenn der Nachbar zustimmt.

? *Welchen Abstand muss die Sichtschutzwand oder der Sichtschutzzaun von der Grenze haben?*

Siehe „Grenze" (Seite 69).

Straftaten

Die auf der folgenden Seite gezeigten Ausrisse sind nur einige Beispiele für schreckliche Folgen von Nachbarstreitigkeiten. Auf Straftaten unter Nachbarn gehen wir an mehreren Stellen dieses Buches ein. So beispielsweise im Abschnitt „Rechtsdurchsetzung" bei der Pflichtschlichtung zu den Privatklagedelikten: Beleidigung, Hausfriedensbruch, Bedrohung, Körperverletzung, Sachbeschädigung, Verletzung des Briefgeheimnisses.

Meist stehen keine rechtlichen Probleme im Vordergrund, sondern Schicksale, Merkwürdigkeiten und Kritiken an der Rechtsprechung. In solchen Fällen berichtet dann auch eben immer wieder die Presse; auch über Kuriositäten.

DIE GESTOHLENE FORELLE

In Bad Säckingen wird bis in das Jahr 2008 hinein um den Diebstahl einer Forelle gestritten. Das Amtsgericht Bad Säckingen sprach frei. Die Waldshuter Staatsanwaltschaft legte Berufung ein. Das Landgericht Waldshut verhandelte drei Tage, hörte 14 Zeugen und verurteilte zu einer Geldstrafe. Der Verteidiger machte seinem Ärger Luft, indem er sich an den Karlsruher Generalstaatsanwalt und an das Landesjustizministerium wandte. Am Rande griff der Verteidiger eine bemerkenswerte Pressemitteilung der Staatsanwaltschaft an, die allgemein massiv kritisierte, dass die Urteile eines bestimmten Amtsrichters zu milde seien.

Internet-Hetzjagd auf diese Münchner Familie

So böse können Nachbarn sein

MÜNCHEN Das Internet als moderne Form des Prangers. Seit Wochen wird die Familie E. (Foto) aus Moosach von Nachbarn beschimpft, beleidigt und verleumdet. Kein Einzelfall: S. 3

Torjäger-Legende Fischer
Fieser Streit mit den Nachbarn
Ein Rentner-Ehepaar fühlt sich von dem Ex-Schalke-Star belästigt

Sechs Jahre nur Streit und Ärger
Ingenieur erschießt seinen Nachbarn

14. MAI 2008 ★ BILD-BUNDESAUSGABE
Polizist beschießt Kleingärtner

Aachen – Ein Kleingärtner (50) aus Alsdorf (NRW) mähte seinen Rasen. Plötzlich wurde er am Oberkörper von zwei Kugeln getroffen. Der Nachbar (53), ein Polizist, hatte mit einem Luftgewehr auf ihn gefeuert, weil er sich über den Lärm geärgert hatte! Das Opfer musste einen Tag im Krankenhaus behandelt werden. Kollegen ermitteln gegen den Baller-Polizisten wegen gefährlicher Körperverletzung.

Dienstag, 4. März 2008 — Süddeutsche Zeitung Nr. 54 / Seite 43

Blumentopf als Mordwaffe
Blutiger Nachbarschaftsstreit vor Gericht

ISAR-LOISACHBOTE
WOR 11 Montag, 26. März 2007 | Nummer 71

Nachbarschaftsstreit artet aus
64-Jähriger geht mit Holz auf Burschen los

DREIFACH-MORD
Tod am Maschendrahtza
Nach Beleidigungen, Hass, Tätlichkeiten und Brandstiftung füh ein Streit unter Nachbarn zu einem absurden Verbrechen

Blutiges Ende eines jahrelangen Streits
Nachbar ersticht dieses Ehepaar!

INTERNET
Hure, Dealer, Kinderschä
Die Verleumdung von Nachbarn im Netz kommt in Mode.
Medienwächter kritisieren eine Web-Seite – und Google

T

Tauben

Siehe „Tiere im Garten, in der Nachbarschaft und im Haus" (Seite 210).

Teich und Schwimmbecken im Freien

Was wir nachfolgend für Teiche schreiben, gilt in der Regel genauso für Schwimmbecken im Freien.

? *Bin ich verpflichtet, meinen Teich und mein Schwimmbecken wegen der Nachbarkinder abzusichern?*

Beachten Sie zum Grundsätzlichen bitte den Abschnitt „Aufsichtspflicht der Eltern" (Seite 26) sowie die Antwort auf die Frage: „Wie verhält es sich im Besonderen mit der Verkehrssicherungspflicht in Bezug auf Kinder" (Seite 229) sowie die Abschnitte „Anwendung von Gerichtsentscheidungen" (Seite 24) und „Treu und Glauben" (Seite 218). Im Einzelfall zu entscheiden, ist deshalb so besonders schwierig, weil unterschiedliche Aspekte „gewichtet" und gegeneinander abgewogen werden müssen. Von ganz besonderer Bedeutung sind die Aufsichtspflicht der Eltern, die gesteigerte Verkehrssicherungspflicht des Grundstückseigentümers und Begriffe wie „Zumutbarkeit" und „Treu und Glauben". Wir stellen Ihnen nachfolgend Grundlagen dar, von denen aus Sie den Einzelfall besser beurteilen können.

Ein Teich und ein Schwimmbecken sind zwar eine Bereicherung für jeden Garten, können für kleine Kinder jedoch leicht zur tödlichen Gefahr werden. Wenn Sie einen Teich oder ein Schwimmbecken besitzen oder anlegen möchten, sollten Sie bedenken, dass Sie damit eine Gefahrenquelle schaffen, für die Sie verantwortlich sind. Wenn Sie Ihrer Verkehrssicherungspflicht (siehe „Verkehrssicherungspflicht", Seite 226) nicht nachkommen und ein Kind verunglückt, müssen Sie unter Umständen mit Schadensersatzforderungen oder sogar strafrechtlichen Konsequenzen rechnen.

Grundsätzlich ist der Grundstückseigentümer für den Zustand seines Grundstücks verantwortlich. Nach den Grundsätzen der Verkehrssicherungspflicht muss er Gefahren, die sich aus dem Zustand des Grundstücks für Dritte ergeben können, so weit wie möglich vermeiden. Andererseits haben aber auch die Eltern ihr Kleinkind zu beaufsichtigen. Kommt das Kind in einem fremden Garten zu Schaden, so entsteht schnell Streit darüber, wer denn nun dafür verantwortlich gemacht werden kann. Im Regelfall geht die Aufsichtspflicht der Eltern der gesteigerten Verkehrssicherungspflicht des Grundstückseigentümers oder anderer Verpflichteter – zum Beispiel eines Mieters – vor.

Haben die Eltern ihre Aufsichtspflicht nicht oder nur zum Teil verletzt, kann bei Haftungsfragen auf jeden Fall die Verkehrssicherungspflicht des Grundstückseigentümers oder anderer Verpflichter greifen. Wer nämlich in seinem Garten eine Gefahrenquelle wie einen Teich schafft oder die öffentliche Nutzung seines Grundstücks ermöglicht oder duldet, hat die allgemeine Rechtspflicht, die nötigen Vorkehrungen zum Schutz Dritter zu schaffen. Unterlässt er dies, so haftet er nach den Vorschriften über eine unerlaubte Handlung. Ihm wird dann vorgeworfen, etwas unterlassen zu haben, wozu er verpflichtet gewesen wäre. Dies gilt gerade auch dann, wenn das Kind aus dem Aufsichtsbereich der Eltern ohne deren Verschulden entweicht und in den Gartenteich des Nachbarn stürzt, der nicht hinreichend gesichert war. Wenn der Grundstücksbesitzer weiß oder wissen muss, dass Kinder sein Grundstück trotz Verbots unbefugt aufsuchen oder zum Spielen nutzen und sich so trotz der sichtbar gemachten Grundstücksgrenzen Gefahren für sie ergeben können, muss er zusätzliche, wirksame und auf Dauer angelegte Schutzmaßnahmen ergreifen.

Die zu treffenden Schutzmaßnahmen müssen umso wirksamer sein, je größer der Reiz ist, den der Teich auf Kinder ausübt. Wenn also die vorhandene Einfriedung nicht gewährleistet, dass Kinder keinen Zutritt auf das Grundstück haben, oder wenn sich in der unmittelbaren Nachbarschaft ständig Kinder aufhalten, hat der Hauseigentümer eine gesteigerte Verkehrssicherungspflicht. In der Wahl der Mittel zur Erfüllung dieser Verkehrssicherungspflicht ist er frei. Verbotsschilder, etwa mit dem Hinweis „Eltern haften für ihre Kinder", genügen jedoch in der Regel nicht. Notwendig sind andererseits wiederum nur zumutbare Sicherungsmaßnahmen, die ein verständiger und umsichtiger, in vernünftigen Grenzen vorsichtiger Mensch für ausreichend halten würde, um andere Personen vor Schäden zu bewahren.

Maßstab ist die Verkehrsauffassung. Siehe zu ihr bitte den Abschnitt „Verkehrsauffassung" (Seite 225).

Neben dem Grundstückseigentümer kann unter Umständen auch der Architekt oder der Bauunternehmer haften, wenn der Teich nicht richtig abgesichert wurde. Jedenfalls: Gibt es in Ihrem Haus oder in der Nachbarschaft kleine Kinder, sollten Sie Ihren Gartenteich von vornherein kindersicher gestalten. Das Risiko ist zu groß. Selbst wenn Sie mit einem tüchtigen Anwalt freikommen: Sie müssen sich unter Umständen ein Leben lang Vorwürfe machen. Eine geringe Wasserhöhe allein ist noch kein ausreichender Schutz, da Kinder durch die Schockreaktion bereits in einem nur wenige Zentimeter tiefen Teich ertrinken können. Zu beweisen, dass die Eltern ihre Aufsichtspflicht verletzt haben, kann schwierig sein. In Zweifelsfällen sollten Sie Ihr Grundstück oder den Teich einzäunen. Auch ein stabiles Metallgitter knapp unter der Wasseroberfläche kann Leben retten. Die beiden nachfolgend beschriebenen Rechtsstreitigkeiten zeigen, dass Gerichte durchaus bereit sind, Grenzen zu ziehen. Da Begriffe wie „zumutbar", „verständig" und „umsichtig" über die Verantwortung entscheiden, können die Richter verhältnismäßig frei nach ihren Vorstellungen entscheiden, obwohl rechtlich grundsätzlich nur ein Ergebnis richtig ist. Wir mussten schon öfter – auch gleich hier zu Beginn der Antwort – auf diesen sogenannten richterlichen Dezisionismus eingehen. Siehe zu ihm zum Beispiel den Abschnitt: „Treu und Glauben" (Seite 218).

DER FALL

Der zum Unfallzeitpunkt eineinhalb Jahre alte Thomas K. spielte auf dem Grundstück seiner Großmutter. Unbemerkt betrat er das Grundstück des Nachbarn Helmut P. und fiel in dessen Gartenteich. Aufgrund des Sauerstoffmangels erlitt Thomas K. Verletzungen, die zu anhaltenden Verhaltens- und Gleichgewichtsstörungen führten. Thomas K., vertreten durch seine Eltern, verlangte von Helmut P. daher Schadensersatz sowie Schmerzensgeld. Das Grundstück der Großmutter ist vom Grundstück des Beklagten Helmut P. zwar durch eine Straße getrennt, aber zur Straßenseite hin nur durch bepflanzte Beete und Rasen eingefasst. Mauern oder Zäune fehlten zum Unfallzeitpunkt. Die Grundstücke liegen in einem Wohngebiet, in dem viele Familien mit Kindern leben. Entlang der nordöstlichen Grundstücksgrenze von Helmut P. verläuft ein Fußweg, an den ein Spielplatz angrenzt. Entlang dieser Grenze steht eine Hecke aus Lebensbäumen. Der Teich liegt im Gartenteil hinter dem Haus. Das Landgericht hat die Klage der Familie K. erstinstanzlich abgewiesen. Helmut P. habe – so das erstinstanzliche Gericht – nicht damit rechnen müssen, dass Kinder den hinter dem Haus liegenden Garten unbefugt betreten. Der Bereich sei – so das Landgericht weiter – für ältere Kinder unmissverständlich als Privatbereich erkennbar gewesen. Bei kleineren Kindern habe der Eigentümer auf eine lückenlose Beaufsichtigung vertrauen dürfen. Die Familie des verunglückten Thomas K. legte gegen diese Entscheidung Berufung ein.

DAS URTEIL

Die Berufung der Familie K. hatte keinen Erfolg (Oberlandesgericht Hamm, Aktenzeichen: 13 U 253/00). Das Oberlandesgericht hat sein Urteil so begründet:
Selbst ohne Mauern und Zäune war das Grundstück durch die Hecke klar und eindeutig vom übrigen Gelände abgegrenzt. Helmut P. hat im Rahmen seiner persönlichen Anhörung bekundet, dass Kinder auf dem hinteren Grundstücksteil nie unbefugt gespielt hätten. Daher sah das Gericht keine Anhaltspunkte, die dem Beklagten besondere Sicherungspflichten auferlegt hätten. Der Teich ist für ältere Kinder auch nicht so gefährlich, dass besondere Sicherungsmaßnahmen erforderlich gewesen wären. Die Gefahren, die Kleinkindern drohen, muss in erster Linie der Aufsichtspflichtige abwehren. Ein umfassender Schutz für kleine Kinder ist nur durch ihre ständige Beaufsichtigung gewährleistet. Wird diese nicht lückenlos durchgeführt, dann handelt es sich um ein Versagen der Aufsichtsperson. Thomas K. war nicht lückenlos beaufsichtigt worden und konnte daher das Grundstück seiner Großmutter unbemerkt verlassen.

DER ZWEITE FALL

Der Beklagte Helmut Z. ist Eigentümer eines Hauses, das er auch selbst bewohnt. An die ebenerdigen Wohnräume grenzt ein Garten an, der eingefriedet ist und außer vom Wohnzimmer aus nur durch ein Gartentor betreten werden kann. Im Garten ist ein Teich mit einer Fläche von etwa 8,6 Quadratmetern und einer Höchsttiefe von einem Meter angelegt. Am 30.6.1991 war die damals dreijährige Klägerin Sabine R. mit ihren Eltern und ihrer damals zehnjährigen Schwester bei Helmut Z. und seiner Ehefrau eingeladen. Die vier Erwachsenen saßen rund um einen Tisch, der etwa sechs Meter vom Teich entfernt stand, und spielten Karten. Sabine R. wurde von ihrer älteren Schwester beaufsichtigt. Gegen 18 Uhr wurde Sabine R. vermisst. Sie war – von allen Anwesenden unbemerkt – in den Gartenteich gestürzt und hatte sich geraume Zeit unter der Wasseroberfläche befunden. Ihr Vater zog sie heraus, Helmut Z. und den hinzugezogenen Notärzten gelang es, Sabine R. zu reanimieren. Sie ist infolge des Unfalls jedoch schwer geschädigt und bedarf ständiger Pflege und Betreuung. Der Grundstückseigentümer Helmut Z. wird von ihr nun auf Schadensersatz und Schmerzensgeld verklagt.

DAS URTEIL

Das Oberlandesgericht Koblenz hat die Klage abgewiesen (Aktenzeichen: 5U 39/95). Das Gericht ging davon aus: Zwar stellen Gartenteiche, gleich welcher Art und Größe, für Kleinkinder eine erhebliche Gefahrenquelle dar. Deshalb war und ist der Beklagte Helmut Z. zu geeigneten Sicherungsmaßnahmen verpflichtet. Das Gericht hat dennoch davon abgesehen zu prüfen, ob der Beklagte genügend gesichert hat; denn – so das Gericht: Die Klägerin war mit ihren in erster Linie aufsichtspflichtigen Eltern auf dem Grundstück von Helmut Z. eingeladen. Die Gefahren, die vom Gartenteich ausgehen, konnten und mussten vor allem die Eltern des Kindes erkennen. Helmut Z. hat seine Verkehrssicherungspflicht allein deshalb nicht verletzt, weil er darauf vertrauen durfte, dass die eigenen Eltern das Kleinkind ausreichend beaufsichtigen.

? *Braucht ein großer Gartenteich eine Genehmigung?*

In der Regel sind die im Handel angebotenen Fertigteiche sowie kleine Folienteiche nicht genehmigungspflichtig. Ob und ab welcher Teichgröße eine Genehmigung erforderlich ist, hängt jedoch von den gesetzlichen Regelungen des jeweiligen Bundeslandes ab. In den meisten Bundesländern ist eine Genehmigung erst ab einem Teichvolumen von zirka 100 Kubikmetern oder ab einer Tiefe von mehr als zwei Metern erforderlich. Da Schwimmteiche in der Regel die angegebenen Maße übersteigen, ist hier je nach Bundesland eine Genehmigung nötig. Fragen Sie vorab zur Sicherheit bei Ihrer zuständigen Baubehörde (Gemeinde) nach. Siehe auch Abschnitt: „Auskünfte" (Seite 28).

? *Wie verhält es sich, wenn ich für meinen Teich ein oberirdisches Gewässer, zum Beispiel einen Bach, nutzen will?*

Diese Frage wird im Abschnitt „Wasser" beantwortet (Seite 233).

Tiere im Garten und in der Nachbarschaft

? *Darf der Nachbar in seinem Garten Tauben züchten?*

Tauben sind oft Ursache nachbarrechtlicher Streitigkeiten – wegen ihres Gurrens, ihres Federverlustes und ihrer Exkremente. Nach § 906 des Bürgerlichen Gesetzbuches kommt es darauf an, ob die Taubenhaltung das Nachbargrundstück wesentlich beeinträchtigt. Im Zweifel wird sich der Richter vor Ort selbst ein Bild von der Lage machen müssen. Die Beeinträchtigung durch Taubenhaltung muss jedoch hingenommen werden, wenn sie ortsüblich ist.

So stellte in einem Fall die Haltung von rund 100 Tauben eine ortsübliche Beeinträchtigung dar, weil im betroffenen Gemeindegebiet 15 weitere Taubenzüchter ansässig waren. Allerdings können Ausflugzeiten und Anzahl der Tauben eingeschränkt werden. Voraussetzung für eine Unterlassungsklage ist jedoch, dass der Nachbar vorher abgemahnt wurde: Sie müssen ihn auf die Störung hingewiesen und ihn aufgefordert haben, diese zu beseitigen. In den meisten Bundesländern muss zusätzlich vor Klageerhebung erfolglos ein Schlichtungsverfahren durchgeführt worden sein. Siehe Abschnitt „Rechtsdurchsetzung" (Seiten 179). Bei Wildtauben kann übrigens derjenige zur Verantwortung gezogen werden, der die Tiere durch sein Füttern anlockt.

? *Dürfen Städte und Gemeinden verbieten, verwilderte Tauben zu füttern?*

Ja. Auch ein Bußgeld darf festgelegt werden. Eine Ermächtigung findet sich in den Landesstraf- und Verordnungsgesetzen der einzelnen Bundesländer. So zum Beispiel in Bayern in Art. 16 Absatz 1 LStVG. Solche Verbote sind nicht verfassungswidrig. So entschieden hat der Bayerische Verfassungsgerichtshof, Aktenzeichen: Vf. 16-VI-05.

? *Darf ich die Bienen des Nachbarn töten, wenn sie über den Zaun fliegen?*

Hält der Nachbar in seinem Garten Bienen, können diese im eigenen Garten zur Last werden. Grundsätzlich haben Sie die Möglichkeit, durch eigene Maßnahmen zu versuchen, die Bienen von Ihrem Grundstück fernzuhalten. Beachten Sie jedoch, dass die Bienen im Eigentum des Imkers stehen und daher grundsätzlich nicht getötet werden dürfen. Ist die Bienenzucht ortsüblich (§ 906 Bürgerliches Gesetzbuch), zum Beispiel in ländlichen Gegenden, muss der Flug der Bienen des Nachbarn als Naturgegebenheit geduldet werden. Anders in reinen Wohngegenden: Hier gilt die Bienenhaltung regelmäßig als ortsunüblich und kann daher vom Gericht untersagt werden. Das Gleiche gilt für eine Bienenzucht in der Nähe von Kindergärten, Spielplätzen und Schulen.

Achtung: In Fällen, in denen die Bienenzucht zwar als ortsüblich angesehen werden kann, ein betroffener Nachbar jedoch nachweislich an einer Bienengiftallergie (4. Stufe) leidet, können Gerichte die Bienenzucht untersagen. Für Schäden, die seine Bienen anrichten, muss ein Imker in jedem Fall auch ohne eigenes Verschulden im Rahmen der sogenannten Tierhalterhaftung nach § 833 des Bürgerlichen Gesetzbuches aufkommen.

? *Ist die Haltung von Kampfhunden erlaubt?*

Bei der Haltung von Kampfhunden gelten die zusätzlichen Vorschriften der Kampfhundeverordnungen der einzelnen Bundesländer.

? *Ganz allgemein: Kann Nachbarn und Mietern verboten werden, Tiere im Garten oder Haus zu halten, und darf man mir die Tierhaltung untersagen?*

Dem Nachbarn kann in aller Regel nicht verboten werden, überhaupt Tiere zu halten. Denn zur üblichen Benutzung eines Grundstücks gehören auch Tiere. Etwas anderes kann nur bei gefährlichen Tieren gelten: Wer zulässt, dass sich sein gefährliches Tier frei bewegt, oder wer es unterlässt, als Halter bei der Beaufsichtigung die nötigen Vorsichtsmaßnahmen zum Schutz Dritter zu treffen, begeht grundsätzlich eine Ordnungswidrigkeit (§ 121 Gesetz über Ordnungswidrigkeiten), für die der Halter mit einem Bußgeld belegt werden kann. Auch Gemeinden dürfen Vorschriften erlassen, welche die Tierhaltung weiter einschränken.

Für Nachbarn gilt darüber hinaus allgemein:
Nachbarn dürfen sich gegen die Haltung von Tieren in der Nachbarschaft wehren, wenn durch die Tiere die Benutzung ihres Grundstückes wesentlich beeinträchtigt wird. Dieses Kriterium der „wesentlichen" oder „nicht unwesentlichen Beeinträchtigung" ergibt sich aus § 906 des Bürgerlichen Gesetzbuches (Text siehe bitte Vorwort, Seite 23). Eine solche Beeinträchtigung kann durch Lärm (Hundegebell, Froschquaken und so weiter), aber auch durch Geruch (zum Beispiel Schweinezucht) oder Verunreinigungen (wie Kot oder Taubenfedern) verursacht sein. Viele Einzelfragen beantworten wir in den Abschnitten: „Lärm" (Seite 117) sowie „Geruchs- und Rauchbelästigung (Seite 65). Bitte nutzen Sie auch das Register am Ende des Buches. Über dieses Register finden Sie weitere Hinweise.

Zu Wohnungseigentum siehe bitte Abschnitt: "Gelten für das Leben in der Wohnungseigentümergemeinschaft Besonderheiten?" (Seite 216).

Nun noch ein Beispiel aus dem öffentlichen Recht:

DER FALL

Der Kläger betreibt seit Jahren auf dem Grundstück eines Einfamilienhauses eine Dackelzucht mit einem Hundezwinger hinter der Garage. Der Bau des Hundezwingers wurde nicht genehmigt. Der Kläger wehrt sich gegen ein bauaufsichtliches Nutzungsverbot, welches ihm das Halten von mehr als zwei Hunden auf seinem Wohngrundstück untersagt und ihn auffordert, die Hunde wegzugeben.

DAS URTEIL

In dem Urteil des Oberverwaltungsgerichts Lüneburg, mit dem Aktenzeichen 6 L 129/90, bestätigte das Gericht zwar, dass in einem allgemeinen Wohngebiet mit eher ländlichem Charakter zwei Hundezwinger für je einen Dackel zulässig sind, aber die Klage hatte dennoch keinen Erfolg. Der Grund:
Der Garten des Nachbarn ist nur fünf Meter vom Hundeauslauf entfernt, und das Gericht ist der Auffassung, dass der Schlaf und das Wohlbefinden des Nachbarn auf Dauer durch Hundegebell beeinträchtigt werden können. Ob die Zucht als Hobby oder für kommerzielle Zwecke betrieben wird, ist nicht von Bedeutung, denn die Lärmbelästigung bleibt die gleiche. Das Argument des Klägers, dass sich bis jetzt kein Nachbar wegen des Gebells beschwert hat, ist unbeachtlich, da, so das Gericht, davon auszugehen ist, dass die Nachbarn den nachbarlichen Frieden wahren wollten.

? Können wir verlangen, dass unser Nachbar sein Hausschwein wegen der Geruchsbelästigung abschafft?
Siehe vor allem: „Geruchs- und Rauchbelästigung" (Seite 65).

? Muss ich das Bellen eines Hundes dulden?
Siehe vor allem „Lärm" (Seite 130).

? Muss ich das Krähen eines Hahnes aus der Nachbarschaft dulden?
Siehe „Lärm" (Seite 129).

? Muss ich fremde Katzen auf meinem Grundstück dulden?
Es gehört zur Natur der Katze, dass sie auf Streifzug geht. Ist eine Katze den freien Auslauf gewöhnt, kann nicht verlangt werden, dass sie ausschließlich im Haus oder in der Wohnung gehalten wird. In einem „grünen" Wohngebiet (zum Beispiel einer Gegend mit zumindest überwiegend Reihenhäusern oder Mehrfamilienhäusern) wird es von den Gerichten in der Regel als ortsüblich angesehen, wenn ein bis zwei Katzen gehalten werden. Berichtet wurde, dass Tierschützer und Einwohner der Gemeinde Echem heftig, aber offenbar erfolglos gegen das Amts- und Landgericht Lüneburg protestierten. Beide Ge-

richte urteilten, dass auch in ländlichen Gebieten ein vor vier Jahren hinzugezogener Einwohner nicht mehr als zwei herumlaufende Katzen seines Nachbarn dulden muss. Aktenzeichen des LG Lüneburg: 4 S 48/04.

Sie müssen deshalb allein schon nach § 906 Absatz 2 des Bürgerlichen Gesetzbuches dulden, dass eine Katze, allenfalls zwei Katzen Ihres Nachbarn bei ihren Streifzügen Ihr Grundstück betritt. Andererseits müssen Sie nicht hinnehmen, dass die Katze Schäden anrichtet. Hier sind Schadensersatz- und im Wiederholungsfall Unterlassungsansprüche durchsetzbar. Werden dagegen beim Nachbarn viele Katzen gehalten oder wird eine Katzenzucht betrieben, muss dies in der Regel nicht hingenommen werden.

DER FALL

Auf dem Grundstück des Klägers tummeln sich täglich die drei Katzen des Nachbarn. Die Tiere hinterlassen auf dem Grundstück des Klägers Kotspuren. Sowohl Gartenmöbel als auch Spielgeräte des vierjährigen Sohnes des Klägers werden verschmutzt. Deshalb fordert der Kläger zu verbieten, dass die Katzen regelmäßig sein Grundstück besuchen.

DAS URTEIL

Das Amtsgericht Neu-Ulm (Aktenzeichen: 2 C 947/98) urteilte: Der Beklagte darf die Katzen halten, solange sie die Grundstücksgrenze nicht überschreiten. Die Haltung einer Katze mit freiem Auslauf auch in des Nachbars Garten muss nach den Grundsätzen der nachbarschaftlichen Gemeinschaft und dem Gebot der Rücksichtnahme geduldet werden. Geduldet werden müssen auch die Kotablagerungen einer einzelnen Katze. Denn in einem Wohngebiet mit Reihenhäusern gehört die Haltung einer Katze mit freiem Auslauf zur Lebensführung vieler Familien. Das Ausmaß der Duldungspflicht ist aber durch die Abwägung der widerstreitenden Interessen zu ermitteln. Nach dieser Abwägung muss aufgrund der erheblichen Beeinträchtigung des Klägers durch den Kot der Auslauf von drei Katzen nicht geduldet werden, wohl aber, wie erwähnt, der Auslauf und der Kot einer Katze.

DER FALL

Die Parteien sind Grundstücksnachbarn. Die Beklagte hat zwei Katzen. Eine Katze hat nachweislich den Lack eines Fahrzeugs des Klägers durch Kratzspuren beschädigt und einen Schaden von zirka 850 Euro verursacht. Nachdem der Kläger erneut eine Katze auf einem seiner Fahrzeuge entdeckt hat, beantragte er eine einstweilige Verfügung, die den Katzenhalter verpflichtet, durch geeignete Maßnahmen zu unterbinden, dass die Katzen die Fahrzeuge des Klägers betreten. Die Beklagte ist der Ansicht, dass der Kläger die Katzen auf seinem Grundstück aufgrund des nachbarrechtlichen Gemeinschaftsverhältnisses dulden muss.

DAS URTEIL

Das Landgericht Lüneburg hat im Urteil mit dem Aktenzeichen 1 S 198/99 festgestellt, dass dem Kläger ein Unterlassungsanspruch gegen die Beklagte zusteht: Die beiden Katzen dürfen das Fahrzeug nicht mehr betreten. Das Eigentum des Klägers wird schon durch das Betreten der Fahrzeuge durch die Katzen beeinträchtigt und nicht erst durch eine Beschädigung. Ein Eigentümer muss zwar einen Grenzübertritt einer Nachbarskatze dulden und auch geringfügige Belästigungen, jedoch nicht eine regelmäßige Verschmutzung der Fahrzeuge, die in der Waschanlage entfernt werden muss. Die Interessen sind in diesem Einzelfall zugunsten des Klägers abzuwägen.

? Was tun bei Ruhestörungen durch Tiere?

Siehe „Lärm" (Seite 127).

? Wer haftet für Schäden, die fremde Haustiere, zum Beispiel ein Hund, anrichten?

Wenn ein fremder Hund in Ihrem Garten oder sonst Schäden anrichtet, muss, wie sich auch schon teilweise aus den voranstehenden Ausführungen ergibt, der Tierhalter den Schaden ersetzen. Es gilt generell die sogenannte Tierhalterhaftung nach § 833 des Bürgerlichen Gesetzbuches. Sie betrifft auch Gesundheitsschäden und Sachbeschädigungen jeder Art. Als Geschädigter haben Sie einen Anspruch gegen den Tierhalter und müssen nur nachweisen, dass der Schaden – um bei der Frage zu bleiben – durch den Hund entstanden ist. Auf ein Verschulden des Halters kommt es grundsätzlich nicht an. Eine Besonderheit gibt es bei sogenannten Nutz- und Berufstieren (zum Beispiel einem Blindenhund). In diesen Ausnahmefällen haftet der Halter grundsätzlich nicht, wenn er das Tier sorgfältig beaufsichtigt hat oder der Schaden ohnehin entstanden wäre. Wenn der Hund des Nachbarn Ihr Eigentum immer wieder schädigt, können Sie in die Offensive gehen und vom Tierhalter (auch gerichtlich) verlangen, dass er Gegenmaßnahmen trifft. Siehe Abschnitt: „Rechtsdurchsetzung" (Seite 179).

Wenn mehrere Nachbarn mit Hunden beteiligt sind, muss der Schaden nach allgemeinen Grundsätzen aufgeteilt werden. In der neueren Rechtsprechung hatte das Landgericht Coburg am 7. Februar 2007 einen solchen Fall zu entscheiden, Aktenzeichen: 12 O 741/06. Die Klägerin war mit ihren beiden Hunden spazieren gegangen. Als sie an dem nicht umzäunten Grundstück eines Nachbarn entlangschlenderte, schoss von dort ein unbeaufsichtigter Hund auf die Hunde der Klägerin. Den Hunden passierte nicht viel. Aber die Klägerin stürzte, weil ihre beiden Hunde heftig an der Leine gezogen hatten. Das Gericht verteilte den Schaden im Verhältnis 20 Prozent für die Klägerin und 80 Prozent für den Halter des unbeaufsichtigten Hundes.

Tiere in der Wohnungseigentümergemeinschaft

? *Gelten für das Leben in der Wohnungseigentümergemeinschaft Besonderheiten?*

Wie sich die Eigentümer und Mieter speziell in einer Wohnungseigentümergemeinschaft verhalten müssen, wird in diesem Buch – nicht nur für Tiere – in der Regel bei den einzelnen Themen gleich mitbesprochen. Bei Tieren ist eine Ausnahme angebracht. Tiere sind in Wohnanlagen oft ein heikles Thema, weil die Gemeinschaft doch stärker aufeinandertrifft.

In Wohnungseigentumsanlagen kann unter Umständen eine Tierhaltung – mit Ausnahme der sogenannten Kleintierhaltung – generell untersagt werden. Dazu muss die Mehrheit der Mitglieder der Wohnungseigentümergemeinschaft einen Beschluss fassen und diesen als Inhalt des Sondereigentums im Grundbuch eintragen lassen. Wird die Tierhaltung beschränkt (zum Beispiel Höchstanzahl der

Tiere) oder mit Auflagen versehen (zum Beispiel Leinenpflicht), reicht in der Regel ein einfacher Mehrheitsbeschluss ohne Grundbucheintragung aus. Aber: Auch hier wirkt sich aus, dass die Gerichte gerne tierfreundlich entscheiden. So zum Beispiel das Oberlandesgericht Köln zu einem Kaninchengehege von sechs Quadratmetern aus Maschendraht mit Holzverkleidung. Begründung: Der Gesamteindruck verändere sich nur unerheblich (Aktenzeichen: 16 Wx 58/05). Das Oberlandesgericht Saarbrücken hat in einem Beschluss mit dem Aktenzeichen: 5 W 154/06 entschieden, dass mit einem Beschluss der Wohnungseigentümer nicht generell verboten werden darf, Haustiere zu halten. Der Grund: Nach § 13 Absatz 1 des Wohnungseigentumsgesetzes (WEG) darf jeder Wohnungseigentümer grundsätzlich mit seinem Sondereigentum beliebig verfahren, und die Einschränkung nach § 14 Absatz 1 des WEG rechtfertigt kein absolutes Verbot. Außerdem verletzt ein absolutes Verbot jeglicher Haustierhaltung – so der Beschluss – das durch Artikel 2 Absatz 1 des Grundgesetzes geschützte Recht auf freie Entfaltung der Persönlichkeit.

Im Mittelpunkt der Rechtsprechung steht meist auch Paragraf 15 Abs. 3 des Wohnungseigentumsgesetzes. Wie alle rechtlichen Grundlagen haben die von uns betreuten Zeitschriften auch das WEG ins Internet gestellt. Erstaunlich ist, dass Gerichte ihre Entscheidungen im Wesentlichen nur begründen, indem sie den Gesetzeswortlaut wiederholen. So zum Beispiel das Oberlandesgericht Düsseldorf in seinem Beschluss vom 23. August 2006, Aktenzeichen: 3 Wx 64/06: Ein Hund von der Größe eines Rottweilers darf nicht unangeleint oder ohne Maulkorb auf dem gemeinschaftlichen Eigentum herumlaufen, weil dies die ungehinderte Nutzung mehr als nur unerheblich stört und beeinträchtigt und daher nicht – jetzt wird nur das Gesetz wiederholt – „dem Interesse der Gemeinschaft der Wohnungseigentümer entspricht". Stets darf ein einzelner Wohnungseigentümer allein gegen einen Störer vorgehen. Die Wohnungseigentümergemeinschaft muss den Eigentümer nicht ermächtigen.

Auch zu § 15 WEG kommt es vor, dass es in ein und demselben Verfahren in den Instanzen mit unterschiedlichen Entscheidungen auf und sogar wieder ab geht. Ein Beispiel: Zuerst Amtsgericht Überlingen am 10.9.2007, dann Landgericht Konstanz am 16.1.2008, weiter zum Oberlandesgericht Karlsruhe (Aktenzeichen: 14 Wx 22/08). Am 20.5.2008 äußerte das OLG Karlsruhe seine Rechtsansicht und wies die Sache zur weiteren Verhandlung und Entscheidung an das Landgericht Konstanz zurück. Rechtlich erklärt das OLG Karlsruhe: Ein großer Hund (hier: Berner Sennenhund/Bernhardiner-Mischling) darf im gemeinsamen Garten einer Wohnungseigentümergemeinschaft wegen der Gefährdung von Kindern wie Erwachsenen und wegen der zu erwartenden Verschmutzungen nicht frei umherlaufen. Er muss vielmehr mittels einer höchstens drei Meter langen Führung angeleint und von einer mindestens 16 Jahre alten Person begleitet werden.

Die Haltung von Tieren im Mietverhältnis

Siehe: „Das Verhältnis von Vermietern und Mietern zur Haltung von Tieren" (Seite 157) sowie: „Ist wenigstens das Verhältnis von Vermietern und Mietern zur Haltung von Kleintieren ganz klar?" (Seite 158).

Traufrecht

? *Was ist ein Traufrecht?*
Ein Eigentümer kann ausnahmsweise durch einen Vertrag dazu ermächtigt sein, das Regenwasser auf das Nachbargrundstück abzuleiten: In diesem Fall hat der Betroffene das Recht, geeignete Auffang- und Ableitungsvorrichtungen am Haus des Nachbarn anzubringen (zum Beispiel Dachrinnen). Siehe bitte auch den Abschnitt: „Wasser", dort insbesondere: „Muss ich dulden, dass Regenwasser oder Wasser vom Nachbarn auf mein Grundstück läuft?" (Seite 234).

Treu und Glauben

Ein großer Teil der gesetzlichen Regelungen, der allgemeinen Grundsätze und der Gerichtsentscheidungen zum Verhältnis der Nachbarn untereinander und auch sonst zu Rechtsverhältnissen geht letztlich auf Treu und Glauben zurück. Das ist der Hauptgrund dafür, dass viele Fragen nicht so klar beantwortet werden können, wie Sie sich das wünschen würden. Dies betrifft insbesondere auch die sogenannten unbestimmten Rechtsbegriffe. Sicher mehr als hundert Mal wird in diesem Buch zu einzelnen Fragen darauf hingewiesen, dass § 906 des Bürgerlichen Gesetzbuches anzuwenden ist. § 906 BGB stellt auf unbestimmte Rechtsbegriffe ab wie „ähnlich", „nur unwesentlich", „beeinträchtigt", „ortsüblich", „wirtschaftlich zumutbar" und „angemessen". In einem einzigen Paragrafen finden sich also derart viele unbestimmte Rechtsbegriffe. So wie bei § 906 verhält es sich aber oft. Einzelne Bestimmungen wie die Paragrafen 157 und 242 BGB stellen sogar unmittelbar auf „Treu und Glauben" ab. Eine gefestigte Rechtsprechung, an die man sich halten könnte, gibt es zu vielen Einzelfällen nicht. Wie soll nun aber Ihr Einzelfall entschieden werden?

Was Treu und Glauben besagen, richtet sich nach den Wertvorstellungen der Allgemeinheit und der beteiligten Verkehrskreise. So gut sich diese Definition anhört, so wenig führt sie im Einzelfall zu klaren Antworten. Der eine hat nämlich diese eine Vorstellung und der andere eben eine andere. Die Wirklichkeit ist pluralistisch. In der Praxis entscheidet der Richter nach seinen eigenen Vorstellungen. Sogenannter richterlicher Dezisionismus. Bei den Richtern verhält es sich so wie bei allen Menschen. Der eine denkt für den Einzelfall so und der andere anders.

Wenn ein Gericht schon einmal geurteilt hat, dann wird sich der Richter allerdings oft an dieses Urteil halten, auch aus Gründen der Rechtssicherheit. Vor allem die Urteile des Bundesgerichtshofs wird er in seine Überlegungen einbeziehen (ohne an diese gebunden zu sein). Deshalb ist es so wichtig, Urteile zu kennen und Urteile anzuführen, die dem aktuellen Streitfall möglichst nahekommen.

Wenn aber überhaupt noch nicht zu einem vergleichbaren Sachverhalt entschieden worden ist, dann kommt es eben ganz besonders stark darauf an, welche Vorstellungen der einzelne Richter hat, und ob Sie den Richter von Ihrer Ansicht überzeugen können. Gelegentlich gehen wir auf diese Thematik in den einzelnen Abschnitten ein; so zum Beispiel in dem Abschnitt: „Pflanzenschutzmittel" (Seite 172). Verstärkt wird dieses Problem, wenn dem Richter sogar ausdrücklich ein „Beurteilungsspielraum" eingeräumt wird; siehe dazu auch: „Richtwerte, technische Standards" (Seite 188).

Ein hoher Richter hat selbst nach jahrzehntelanger Erfahrung in einer Fachzeitschrift bekannt, der Richter sei ja „ach so frei", und er, dieser Richter, suche bei jedem Fall danach, wer „der Gute" und wer „der Böse" ist. Aber auch dieser Richter baut in seinen Überlegungen zur Entscheidung auf den schon früher von den Gerichten gefällten Urteilen auf. Die Entscheidung nach den persönlichen Gerechtigkeitsvorstellungen der einzelnen Richter reicht weit. Das veranschaulichen auch Urteile zu Fällen, die wir in diesem Buch schildern.

Es gibt Tendenzen, gegen die der Einzelne nur versuchen kann anzukämpfen, zu denen er sich aber klarmachen muss, dass er in einer Gesellschaft lebt, in welcher andere anders eingestellt sind und sich anders verhalten. Ein scheinbar unbedeutendes Beispiel: Wer am Wochenende wenigstens nur zu Hause und nicht im Büro denkend arbeiten will, oder wer einen extrem wichtigen und schwierigen Tag vor sich hat, kann über seine Nachbarn verzweifeln. Die Nachbarn leben, werden diese aber einwenden, doch nur ganz normal. Es wird eben Ball gespielt, gerufen, gesungen, gemäht, das Radio aufgedreht. Soll das ewige Ball-Auftippen des Nachbarkindes vor dem Basketballkorb, das Sie noch „wahnsinnig" macht, verboten werden? Die Tendenz, dass Sonderinteressen missachtet werden, lässt sich nicht aus der Welt schaffen. Muss der Richter letztlich nach Treu und Glauben entscheiden, dann wird er oft im Rahmen der gesellschaftlichen Tendenzen bleiben.

U

Überbau

Von einem Überbau spricht man, wenn der Nachbar ein Gebäude über die Grenze baut, zum Beispiel eine Garage.

Vorsicht, verlassen Sie sich nicht darauf, dass die Baubehörden genau darauf achten, dass die Grenze eingehalten wird. Wenn genehmigt wird, steht im Bescheid sogar, dass Nachbarrechte unberührt bleiben. So schreibt es die Landesbauordnung Ihres Landes vor.

Wir haben Ihnen die gesetzlichen Regelungen für den Überbau ins Internet gestellt. Siehe bitte die Anleitung zum Nachlesen im Vorwort. Es gelten in der Regel die Paragrafen 912 bis 916 des Bürgerlichen Gesetzbuches (BGB). Sie schränken teilweise die Rechte des Grundstückseigentümers nach den Paragrafen 1004 BGB und 985 BGB ein. Teilweise sind diese Bestimmungen über ihren Wortlaut hinaus als Ausdruck eines allgemeinen Grundgedankens anzuwenden. So wenn bei der Veränderung eines Gebäudes erstmals ein Anschlussblech über die Grenze gebaut wird; wie der Bundesgerichtshof am 19. September 2008 geurteilt hat, Aktenzeichen: V ZR 152/07. Achten Sie aber andererseits genauso darauf, dass der Wortlaut der Paragrafen teilweise einschränkend anzuwenden ist. So besteht nach dem soeben erwähnten Urteil des BGH keine Duldungspflicht, wenn Regeln der Baukunst verletzt worden sind, die eine über die Grenzverletzung hinausreichende Beeinträchtigung des Nachbarn besorgen lassen.

Widersprechen Sie bei einem Überbau möglichst schnell. Achten Sie darauf, dass keine vollendeten Tatsachen geschaffen werden.

Es können Ihnen aber selbst noch nach Jahren Ansprüche zustehen. Die Gerichte und das Fachschrifttum sind sich nicht einmal darin einig, ob Ansprüche verwirkt werden, wenn zehn oder gar 15 Jahre vergangen sind. Es kann sich also lohnen, einmal genau die Verhältnisse an der Grenze ihres Grundstücks zu prüfen.

Es wäre sicher falsch, wenn wir Ihnen jetzt über Seiten hinweg, juristisch komplizierte Einzelheiten schildern würden. Die (zahlreichen) wichtigen Gerichtsentscheidungen haben wir Ihnen ins Internet gestellt. Es gibt sogar neu ein Urteil des Bundesgerichtshofs zum Gegenstandswert bei Streitigkeiten. Wenn Sie sich auch nach Durchsicht der Gerichtsentscheidungen nicht ganz sicher sind, sollten Sie zum Rechtsanwalt gehen. Vergewissern Sie sich aber genau beim Anwalt zu dessen Gebühren, bevor er beginnt, Sie zu beraten.

Lassen Sie sich vom Anwalt Kopien aus seinen Büchern geben und seien Sie kritisch. Nicht jeder Anwalt ist so spezialisiert, dass er weiß: Duldungspflichten in Landesnachbargesetzen sind rechtswidrig. Rechtswidrig sind diese gesetzlichen Regelungen deshalb, weil die Länder gar nicht zuständig sind. Wenn Sie in aller Ruhe das Material durchlesen, das Ihnen Ihr Anwalt gibt, kann Ihnen auch sonst das eine oder andere ein- oder auffallen, das Sie mit Ihrem Rechtsanwalt besprechen sollten.

Unkraut in Nachbars Garten

Viele Leser wird erstaunen, dass gegen verwilderte Gärten meist gar nichts unternommen werden kann. Beachten Sie bitte die Abschnitte und Stichworte „Ästhetische Immissionen" (Seite 25) und „Pollenflug" (Seite 173). Die Probleme stecken überwiegend in § 906 des Bürgerlichen Gesetzbuches. Seriös kann Ihnen niemand für den Einzelfall sicher sagen, wann ein Nachbar nach der Auffassung des zuständigen Gerichts ausnahmsweise nicht mehr hinnehmen muss, dass er durch die Verwilderungen in des Nachbars Garten beeinträchtigt wird. Aus-nahmen werden daraus abgeleitet, was das nachbarliche Gemeinschaftsverhältnis verlangt. Wer den Abschnitt „Nachbarliches Gemeinschaftsverhältnis" (Seite 162) nachliest, weiß schnell, dass Treu und Glauben maßgeblich sind; und wer den Abschnitt „Treu und Glauben" (Seite 218) beachtet, erfährt, dass der Richter letztlich nach seinen eigenen Wertvorstellungen urteilt. Es gibt keine Rechtsprechung, mit der ein „naturfreundlicher" Richter veranlasst werden könnte, ausnahmsweise einen Unterlassungsanspruch zuzubilligen (von extremen Fällen abgesehen).

Trotzdem – die Autoren meinen, dass Sie nicht gleich aufgeben sollten. Wutausbrüche und Beleidigungen führen allerdings meist nicht zum Ziel, ganz im Gegenteil; gut zureden meist aber auf Dauer auch nicht. Sehen Sie bitte im Abschnitt „Rechtsdurchsetzung" (Seite 179) und gleich anschließend im Abschnitt „Unterlassung" (Seite 222) nach. Beginnen Sie – wenn der Nachbar nicht mit sich reden lässt – „einfach" und höflich, ein Verfahren einzuleiten. Sie können auch erst einmal eine kostengünstige Erstberatung bei einem Rechtsanwalt in Anspruch nehmen. Geben Sie dem Anwalt aber zuerst ein Stichwort bekannt, damit er sich kurz vorbereiten kann.

Unterlassung

Im gesamten Buch geht es fortlaufend um Unterlassungsansprüche. Im Mittelpunkt stehen die Paragrafen 1004 und 823 des Bürgerlichen Gesetzbuches, oft in Verbindung mit § 906 dieses Gesetzes. Es lohnt sich, zu Beginn Ihrer Überlegungen diese Rechtsnormen zu lesen. Mitunter verstehen Sie den Zusammenhang dann erst richtig. Nachlesen können Sie diese Normen, wie alle anderen gesetzlichen Bestimmungen auch, in den Internet-Datenbanken der von uns betreuten Zeitschriften und Portale, § 1004 auch auf Seite 23.
Besonders interessant sind die Unterlassungsansprüche zur Abwehr künftiger Beeinträchtigungen. Entscheidend ist, dass eine sogenannte Begehungsgefahr besteht. Die Begehungsgefahr muss derjenige darlegen und beweisen, der sie geltend macht. In vielen Fällen ist, wenn schon einmal verstoßen worden ist, eine Begehungsgefahr in Form einer Wiederholungsgefahr zu vermuten. Es kann jedoch auch durchaus gelingen, eine Begehungsgefahr für eine erstmals drohende Beeinträchtigung nachzuweisen. So kann, wenn eine Mobilfunkantenne installiert werden soll, eine Begehungsgefahr durch eine erstmals drohende Beeinträchtigung zu bejahen sein. In Sonderfällen kann der Anspruch auf Unterlassung einer erstmals drohenden Beeinträchtigung sogar bewirken, dass der Nachbar nicht nur

etwas unterlassen, sondern zur Unterlassung auch etwas tun muss. So, wenn auf dem Nachbargrundstück eine exotische Problempflanze wie das Traubenkraut (Ambrosia) beginnt, sich zu verbreiten und so droht, die Gesundheit von Anwohnern zu gefährden. In diesem Falle muss der Nachbar die Gefahr beseitigen.

V

Vergleich

Eine Leserin hatte aus einer Reihe von Gründen nicht eingesehen, warum sie in voller Höhe die Rechnung einer Gärtnerin für einen Heckenrückschnitt bezahlen sollte.

Berechnet hatte die Gärtnerin 428,40 Euro. Bei den Heckenrückschnitten in den Jahren 2001 und 2004 waren es, wenn auch unter etwas anderen Umständen, nur 95 DM und 105 Euro. Für den neuerlichen Heckenrückschnitt im Juni 2007 war kein Preis vereinbart worden.

Die Bilder auf Seite 224 geben einen Eindruck vom Ergebnis der Arbeit. Die Leserin machte geltend, der Heckenrückschnitt sei grob mangelhaft: Die Hecke könne nie mehr voll regenerieren, sei 30 Zentimeter niedriger als vereinbart (siehe Foto, ausgestreckte Hände), die Heckenhöhe sei uneinheitlich und differiere zwischen 1,50 und etwas unter 1,70 Meter, zudem sei die Hecke an der Straßenseite höher als innerhalb im Grundstück. Anders als früher hatte die Gärtnerin gemeinsam mit ihrem Sohn eine Motorsäge benutzt.

Die Gärtnerin machte geltend, die Arbeit sei sachgerecht und der Preis angemessen.

Zur – wie die Juristen sagen – Klaglosstellung zahlte die Leserin 100 Euro, ohne eine Rechtspflicht anzuerkennen.

Den offenen Rest klagte die Gärtnerin in voller Höhe ein (zunächst Mahnbescheid, dann Widerspruch der Leserin).

Das Amtsgericht Ellwangen/Jagst terminierte auf den 18.11.2008, Aktenzeichen: 2 C 415/08.

Der Richter setzte sich in diesem Termin – versichert die Klägerin – nicht weiter damit auseinander, ob der Preis angemessen und der Heckenrückschnitt sachgemäß ist. Sie fühlte sich gedrängt, dem Vergleichsvorschlag zuzustimmen. Nach diesem Vorschlag musste die

Wie würden Sie sich zu diesem Heckenschnitt vergleichen?

So hoch hätte die Hecke bleiben sollen.

Leserin weitere 240 Euro (einschließlich geringer anteiliger Gerichtskosten) überweisen. Insgesamt hat sie damit ca. 70 Prozent der Rechnung bezahlt.

Anwaltlich wurde der Klägerin zuvor erläutert, sie müsse allenfalls 100 Euro zahlen, die sie ja auch überwiesen hat. Sie sah jedoch – so erschien es ihr – keine Möglichkeit, dem Vergleich nicht zuzustimmen.

Ob die Klägerin mit dem Vergleich zufrieden ist, wissen die Autoren nicht. Das Schlechteste wäre, wenn auch die Klägerin mit dem Vergleich und dem Verlauf des Verfahrens unzufrieden wäre.

Dieser Fall steht sicherlich als typisches Beispiel für viele Fälle. Auf ihn müssen Sie sich einstellen.

Schwieriger sind noch die Fälle, bei denen der Streit nur mehr oder weniger in der Weise verglichen werden kann, dem Gegner alles zuzugestehen oder mit aller Kraft doch das Verfahren fortzusetzen. In dem Rechtsstreit zu der Frage: „Was ist ein „einzeln stehender Baum"? (Seite 71) hat der Leser nicht aufgegeben und mit viel Energie und Können in der zweiten Instanz, wie geschildert, voll gewonnen.

Verjährung

Siehe bitte auch „Ausschlussfristen" (Seite 29). Wie auf die Ausschlussfristen weisen wir auch auf die Verjährung jeweils im Zusammenhang hin. Achten Sie vor allem darauf: Heute stören Sie vielleicht Bäume an der Grenze nicht. Später einmal – nachdem Ihr Beseitigungsanspruch verjährt ist – können die Bäume Sie jedoch schlimm beeinträchtigen, zum Beispiel mit unerwünschtem Schatten. Siehe „Grenze – Kann ich verlangen, dass mein Nachbar die an die Grundstücksgrenze gesetzten Bäume und Sträucher wieder entfernt oder abholzt?" (Seite 84) und „Schattenwurf" (Seite 195). Für eine Reihe von Ansprüchen schließt das Bürgerliche Gesetzbuch in seinem § 924 eine Verjährung ausdrücklich aus.

Verkehrsauffassung

Oft stellen Gerichtsurteile auf die „Verkehrsauffassung" ab. Mit Recht, weil das Gesetz möglichst lebensnah angewendet werden muss. Welche Verkehrsauffassung zu einem bestimmten Thema herrscht, ist eine Sachverhaltsfrage.
Problematisch ist: „Die" Verkehrsauffassung schlechthin gibt es in den meisten Fällen gar nicht. Die eine Gruppe in der Bevölkerung fasst nämlich so auf und eine andere Gruppe gerade anders. Der einzelne Richter kann ohne eine repräsentative Umfrage nicht wissen, wie es sich wirklich verhält. Im Urteil erklärt das Gericht jedoch in aller Regel – als verfüge es über hellseherische Fähigkeiten – die Verkehrsauffassung sei eben so. Das alles heißt: Wenn Sie in einem Rechtsstreit zur Verkehrsauffassung anderer Ansicht sind als das Gericht, dann sind Sie nicht dümmer oder gescheiter als das Gericht. Weder Sie noch das Gericht können ohne repräsentative Umfrage genau wissen, wer den Sachverhalt besser kennt.
Das ist eine Schwäche im Rechtssystem. Es ist zu teuer, jedes Mal

eine Umfrage durchzuführen. Deshalb greift der Richter jeweils zu einer Notlösung: Er nimmt an, dass er ja selbst auch zum Verkehr gehöre und deshalb beurteilen könne, wie der Verkehr auffasst.

Etwas fortgeschritten argumentieren Gerichte in einigen Fällen, es komme auf den „Durchschnittsbürger" an oder (sog. Europäisches Verbraucherleitbild) auf den „durchschnittlich informierten, verständigen und aufmerksamen Durchschnittsbürger". Aber diese Kriterien machen die Urteile kaum besser. Es fassen nämlich nicht alle „Durchschnittsbürger" gleich auf.

Auch zu diesem Thema gilt selbstverständlich, was wir im Vorwort schon angeboten haben: Wenden Sie sich bitte an uns, wenn wir Ihnen vielleicht weiterhelfen können. Die Probleme zur Verkehrsauffassung sind auch unter den Juristen nicht allgemein bekannt. Es kann deshalb sinnvoll sein, wenn wir Sie auf weiteres Schrifttum und auf nützliche Urteile hinweisen.

Verkehrssicherungspflicht

Die Verkehrssicherungspflicht gewinnt in vielen Zusammenhängen Bedeutung. Siehe zum Beispiel den Abschnitt „Räum- und Streupflicht" (Seite 175). Im Register finden Sie weitere Hinweise. Hier beantworten wir noch einige Fragen, die sich öfters stellen.

? *Wer trägt die Verkehrssicherungspflicht und was besagt sie in wenigen Worten?*

Die Verkehrssicherungspflicht, zum Beispiel für sturmgefährdete Bäume, liegt beim Eigentümer, der die Pflicht aber auf den Mieter übertragen kann und dann nur eine Kontrollpflicht zur Verkehrssicherung hat. Wird die Verkehrssicherungspflicht verletzt, so haftet der Eigentümer beziehungsweise der Mieter aus unerlaubter Handlung oder aus Vertrag. So kann ein Hauseigentümer seinem Mieter für den gleichen Anlass sowohl „deliktisch", also aus unerlaubter Handlung, als auch mietvertraglich haften. Letztlich geht die Verkehrssicherungspflicht auf Treu und Glauben zurück. Sie beruht auf dem Gedanken, dass jeder, der Gefahrenquellen schafft, die notwendigen Vorkehrungen zum Schutze Dritter treffen muss. Wer verkehrssicherungspflichtig ist, hat also für einen verkehrssicheren Zustand zu sorgen. Es ist nur das zu tun, was nach der Verkehrsauffassung (siehe Abschnitt: „Verkehrsauffassung", Seite 225) erwartet werden darf. Die Verkehrssicherungspflicht verlangt nicht etwa, dass für alle denkbaren Möglichkeiten vorgesorgt wird. Nur was zumutbar ist, wird verlangt. So oder so ähnlich formulieren die Gerichte und belassen sich damit praktisch für den Einzelfall verhältnismäßig viel Freiheit. Solche offenen Definitionen sind typisch für die Rechtsprechung. Welche Situation dadurch entsteht, beschreiben wir Ihnen im Abschnitt „Treu und Glauben" (Seite 218).

? *Besteht eine Verkehrssicherungspflicht für Trampelpfade?*

Verhältnismäßig oft muss zu Trampelpfaden geurteilt werden. Vor allem in Wohnungseigentumsanlagen entstehen öfters Trampelpfade. Wenn die Wohnungseigentümer zumindest durch schlüssiges Handeln den allgemeinen Fußgängerverkehr zulassen, dann sind sie verkehrssicherungspflichtig (VGH München, Aktenzeichen: 8 ZB 485/06). Ausführlich hat sich im Oktober 2005 das Oberlandesgericht Jena mit einem Trampelpfad befasst. Wenn Sie mit dieser Problematik „Trampelpfad" konfrontiert sind, wird Ihnen dieses Urteil vermutlich weiterhelfen. Aktenzeichen: 4 U 843/04. An anderer Stelle dieses Buches haben Sie sicher auch schon diesen Hinweis gelesen: Alle in diesem Buch erwähnten Gerichtsentscheidungen und noch viel mehr zum Thema „Garten- und Nachbarrecht" haben wir in die Urteilsdatenbank der von uns betreuten Zeitschriften eingestellt.

? *Welche Verkehrssicherungspflichten bestehen?*

Wer eine Gefahrenquelle eröffnet oder den öffentlichen Verkehr auf seinem Grundstück ermöglicht oder duldet, hat die allgemeine Rechtspflicht, die nötigen und zumutbaren Vorkehrungen zum Schutze Dritter zu schaffen. Er muss also für einen verkehrssicheren Zustand sorgen. Der Verpflichtete muss zum Beispiel Straßen und Wege (je nach deren Verkehrsbedeutung) in einem ordnungsgemäßem Zustand erhalten, beleuchten, bei Glatteis und Schneeglätte in zumutbarem Umfang streuen, Geländer anbringen, Baustellen absichern. Siehe Abschnitt „Räum- und Streupflicht" (Seite 175). Wer die Verkehrssicherungspflicht verletzt, haftet nach § 823 des Bürgerlichen Gesetzbuches aus unerlaubter Handlung wegen pflichtwidrigen Unterlassens (siehe zu diesem Begriff: Abschnitt „Unterlassung", Seite 222). Der Haftungsvorwurf lautet, dass die im Verkehr erforderliche Sorgfalt nicht beachtet wurde und deshalb – siehe § 823

– fahrlässig Rechte, zum Beispiel die Gesundheit oder das Eigentum, verletzt wurden.

Absolute Sicherheit kann niemals gewährleistet werden. Deshalb haftet beispielsweise nicht ein Bauherr für Unfälle beim Hausbau an einer für alle offenkundigen Gefahrenstelle; Oberlandesgericht Brandenburg, Aktenzeichen: 11 U 20/05.

? *Wie verhält es sich im Besonderen mit der Verkehrssicherungspflicht in Bezug auf Kinder?*

Einerseits besteht gegenüber Kindern eine gesteigerte Verkehrssicherungspflicht, die erst endet, wo das natürliche Angstgefühl auch Kinder mahnt, vorsichtig zu sein. Andererseits geht die Aufsichtspflicht der Eltern im Regelfall der Verkehrssicherungspflicht vor. Wie schwierig es ist, im Einzelfall zu entscheiden, zeigen die Urteile zu Unfällen im Bereich von Gartenteichen und Schwimmbecken. Wie so oft im Recht müssen die Umstände des Einzelfalles gegeneinander abgewogen werden. Anhaltspunkte sind zusätzlich zu dem, was wir auf die Frage geantwortet haben: „Bin ich verpflichtet, meinen Teich und mein Schwimmbecken wegen der Nachbarkinder abzusichern?" (Seite 205):

Bei Kindern kann ab einem bestimmten Alter (zirka vier Jahre) erwartet werden, dass sie wissen, dass Grundstücksgrenzen zu respektieren sind und diese unbefugt nicht überschritten werden dürfen. Der Grundstücksbesitzer darf also zunächst einmal davon ausgehen, dass seine Grundstücksgrenzen von Kindern respektiert werden und die Kinder nicht versuchen, den Gartenteich zu erreichen. Voraussetzung dafür ist aber, dass die Grundstücksgrenzen für das Kind auch als solche klar und deutlich erkennbar sind. Dazu ist nicht zwingend ein unüberwindbarer Zaun nötig. Auch Hecken, Bäume, Sträucher, kleine Mauern und Blumenbeete sind geeignet, die Grundstücksgrenzen zu markieren. Für das Kind muss erkennbar sein, dass hier das Grundstück des Nachbarn beginnt, das es ohne Erlaubnis nicht betreten darf. Allgemein zur Aufsichtspflicht der Eltern siehe Abschnitt: „Aufsichtspflicht der Eltern" (Seite 26).

? *Was muss bei Bäumen bezüglich der Verkehrssicherungspflicht beachtet werden?*

Siehe bereits im Abschnitt „Baum": „Muss ich meinen Baumbestand regelmäßig auf Krankheiten und Überalterung sowie sonst auf seine Standfestigkeit hin kontrollieren und kann sich für den Nachbarn ein finanzieller Ausgleichsanspruch ergeben? (Seite 37) und: „Wie verhält es sich, wenn ich auf einen angeblich bedenklichen Zustand eines Baumes hingewiesen werde?" (Seite 40).

Die Verkehrssicherungspflicht verlangt, dass der Eigentümer die Bäume auf seinem Grundstück in angemessenen Zeitabständen auf Krankheit und Überalterung überprüft. Grundsätzlich genügt dabei eine äußere Zustands- und Gesundheitsprüfung. Sie kann vom Boden erfolgen, ohne dass Leitern oder Hubbühnen verwendet werden müssen. Nur wenn der Baum Defekte oder äußerlich erkennbare Krankheiten zeigt, muss er durch Fachleute weitergehend untersucht werden. Wird dann nichts unternommen, wird also der Baum nicht gefällt oder zumindest die kranken Äste entfernt, wird grundsätzlich gegen die Verkehrssicherungspflicht verstoßen. Dies gilt insbesondere, wenn der Baum bereits erkennbar durch vorherige Witterungseinflüsse – wie Sturm oder Blitzschlag – geschädigt ist. Siche auch Abschnitt: „Baum" (Seite 37).

? *Wie verhält es sich bei Laub?*

Nach einem Urteil des Landgerichts Coburg vom 22. Februar 2008 würde es den Rahmen des tatsächlich und wirtschaftlich Zumutbaren überspannen, wollte man verlangen, dass herunterfallendes Laub jeweils sofort entfernt wird. Aktenzeichen: 14 O 742/07. Warum es auf die Zumutbarkeit ankommt, haben wir in diesem Abschnitt: „Verkehrssicherungspflichten" als Antwort auf die Frage beschrieben: „Wer trägt die Verkehrssicherungspflicht und was besagt sie in wenigen Worten?" (Seite 226). Der Verantwortliche darf sich – so das Gericht – darauf verlassen, dass sich Fußgänger auf eine gewisse Rutschgefahr einstellen. Im entschiedenen Fall hatte die Grundstückseigentümerin, eine Gemeinde, „wenige Tage" vor dem Unfall das Laub turnusmäßig beseitigt.

? *Muss ich bei einer schadhaften Dachrinne etwas unternehmen?*

Selbstverständlich, wenn und soweit Gefahr droht. Wenn das Wasser auf dem Gehweg gefriert, muss unter Umständen den ganzen Tag über der Gehweg auf Glatteis kontrolliert werden (Landgericht München II, Aktenzeichen: 8 S 3428/05).

? *Hafte ich, wenn jemand aus meinem Vorgarten einen Betonklotz auf die Straße bringt?*

Das Amtsgericht Limburg hat entschieden, dass der Grundstückseigentümer nicht haftet. Das Gericht meint, es „wären die Anforderungen an die jeweiligen Grundstückseigentümer maßlos überzogen, wenn diese die Verkehrsteilnehmer vor allen möglichen Gefahren, die von auf dem Grundstück befindlichen Gegenständen, wie bei Schäden an einem Pkw durch Steine, schützen müssten". Aktenzeichen: 4 C 2124/05. Das Gericht hat zusammenfassend klar formuliert: Es „ist hier zu betonen, dass Grundstückseigentümer grundsätzlich nicht gegen die ihnen obliegende Verkehrssicherungspflicht verstoßen, wenn sie Gegenstände unbefestigt auf ihrem Grundstück lagern". Das Landgericht Limburg hat dem Geschädigten auf dessen Berufung in einem Beschluss mitgeteilt, es werde genauso entschieden. Der Geschädigte hat deshalb die Berufung zurückgenommen.

? *Wie muss bei einem Mietshaus die Garagenein- und -ausfahrt gesichert werden?*

Im August muss die Garagenein- und -ausfahrt unter normalen Umständen nicht mehrmals am Tage daraufhin kontrolliert werden, ob sie verschmutzt ist, und sie muss auch nicht täglich gereinigt werden. Etwas anderes wäre unzumutbar. So entschieden hat das Kammergericht in Berlin in einem Urteil mit dem Aktenzeichen: 9 U 185/05.

! *Wie schon erwähnt: Siehe auch „Räum- und Streupflicht" (Seite 175).*

Versicherung

Siehe bereits „Rechtsschutzversicherung" (Seite 187). Gegenstände, die sich im Freien befinden, sind nicht haftpflichtversichert. Ausnahmen bestehen nur für Radio- und Fernsehantennen sowie für Markisen. So entschieden hat das Amtsgericht München, Aktenzeichen:

C 19971/06. Gestritten wurde in diesem Falle wegen eines Hagelschadens einer Stahlplastik, die auf der nicht eingefriedeten Terrasse stand.

Vertragsauslegung

Gerichte begründen zur Vertragsauslegung ihre Urteile immer wieder mit der „Verkehrsanschauung" der Verkehrsauffassung oder der „Verkehrssitte". Oft erklären sie aber nicht, warum es auf die Verkehrsanschauung oder die Verkehrssitte ankommt. Der Grund, warum auf die Verkehrsanschauung oder die Verkehrssitte abgestellt werden muss, ist, dass „Verträge so auszulegen sind, wie Treu und Glauben mit Rücksicht auf die Verkehrssitte es erfordern". So bestimmt es § 157 des Bürgerlichen Gesetzbuches. Ergänzend werden zur Vertragsauslegung auch noch die §§ 133 und 242 BGB herangezogen. § 242 bezieht sich ebenso wie § 157 auf Treu und Glauben, indem er bestimmt: „Der Schuldner ist verpflichtet, die Leistung so zu bewirken, wie Treu und Glauben mit Rücksicht auf die Verkehrssitte es erfordern". „Verkehrsanschauung" und „Verkehrssitte" werden, soweit es in diesem Buch interessiert, in einem gleichen Sinne verstanden.

In mehr als 99 Prozent der Fälle unterstellen die Gerichte von sich aus, wie sich die Verkehrsanschauung bzw. die Verkehrssitte darstellen. Gelegentlich werden jedoch auch repräsentative Umfragen herangezogen. Repräsentative Umfragen ermitteln die Verhältnisse zuverlässiger. Mit den Einzelheiten befasst sich die Angewandte Rechtssoziologie. Für den Normalfall reicht es aus zu wissen, dass in aller Regel die Gerichte von sich aus urteilen, wie sich die Verkehrsanschauung darstellt. Grundsätzliche Hinweise finden Sie im Abschnitt: „Verkehrsauffassung" (Seite 225).

Videobeobachtung

Die Videobeobachtung nimmt sprunghaft zu. Es wird geschätzt, dass allein im nicht öffentlichen Bereich bereits 400.000 Überwachungsanlagen installiert sind.

Wir haben Ihnen möglichst viele Gerichtsentscheidungen in die Urteilsdatenbank der von uns betreuten Zeitschriften gestellt. Wie stets muss zwischen den sich gegenüberstehenden Interessen abgewogen werden. Abwägen bedeutet meist aber auch Rechtsunsicherheit; siehe die Seitenhinweise auf den „richterlichen Dezisionismus" im Register. Persönlichkeitsrechte werden bei der Abwägung stark gewichtet; das heißt als Faustregel: Die Gerichte entscheiden zugunsten derjenigen, die aufgenommen werden können und sich auf ihr Persönlichkeitsrecht berufen; es sei denn, es sprechen sehr gewichtige Gründe für den, der die Videokamera installiert. Aus den eingestellten Entscheidungen können Sie im Sinne dieser Abwägungsgrundsätze entnehmen:

Grundsätzlich darf das eigene Grundstück beobachtet werden, solange die Beobachtung nicht unsachlich ist. Unzulässig ist dagegen in aller Regel, das Nachbargrundstück oder die Benutzer eines öffentlichen Zugangs eines Grundstücks zu beobachten. Zum Nachbarn hin muss selbst ein „Überwachungsdruck" verhindert werden. Ein Überwachungsdruck wird aber noch nicht bejaht, wenn die Kameras nur mit erheblichem und äußerlich wahrnehmbarem Aufwand auf das Nachbargrundstück ausgerichtet werden können. Besonderheiten sind zu beachten für Wohnungseigentumsanlagen, für Mietverhältnisse und für Zugangswege.

Bei Wohnungseigentumsanlagen ist insbesondere noch nicht definitiv geklärt, ob der Einbau einer Kamera als eine bauliche Veränderung anzusehen ist, die nach den Paragrafen 14, 22 des Wohnungseigentumsgesetzes grundsätzlich einstimmig zu beschließen ist.

Gerade in dem Bereich der Videoüberwachung können sich Einzelheiten stark auswirken. Wenn Sie beispielsweise in einer Entscheidung lesen, Mieter dürften nicht beobachtet werden, dann heißt dies noch längst nicht, dass wegen ständiger, ekeliger Verunreinigungen im Keller nicht doch beobachtet werden darf.

Als allgemeine Verbotsgrundlagen kommen im Bereich des Garten- und Nachbarrechts neben dem im Nachbarrecht oft allgemein anwendbaren § 1004 des Bürgerlichen Gesetzbuches (BGB) vor allem in Betracht – wir zählen nacheinander kurz auf: Paragraf 823 Absatz 1 BGB mit dem Persönlichkeitsrecht als absolut geschütztem Recht, das Recht am eigenen Bild nach den Paragrafen 22 und 23 des Kunsturhebergesetzes (die allerdings nur die Verbreitung und die öffentliche Zurschaustellung betreffen), § 6 b des Bundesdatenschutzgesetzes für öffentlich zugängliche Bereiche (nicht auch für den ausschließlich privaten oder familiären Bereich), der im Jahre 1994 eingeführte § 201 a des Strafgesetzbuches (StGB) zur Verletzung des höchstpersönlichen Lebensbereichs durch Bildaufnahmen und § 238 StGB zum Verbot des Nachstellens.

Zur Videobeobachtung wurden Urteile erlassen, die viele als ungerecht ansehen werden. So zum Beispiel das Urteil des Bundesgerichtshofs mit dem Aktenzeichen VI ZR 272/94. Der BGH entschied gegen eine Hauseigentümerin, die eine Videokamera installierte, weil „des öfteren Unrat auf ihr Grundstück geworfen worden war". Gerichtet war die Kamera auf einen schmalen Weg, den mehrere Anwohner ständig benutzen mussten. Der BGH nahm an, dass das Persönlichkeitsrecht so schwer verletzt werde, dass Gegeninteressen unbeachtlich seien, zumal der gegen die Hauseigentümerin klagende Nachbar nicht nachweisbar einen Anlass gegeben hätte.

Zumindest vielen Hauseigentümern wird der Beschluss des Amtsgerichts Berlin-Lichtenberg vom 24. Januar 2008 unverständlich erscheinen, Aktenzeichen: 10 C 156/07. Nach ihm sind selbst Videokamera-Attrappen zur Einsicht in den Hauseingangs-, Hof- und Gartenbereich eines Mietshauses in der Regel unzulässig. In diesem Sinne haben auch andere Gerichte bereits entschieden; so etwa das Landgericht Bonn, Aktenzeichen: 8 S 139/04.

W

Wäschespinne

 Darf ich in der Wohnanlage eine Wäschespinne aufstellen?

Grundsätzlich: ja. Jedenfalls dann, wenn Sie sie dort aufstellen, wo sie ein Sondernutzungsrecht haben, wenn die Wäschespinne nicht fest verankert, also flexibel ist und wenn sie nur aufgestellt wird, wenn Wäsche getrocknet wird. So hat das Oberlandesgericht Zweibrücken entschieden; Aktenzeichen: 3 W 198/99.

Wasser

Das Wasserrecht gehört zu den Gebieten, die auch deshalb schwieriger sind, weil es sowohl (nachbarschützende und nicht nachbarschützende) öffentlich-rechtliche als auch privatrechtliche Regelungen gibt und diese Regelungen teilweise ineinandergreifen. Vergewissern Sie sich, indem Sie im Zweifel bei uns nachfragen – wie wir es im Vorwort anbieten.

? *Wer trägt den Schaden, wenn Geröll, Erde oder Wasser über die Grundstücksgrenze gelangen?*

Siehe „Schäden durch fremde Einwirkungen, wie durch Sturm und Regen, durch Tiere oder Vertiefung des Nachbargrundstücks" (Seite 189).

? *Muss ich dulden, dass Regenwasser oder Wasser vom Nachbarn auf mein Grundstück läuft?*

Wenn Wasser von einem höheren auf ein niedriger gelegenes Grundstück abfließt, muss das als Naturgegebenheit in der Regel hingenommen werden. Es ist jedoch grundsätzlich nicht erlaubt, einen bestehenden Wildwasserabfluss auf das Nachbargrundstück zu verstärken oder sonst den Wasserabfluss nachteilig zu verändern. Siehe aus der neueren Rechtsprechung zu diesem Themenkreis das Urteil des Oberlandesgerichts Karlsruhe vom 11. April 2007, Aktenzeichen: 6 U 141/05. Der Besitzer des niedriger gelegenen Grundstückes darf auch bei unverändert („wild") abfließendem Wasser gegen den Wasserfluss geeignete Schutzmaßnahmen ergreifen. Dadurch darf es allerdings nicht zu einer erheblichen Beeinträchtigung des Oberliegergrundstückes oder anderer Nachbarn kommen. Regenwasser (auch Traufwasser), das von Gebäuden eines Grundstückes abgeleitet wird, muss auf dem eigenen Grund und Boden gesammelt und entsorgt werden – wie in der Regel die Nachbarrechtsgesetze und die Bauordnungen der Länder regeln, siehe zum Beispiel § 1 Nachbarrechtsgesetz Baden-Württemberg, § 26 Nachbarrechtsgesetz Schleswig-Holstein, § 27 Nachbarrechtsgesetz Nordrhein-Westfalen.

Zum besseren Verständnis der Begriffe: Unter Traufwasser wird Niederschlagswasser (Regen und Schneewasser) verstanden, das nicht unmittelbar auf den Boden, sondern zunächst auf eine bauliche Anlage fällt. Als wild abfließendes Wasser wird der Niederschlag bezeichnet, der unmittelbar auf den Boden auftrifft. Siehe bitte auch: „Traufrecht" (Seite 218).

Sie müssen grundsätzlich nicht dulden, dass Sie von Wasser durch irgendwelche Aktionen Ihres Nachbarn beeinträchtigt werden, zum Beispiel durch abfließendes Gießwasser, Autowaschwasser oder Wasser aus einem Gartenschlauch. In solchen Fällen steht Ihnen ein

Unterlassungs- und Abwehranspruch nach § 1004 des Bürgerlichen Gesetzbuches zu.

? *Muss ich zulassen, dass mein Nachbar das auf seinem Grundstück anfallende Regenwasser über eine auf meinem Grundstück befindliche Rinne ableitet?*

Das Oberlandesgericht Karlsruhe urteilte am 28. Mai 2008, dass der Nachbar keinen Anspruch hat; Aktenzeichen: 6 U 149/06. Anwendbar sind die Nachbarrechtsgesetze der Bundesländer; im entschiedenen Fall war das § 7e Nachbarrechtsgesetz Baden-Württemberg. Das OLG kam aufgrund eines Augenscheins an Ort und Stelle zu dem Ergebnis, dass der Nachbar das auf seinem Grundstück anfallende Regenwasser über sein eigenes Grundstück in den unmittelbar angrenzenden Bach ableiten kann.

? *Gehört dem Grundstückseigentümer auch das Grundwasser?*

Nein. Die Rechtsverhältnisse am Grundwasser regeln das Wasserhaushaltsgesetz und die Landeswassergesetze. Wer das Grundwasser nutzen will, muss sich die Nutzung erlauben lassen.

? *Darf ich Gießwasser aus dem Bach bei meinem Grundstück oder auf meinem Grundstück nehmen?*

§ 24 des Wasserhaushaltsgesetzes regelt den Eigentümer- und Anliegergebrauch. Die Wassergesetze der Länder ergänzen diese Regelung. Es macht im Prinzip keinen Unterschied, ob das Gewässer Teil des Grundstückseigentums ist (§§ 1 a Abs. 3, 24 WHG) oder nicht. Grundsätzlich gilt: Oberirdische Gewässer dürfen entgegen dem allgemeinen Prinzip des § 2 WHG ohne Erlaubnis oder Bewilligung für den Eigenbedarf benutzt werden, wenn mit Handgefäßen geschöpft wird, andere nicht beeinträchtigt werden und nicht zu erwarten ist, dass der Wasserhaushalt beeinträchtigt wird. Oft stellen Gemeinden, zum Beispiel die Landeshauptstadt Dresden – Amt für Umweltschutz, ein „Merkblatt zur Wasserentnahme aus oberirdischen Gewässern" zur Verfügung. Sie finden dieses Merkblatt in den Datenbanken der von uns betreuten Zeitschriften.

? *Wie verhält es sich, wenn ich für meinen Teich oberirdische Gewässer nutzen will?*

Wer im Zusammenhang mit dem Betrieb von Teichanlagen Gewässer benutzen will, bedarf in der Regel aufgrund des allgemeinen Grundsatzes (§ 2 des Wasserhaushaltsgesetzes) einer Erlaubnis. Die Landkreise und Gemeinden geben häufig Informationsblätter zur Errichtung und Änderung von Teichanlagen sowie zur Gewässernutzung für Teichanlagen heraus. In die Datenbanken der von uns betreuten Zeitschriften haben wir Ihnen als Beispiel das Informationsblatt des Landratsamtes Rottal-Inn eingestellt. Selbstverständlich erhalten Sie bei den Landkreisen und Gemeinden Antragsformulare.

? *Welche Bestimmungen gelten für das Abwasser?*

Der Bau und der Betrieb von Abwasseranlagen ist in den Paragrafen 18 b und 7 a des Wasserhaushaltsgesetzes geregelt. Wie alle Bestimmungen können Sie auch diese Regelungen in den Datenbanken der von uns betreuten Zeitschriften nachlesen. Unter Abwasser versteht man nicht nur Schmutz oder Brauchwasser, sondern auch Drainwasser, Grundwasser, wenn es sich im Keller sammelt und Wasser aus gebrochenen Rohren.

Widerrufsrecht

Siehe „Habe ich ein Widerrufsrecht, wenn ich über sogenannte Fernkommunikationsmittel (Brief, Telefon, Internet, Fax, etc.) kaufe, sogenannter Fernabsatzvertrag?" (Seite 140).

Windkraftanlagen

In Deutschland produzieren bereits ca. 20.000 Windenergieanlagen ca. 6 Prozent des bundesweit erzeugten Stroms. Die Bezeichnungen Windenergie- und Windkraftanlagen werden in der Regel gleichbedeutend verwendet.

Windkraftanlagen gehören für Nachbarn zu den Gefahren, um die Sie sich so früh, wie überhaupt nur möglich, sorgen müssen. Vor allem auch deshalb, weil oft die „privatrechtsgestaltende Präklusion" greift, wenn die Anlage genehmigt ist. Nach ihr sind privatrechtliche und selbstverständlich genauso subjektiv-öffentliche Nachbaransprü-

Windkraftanlagen können rechtswidrig stören.

che ausgeschlossen, soweit sie zu einer Einstellung des Betriebs der Anlage führen würden. Betroffenen Nachbarn bleiben, wenn überhaupt, nur Ansprüche auf Verringerung der Immissionen und auf Schadensersatz. Was unter Immissionen im Einzelnen zu verstehen ist, können Sie im Abschnitt „Immissionen" (Seite 105) nachlesen. Begriffe wie „subjektiv-öffentliche Rechte" erläutern wir im Abschnitt „Immissionsschutzgesetze" (Seite 109). Vergewissern Sie sich zu Begriffen bitte auch über das „Register" am Ende dieses Buches.

Bei den von den Autoren betreuten Zeitschriften und Online-Diensten finden Sie in den Datenbanken zu diesem Buch möglichst vollständig alle Rechtsnormen, Richtlinien und Gerichtsentscheidungen. Hier im Buch selbst erhalten Sie einen Überblick, der Ihnen auch ermöglichen soll, sich in den Urteilen gut zurechtzufinden.

Für Windkraftanlagen gelten öffentlich-rechtliche und privatrechtliche Bestimmungen, wobei Nachbarn auch aus öffentlich-rechtlichen Regelungen teilweise Ansprüche ableiten können. Informieren Sie sich bitte im Abschnitt „Immissionsschutzgesetze" (Seite 109).

Jedenfalls Anlagen mit einer Gesamthöhe von 50 Metern sind generell nach dem Bundesimmissionsschutzgesetz genehmigungspflichtig. Siehe dazu insbesondere Ziff. 1.6 des Anhangs zur 4. BImSchV. Üblich sind heute Anlagen mit einem Rotordurchmesser von 115 Metern und einer Nabenhöhe von 120 Metern. Informieren können Sie sich auch unter www.wind-energie.de und www.deutsche-windindustrie.de. Im Genehmigungsverfahren kann im Einzelfall das Umweltverträglichkeits-Prüfungsgesetz rechtserheblich werden. Der Eingriff in Natur und Landschaft im Sinne von § 18 Absatz 1 des Bundesnaturschutzgesetzes wird im Rahmen des Genehmigungsverfahrens „huckepack" von den zuständigen Behörden geprüft. Die Paragrafen 29 bis 35 des Bundesbaugesetzbuches sind zu beachten. So wird zum Beispiel im Rahmen des § 35 BBauGB geklärt, ob die Drehbewegung der Rotoren als Nachteil zulasten benachbarter Grundstücke anzusehen sind. Besonders nützlich kann für Sie sein, zu diesem Themenkreis den Beschluss des Bundesverwaltungsgerichts Aktenzeichen: 4 B 72.06 in der Urteilsdatenbank nachzulesen.

Ob privatrechtliche Nachbaransprüche bestehen, richtet sich, wie so oft, überwiegend nach den Paragrafen 1004 und 906 des Bürgerlichen Gesetzbuches. Damit Sie so gut wie möglich ermitteln können, was in Ihrem Falle diese Bestimmungen bedeuten, haben die Autoren auch zu diesem Thema viele Gerichtsentscheidungen in die Urteilsdatenbanken eingestellt. Im Vordergrund der Urteile steht:

Inwiefern dürfen die dumpf-anhaltenden und die an- und abschwellenden Töne sowie die schlagartigen Geräusche, alles sogenannte Immissionen, abgewehrt werden? Muss akzeptiert werden, dass Fernsehen und Radio nicht mehr gut empfangen werden können? Wie sind die Interessen gegeneinander abzuwägen? Müssen der „Disco-Effekt" und die „temporäre Abschattung" hingenommen werden? Beim Disco-Effekt wird das Licht von den Rotorblättern reflektiert. Bei der temporären Abschattung werfen die Rotorblätter wandernde Schatten.

Als Maßstab werden die von einzelnen Länderministerien verkündeten „Winderlasse" sowie die „Technische Anleitung zum Schutz gegen Lärm" (TA-Lärm) oft herangezogen. Verbindlich sind diese Regelwerke für den privatrechtlichen Nachbarschutz (zum öffentlichen Recht siehe in der Datenbank das Urteil des Bundesverwaltungsgerichts vom 29. August 2007, Aktenzeichen: 4 C 2.07) jedoch nicht.

Anhaltswerte sind: Bei einem Abstand von 300 oder 350 Metern wirkt sich die Anlage nicht erdrückend aus. Bei 30 Minuten pro Tag wird die temporäre Abschattung unzumutbar. Gelegentlich bejahen Gerichte ein generelles Verbot für Schatteneffekte für Wohnräume und den intensiv genutzten Außenbereich. Mitunter hat ein Gericht auch schon angenommen, dass sich Nachbarn nicht ständig ansehen müssen, wie sich der Rotor kreisförmig bewegt.

Es können auch spezielle örtliche Bestimmungen zu beachten sein. So dürfen nach dem nordrhein-westfälischen Winderlass Gemeinden einen Abstand von 1.500 Metern vorschreiben.

Wohnanlage, Wohnungseigentum

Der Bundesgerichtshof hat am 28. September 2007 ein richtungsweisendes Urteil gefällt, Aktenzeichen: V ZR 276/06. Es hatte zwar zu Bruchteilseigentum zu entscheiden. Um zum Bruchteilseigentum entscheiden zu können, hat das Urteil jedoch die von anderen zuvor schon vertretene Meinung bekräftigt, dass bei Streitigkeiten zwischen Wohnungseigentümern über die Bepflanzung unmittelbar benachbarter Gartenteile mit Sondernutzungsrecht die nachbarrechtlichen Vorschriften entsprechend gelten. Als Wohnungseigentümer können Sie somit in der Regel alle Ausführungen dieses Buches heranziehen. Das erwähnte Urteil des Bundesgerichtshofs stellt dementsprechend ausdrücklich fest, dass für das Wohnungseigentum auch die in dem jeweiligen Bundesland geltenden nachbarrechtlichen Bestimmungen über die Grenzabstände von Bäumen und Sträuchern und ihren Rückschnitt sowie über Ausschlussfristen für die Geltendmachung von Beseitigungsansprüchen heranzuziehen sind. Vor allem zu den Ausschlussfristen haben die Amts-, Land- und Oberlandesgerichte früher gerne anders entschieden.

An einigen Stellen dieses Buches gehen wir aber zusätzlich direkt auf das Wohnungseigentum ein.

Das Urteil bestätigt darüber hinaus die Entscheidung von Instanzgerichten, dass zwischen den Mitgliedern einer Wohnungseigentümer-Gemeinschaft noch weitergehende Rücksichtnahmepflichten gelten als im allgemeinen Nachbarrecht. Der Grund ist klar, wenn Sie die Abschnitte „Nachbarliches Gemeinschaftsverhältnis" (Seite 162) sowie „Treu und Glauben" (Seite 218) bitte durchlesen, nämlich: Durch die meist größere Enge verlangen Treu und Glauben, dass man noch mehr Rücksicht aufeinander nimmt.

Interessant ist noch ein Urteil des Oberlandesgerichts München, Aktenzeichen: 34 Wx 160/05: In der Regel darf ein Wohnungseigentümer im Treppenhaus eine Garderobe nur anbringen, wenn alle Wohnungseigentümer zustimmen.

Wohnwagen

Bei den Fragen um die Aufstellung von Wohnwagen wirkt sich aus, dass nach der Rechtsprechung ästhetische Immissionen grundsätzlich im Verhältnis der Nachbarn untereinander hinzunehmen sind. Siehe „Immissionen" (Seite 105) und „Ästhetische Immissionen" (Seite 25).

? *Muss die optische Beeinträchtigung durch einen Wohnwagen geduldet werden?*

Grundsätzlich darf ein Wohnwagen auf dem Privatgrundstück abgestellt werden. Allein die damit verbundene optische Beeinträchtigung reicht in aller Regel nicht aus, um sich erfolgreich zivilrechtlich (Verhältnis Bürger/Bürger) durchzusetzen. Auch Schattenwurf ist im Allgemeinen zu dulden. Manchmal kann aber das öffentliche Recht (Verhältnis Bürger/Staat) weiterhelfen.

? *Welche öffentlich-rechtlichen Vorschriften müssen eingehalten werden?*

Wer einen Wohnwagen abstellt, muss aber eine Reihe öffentlich-rechtlicher Vorschriften beachten. Häufig gibt es in den einzelnen Bundesländern unterschiedliche Regelungen. Als Beispiel stellen die von uns betreuten Zeitschriften das Hamburger Wohnwagengesetz ins Netz. Auch können die Gemeinden örtliche Satzungen erlassen. Hingewiesen sei in diesem Zusammenhang auf die berühmt-berüchtigte Vorgartensatzung der Stadt München, die in Vorgärten zum Beispiel sogar Fahrradschuppen verbietet. Deshalb sollten Sie sich auf jeden Fall vorher erkundigen, was in Ihrem Fall genau gilt.

? *Wo kann ich mich erkundigen?*

Zuständig ist die sogenannte „untere Bauaufsicht". In kleineren Gemeinden wird die untere Bauaufsicht vom Landratsamt oder der Kreisbehörde ausgeübt. In größeren Gemeinden ist die Gemeinde selbst die untere Bauaufsichtsbehörde.

? *Muss der Wohnwagen einen genehmigten Stellplatz haben?*

Der Wohnwagen muss in der Regel einen Stellplatz haben. Ein Stellplatz ist eine zum Abstellen von Kraftfahrzeugen vorgesehene Fläche auf Privatgrund. Einzelheiten sind meist in den Stellplatzverordnungen der jeweiligen Landesbauordnungen der einzelnen Bundesländer geregelt. So kann etwa sogar eine Brandschutzmauer vorgeschrieben sein. Ist der Stellplatz nur für ein Auto vorgesehen, kann ein zweiwöchiges Abstellen eines Wohnwagens schon eine rechtswidrige Nutzung sein. Je nach den Umständen des Einzelfalles kann die Behörde sogar annehmen, dass von dem Wohnwagen eine gebäudeähnliche Wirkung ausgeht. Die bedeutet, dass mit dem Wohnwagen Abstandsflächen zum Nachbargrundstück eingehalten werden müssen. Hält Ihr Nachbar diese Vorschriften nicht ein, muss er den Wohnwagen grundsätzlich wieder entfernen und ihn beispielsweise gebührenpflichtig auf einem Parkplatz überwintern.

? *Sollte ein Wohnwagen regelmäßig wieder in Betrieb genommen werden?*

Es ist empfehlenswert, den Caravan mit Saisonkennzeichen auszustatten oder ihn vorübergehend stillzulegen. Wird der Wohnwagen ganz stillgelegt, kann nämlich das Ordnungsamt einschreiten. Wird ein Fahrzeug für mehr als 18 Monate aus dem Verkehr gezogen, so hat der Halter nach § 27 StVZO dies der Zulassungsbehörde unverzüglich anzuzeigen und das amtliche Kennzeichen entstempeln zu lassen.

? *Ist für einen Wohnwagen eine Baugenehmigung erforderlich?*

Auch wenn ein Wohnwagen beweglich ist, kann es sich im Einzelfall um eine sogenannte bauliche Anlage handeln. Insbesondere im planungsrechtlichen Außenbereich (außerhalb im Zusammenhang bebauter Ortsteile) kann wegen der Beeinträchtigung öffentlicher Belange grundsätzlich eine Baugenehmigung für den abgestellten Wohnwagen erforderlich sein. Auch hier gibt es regionale Unterschiede zu beachten. Jedenfalls wenn das Grundstück als Abstellplatz eine entsprechende Baugenehmigung hat, ist für den Wohnwagen in der Regel nicht gesondert eine Baugenehmigung erforderlich.

Wurzeln

Fragen zu Wurzeln werden im Abschnitt „Grenze" (Seite 69) beantwortet.

Z

Zaun

Fragen, welche den Zaun als Einfriedung betreffen, werden unter „Grenze" (Seite 69), „Grenzeinrichtungen, Einfriedigungen" (Seite 87) und „Sichtschutz" (Seite 201) beantwortet. So insbesondere die Fragen:

? Was sind Einfriedungen?
Siehe „Grenzeinrichtungen, Einfriedungen" (Seite 88).

? Muss ich mein Grundstück einfrieden?
Siehe „Grenzeinrichtungen, Einfriedungen" (Seite 90).

? Wer trägt die Kosten für Einfriedungen?
Siehe „Grenzeinrichtungen, Einfriedungen" (Seite 88).

? An welcher Stelle muss der Zaun stehen?
Siehe „Grenzeinrichtungen, Einfriedungen" (Seite 90).

? Wie darf der Zaun gestaltet werden?
Siehe „Grenzeinrichtungen, Einfriedungen" (Seite 95).

? Darf ich den Zaun mit jedem Holzschutzmittel streichen?
Grundsätzlich kann man seinen Zaun mit jeder Farbe und jedem Holzschutzmittel streichen, sofern es sich um erlaubte Mittel handelt. Der Nachbar darf aber nicht über das zumutbare Maß hinaus beeinträchtigt werden. Wird der Nachbar beispielsweise durch die Ausdünstungen des Holzschutzmittels in seiner Gesundheit und in seinem Eigentum beeinträchtigt, kann er nach § 1004 des Bürgerlichen Gesetzbuches auf Unterlassung klagen. Die Ausdünstungen der Holzschutzmittel sind nämlich genauso Immissionen im Sinne von § 906 Bürgerliches Gesetzbuch wie Rauch, Lärm, Gerüche, Pollen und Blätter. Nur wenn es sich um eine unwesentliche Beeinträchtigung oder um ortsübliche Immissionen handelt, müssen sie geduldet werden. Ist der Zaun frisch gestrichen, ist die dadurch eintretende vorübergehende Geruchsbelästigung als ortsüblich in der Regel hinzunehmen. Etwas anderes gilt aber dann, wenn auch nach längerer

Zeit vom Zaun immer noch Ausdünstungen ausgehen, erst recht, wenn diese auch noch gesundheitlich bedenklich sind.

? *Was kann ich dagegen unternehmen, dass Laub, Nadeln, Blüten und Fallobst von den Bäumen des Nachbarn über den Zaun fliegen oder fallen?*

Siehe „Laub" (Seite 133).

? *Darf mein Nachbar über die Pflanzen am Grenzzaun mitbestimmen?*

Siehe „Grenzeinrichtungen, Einfriedungen" (Seite 91).

Zuständige Behörden

Siehe Abschnitt: „Auskünfte" (Seite 28).

Zweige

Siehe Abschnitt: „Grenze", dort: „Darf ich Äste, Zweige und Wurzeln eines Nachbarbaumes, die über den Zaun beziehungsweise die Grenze wachsen, zurückschneiden?" (Seite 78) sowie „Gibt es Ausnahmen von dem Recht, überhängende Zweige zurückzuschneiden?" (Seite 83).

Register

Hervorgehobene Seitenzahlen markieren Überschriften.

Abstand 24
Abmahnung 150
Abstand 24, 69, 74, 86, 89, 91
Abstandsvorschriften 74, 84, 86
Abstellplatz 240
Abwägungsprozess 163
Abwasser 236
Abwehranspruch 132, 134, 136, 198, 235
abwehrfähig 197
aggressiver Notstand 50
Allergie 172–174, 211
Anlegen eines Gartens 24
Annahmeverzug 144
Anspruch siehe bei den einzelnen Stichwörtern
Antenne 24
Anwalt 178–180, 187, 221
Anwendung von Gerichtsentscheidungen 24
Apfelpflücker 84
Arbeitsleistung 142
Architekt 41, 207
arglistig 140
Artenschutz 129, 132
Ast 33, 78, 191, 192
Ästhetische Immissionen 25
Auflagen 217
Aufopferungsanspruch, bürgerrechtlicher **163**
Aufsichtspflicht 205–209
Aufsichtspflicht der Eltern **26**, 28
Ausdünstungen 242
Ausgleichsanspruch, nachbarrechtlicher 38, 39, 68, 157, **163**
Ausgleichsrente 135, 164
Auskünfte 28
Auskunftsanspruch 70
Ausschlussfristen **29**

Außenleuchten 136
Aussicht **30**
Auto 192–194, 198–200

Bachlauf 190
Balkon 123, 146, 150, 162
Balkonbepflanzung 150
Ball **30**
Bambus 73
Bauamt 95
Bauarbeiten 50, 190
Bauen 31
Baugenehmigung **30**, **41**, 42, 46, 47
Baugenehmigung, Gartenhäuschen **64**
Baugenehmigung, Gewächshäuser 31, 64
Baugenehmigung, Kinder 111
Baukran 32
Baulärm **33**, 126
Bauleistung 142
bauliche Veränderung 152, 154
Baum **33**–41
Baum, Pollenflug 37
Baum, Rückschnitt 33
Baum, Schattenwurf 37
Baum, Sturmschaden 37
Bäume, Verkehrssicherungspflicht 229
Baumpflege 151
Baumschutzsatzung 35, 36, 174
Baumschutzverordnung 33
Bauordnung 46, 52–54, 74–76, 160, 220
Bauwich 75
Beaufsichtigung 64, 207
Bebauungsplan **41**, 42, 45, 47
Bebauungsplan, Kinder 47
Bedrohung 181
Behörden, zuständige **243**
Beeinträchtigung 23, 26, 30, 33, 34, 37, 39, 46, 48, 56, 58–68, 75–80, 83–87, 90, 93, 97, 99–103, 106–109, 117, 120, 122, 126–131, 134, 136, 147–150, 153, 154, 161, 163,

172–175, 188, 197, 201, 210–218, 221, 222, 225, 234, 235, 240–242
Belästigung, Geruch 63, 149
Belästigung, Lärm 63, 149
Belästigung, Rauch 63, 149
Beleidigung **48**, 181
Beleuchtungen 136
Benutzungsrecht 51, 103
Berechnungsverordnung 151
Beseitigungsanspruch 23, 38, 40, 83, 86, 196, 225
Besitzrecht 149, 152
Besitzstörungsklage 149
Betreten, Nachbargrundstück **49**
Beweissicherung 195
Bienen **51**, 211
Blindenhund 216
Blitzschlag 229
Bolzplatz 119, 124
Bordell 162
Brandverhütung 59
Briefgeheimnis, Verletzung 181
Bruchteilseigentum **51**
Bundeskleingartengesetz 32, 111–116
Bundeswaldgesetz 33
bürgerrechtlicher Aufopferungsanspruch **163**

Chemikalien 52
Chinchillas 158

Dachgaube 52
Dachlawinen 177, 198
Dachrinne, schadhafte 230
Dämpfe 65, 106
defensiver Notstand 50
denunzierende Internetportale 49
Dezisionismus, richterlicher 158, 166, 168, 207, 219, 232
Dienstvertrag 142–144
Echsen, kleine 158
Eibe 36
Eigentümergemeinschaft 152, **216**
Eigentumsrecht 152

Eigentumsstörung 197
Einfriedungen **54**, **87**–96, 242
Einfriedungen, Unterhaltskosten 88
Einsichtsmöglichkeiten **54**
Eis 198–201
Eiszapfen 200
Elektrogrill 147
Eltern, Aufsichtspflicht **26**, 28
Erfüllung, Klage auf 143
Ernte 84, 92

Fahrgemeinschaft, Haftung 65
fahrlässig 34, 65, 139, 142, 172, 178, 228
Fallobst **55**, 133
Fax 85, 236
Feier **56**, 60–63, 99, 122–124
Fensterrecht **56**
Fernabsatzvertrag 140
Fernkommunikationsmittel 85, 236
Fernsehgerät 61
Feuer 28, 57–59
Firsthöhe 32
Formularmietvertrag 158
freiwillige Schiedsverfahren 180
Fremdeinwirkung, Schäden durch **189** ff.
Friedensrichter 180
Frist 29, 42, 78–82, 85, 86, 138–142, 171, 178, 182
Froschteich, Lärm 131
Früchte 55, **57**, 84, 92
Fußballfeld 119

Garage 77, 220
Garageneinfahrt 230
Garantie 139
Gartenabfälle **57**
Gartenanlage **24**
Gartenfest **60**, 62
Gartengeräte, laute 126
Gartengrenze 73
Gartengrenze, Komposthaufen 77
Gartenhäuschen 31

Gartenhäuschen, Baugenehmigung **64**
Gartenhäuschen, Grenzabstand 75
Gartenteich **64**, 205–210
Gartenzwerg 26, **64**
Gase 65, 106
Gebäude, Grenzabstand 74
Gefahrenquelle 226, 227
Gefahrübergang 138
Gefälligkeiten unter Nachbarn **64**
Gegenseitigkeitsverhältnis 143
Gehölze 69–74, 78–84, 145, 148, 155
Gemeinschaftsverhältnis, nachbarliches **162**
Geräteschuppen, Grenzabstand 75
Gerichtsentscheidungen, Anwendung von **24**
Gerichtsverhandlung 178
Geruchsbelästigung 63, **65**, 67, 68, 101, 149
Geruchsbelästigung, Tiere 65
Gesang 61
Gewächshaus **68**
Gewächshäuser, Baugenehmigung 31
Gießwasser 235
giftige Pflanzen 36
Glasbruch 194
Glatteis 175–178, 227
Gräben 87
Graskantenschneider 126
Grastrimmer 126
Grenzabstand 69, 73, 74, 76
Grenzabstand, Gartenhäuschen 75
Grenzabstand, Gebäude 74
Grenzabstand, Geräteschuppen 75
Grenzabstand, Pergola 76
Grenzabstand, Pflanzen 69, 70
Grenzabstand, Schaukel 76
Grenzabstand, Sichtschutzwand 75
Grenzabstand, Sitzplatz 76
Grenzabstand, Spaliere 76
Grenzbaum 41, 91, 92
Grenzbaum, Früchte 57
Grenze **69**, 70, 74–87
Grenze, Garage 77
Grenzeinrichtung **87**, 88
Grenzwerte 126, 127, 188
Grillen **96**–102, 146
Grundbesitzerhaftpflichtversicherung 195
Grunddienstbarkeit **102**
Grundwasser 235
Gülle 68
Gütestelle 18

Häcksler 126
Haftpflichtversicherung 195
Haftung 34, 64, 65, 92, **103**, 105, 178, 194, 205, 211, 215, 227
Haftungsverteilung 92
Hahn **103**, 129, 213
Haltung von Tieren **103**
Hammerschlagsrecht **103**
Hang 190
Hausfriedensbruch 33, 49, 181
Hausratversicherung 194
Hausschwein 213
Haustiere 103, 105, 195, 210–218
Hecke 69, 70, 74, 87, 88, 90, 91, 94, **104**, 224
Hobby-Gewächshäuser 31
Hobby-Gewächshäuser, Baugenehmigung 64
Holzschutzmittel 52, 242
Hund **105**, 215
Hund, Lärm 130

Imker 211
Immissionen **105**–109
Immissionen, Ästhetische **25**
Immissionsschutzgesetz **109**
Informationsgrundrecht 166–168
Instandhaltung 148, 154
Instandsetzung 148, 151
Internetportale, denunzierende 49

Kabelanschluss 167
Kamera 232
Kampfhunde 211
Karneval 61

Katze 66, **110**, 214
Kauf 137–140, 155, 236
Kinder **110**
Kinder, Baugenehmigung 111
Kinder, Bebauungsplan 47
Kinder, Schwimmbecken 205
Kinder, Teich 205
Kinder, Verkehrssicherungspflicht 110, 228
Klage auf Erfüllung 143
Kleingarten **111**
Kleingarten, Pacht 116
Kleintiere 158
Kleintierhaltung 216
Kleinvögel 158
Klettergerüst 74, 76
Komposthaufen 60, **116**
Komposthaufen, Gartengrenze 77
Kontrollpflicht 226
Körperverletzung 181
Kot 66, 150, 212, 214
Kündigung 112, 113, 115, 144, 150, 152, 155
Kündigungsentschädigungsanspruch 115

Landesbauordnung 32, 220
Landschaftsschutz 93
Lärm **117**
Lärm, Tiere 129
Lärmbelästigung 63, 67, 101, 149
Lärmprotokoll 124, 131
Laub **133**, 229
Laubrente 134, 135
Laubsauger 126
laute Gartengeräte 126
Leinenpflicht 217
Leistungsmängel **137**
Leiterrecht **103**, **136**
Leuchtreklame 136
Licht 34, 56, 70, 74, 80, 85, 105, 106, 136, 137, 146, 195, 238
Lichtimmissionen **136**
Lichtrecht **56**, **137**
Livemusik 118, 119

Lohnzahlung, Verweigerung 143
Luftverunreinigung 105

Mängel 137–145
Mängel bei Leistungen **137**
Mängel beim Kauf **137**
Mängel, Dienstleistung 142
Mängel, Werk 140
Maschinenlärm 126
Mauer 87–90, 94, 95, **145**
Maulkorb 217
Messabschlag 121, 188
Mieter **145**
Mieter, Schattenwurf 151
Mieter, Tiere 157
Mietverhältnis, Tiere **218**
Mietvertrag 145, 147, 149–158, 161
Mietvertrag, Tiere 158
Minderung, Mangel 139, 142
Miteigentum 92
Mitgebrauchsrecht 35
mitgliedschaftliche Überlassung 112
Mitnutzungsrechte 51
Mitverschulden 195, 199
Mobilfunk **159**
moralisches Empfinden **162**
Müll, Verbrennen 57, 58
Mülldeponie 68
Musik 61, 118, 119, 123, 150

Nachbargrundstück betreten, Renovierungsarbeiten 50
Nachbargrundstück, Schäden durch Vertiefung **189**
Nachbarkind, Beaufsichtigung 64
Nachbarliches Gemeinschaftsverhältnis 162
Nachbarn, Gefälligkeiten **64**
nachbarrechtlicher Ausgleichsanspruch 38, **163**
Nachbarschaftshilfe **164**
Nachbarschutz 160
Nachbesserung 138
Nacherfüllung, Mangel 138

Nachtruhe 60, 61, 100, 122, 132, 165
Nacktbaden 162
Nadeln 85, 106, 134
Naturdenkmal 33
Naturschutz **164**
negative Immissionen 25, 26, 106, 136
Neuherstellung 171
Nichteintritt des Erfolgs 142, 143
Nichtleistung 143
Nießbrauch 55
Normenkontrolle **165**
Normenkontrollklage 42
Notstand 50, 104
Notwegrecht 50, **165**
Nutzgehölze, Grenze 70
Nutztiere 216
Nutzungsentschädigung 104
Nutzungszeiten 126

Obligatorische außergerichtliche Schlichtung 180
Obstbäume 70
ordnungsgemäße Bewirtschaftung 85
Ordnungswidrigkeit 59, 67, 98, 100, 117, 212
ortsüblich 25, 61, 66, 68, 77, 90, 95, 96, 99, 116, 118, 124, 127–131, 134, 152, 172–174, 196, 198, 201, 202, 210, 211, 213, 218, 242
ortsunüblich 25, 60, 84, 127, 128, 134, 211
ortsverträglich 95

Pacht 55, 112, 116, 172
Pacht, Kleingarten 116
Pachtvertrag 112–116
Paket 64
Parabolantennen **166**
Party 60, 67
Pergola 76
Persönlichkeitsrecht 48, 98, 108, 232, 233

Pflanzabstände 91
Pflanzen **170**
Pflanzen, giftige 36
Pflanzen, Grenzabstände 69, 70
Pflanzenabfälle 57–60, **171**
Pflanzenabfälle, Verbrennen 5
Pflanzenabfallverordnung 57
Pflanzenschutzmittel 52, **172**
Pflanzvorschriften 91
Pkw 65, 230
Planbereich 31
pluralistisch 219
Polizei 62, 98, 101, 124, 126
Pollenflug **173**, 174
Pollenflug, Baum 37
positive Immission 106
Privathaftpflichtversicherung 194,
Privatklageverfahren, Schlichtung bei 180
privatrechtsgestaltende Präklusion 236
Prozess 178–181
Prozessvoraussetzung 180
psychische Immission 106
Putzarbeiten 50

Qualm 98

Radiolautstärke 61
Rasenmäher **175**
Rauch 58, 59, 65–68, 97, 100–102, 105, 106, 147, 164
Rauchbelästigung 63, **65**, 67, 101, 149, **175**
Räumpflicht 157, **175**–178
Räumungsklage 150
Recht am eigenen Bild 232
Rechtsanwaltshaftung **178**
Rechtsdurchsetzung **179**
Rechtsmissbrauch 186
Rechtsschutzversicherung **187**
Rechtsverzicht 169
Regen, Schäden durch **189**
Regenwasser **187**, 218, 234
Reinigungsaufwand 134

Renovierungsarbeiten **187**
Renovierungsarbeiten, Nachbargrundstück betreten 50
Richter 158, 166, 168, 172, 188, 207, 210, 219–223, 225
richterlicher Dezisionismus 158, 166, 168, 207, 219, 232
Richtwert 28, 118, 132, 161, **188**
Rückabwicklung 141
Rückschnitt 69, 78–84, 223, 239
Rücksichtnahme 60, 85, 91, 125, 162, **189**, 239
Rücktritt, Mangel 139, 141
Ruhestörung 124, **189**
Ruhestörung, Tiere 127
Ruhezeiten 62, 99, 122, 125, 126, 130, 131
Ruß 106, 164

Sachbeschädigung 34, 181, 215
Sachmangel 137
Saisonkennzeichen 241
Samenflug 106
Schäden 189–195, 198, 206, 211, 214, 215, 230
Schäden durch fremde Einwirkungen **189**
Schäden durch Tiere **189**, 195
Schäden durch Vertiefung des Nachbargrundstückes **189**, 195
Schadensersatz 40, 81, 82, 92, 139, 142–144, 152, 153, 171, 172, 177, 181, 182, 190, 198, 205, 207, 214, 237
Schadensersatzanspruch 81, 142, 150, 198, 205
schadhafte Dachrinne 230
Schallschutz 127
Schatten, Baum 37
Schattenwurf 37, 151, **195**, 240
Schaufelschlagsrecht **103**
Schaukel 76
Scheinbestandteile 156
Schiedsamt 180–186
Schiedsverfahren, freiwillige 180

Schlangen, ungefährliche 158
Schlichtung **197**
Schlichtung bei Privatklageverfahren 180
Schlichtung, obligatorische außergerichtliche 180
Schlichtungsverfahren 181-186
Schmerzensgeld 127, 207
Schnee **198**
Schneefanggitter 177
Schneeglätte 227
Schneelawine 198
Schneeräumen 175
Schrott 106
Schutt 25
Schweinezucht 212
Schwimmbecken im Freien **205**
Schwimmbecken, Kinder 205
Schwimmteich 210
Selbsthilfe 104
Selbsthilferecht , 80
Selbstvornahme, Mangel 141
Sendeanlagen 160
Sicherungsmaßnahmen 58, 198, 206, 208
Sichtschutz **201**, 203
Sichtschutzwände 74, 75
Sitzplatz 74, 76
Sondernutzungsberechtigte 152,
Sondernutzungsrecht 233, 239
Sonne 69, 195
Sorgfalt 139, 142, 227
Sorgfaltspflicht 33
Sozialpflichtigkeit 108
Spaliere 74, 76
Spielplatz 46, 110, 111, 125
Sportanlagen 30
Spritzmittel 172
Stellplatz, Wohnwagen 240
Störung 60, 65, 99, 105, 124, 127, 130, 132, 137, 149, 164
strafbewehrte Unterlassungserklärung 179
Strafgericht 181
Straftaten **203**

Strahlen 105, 160
Straßenbeleuchtung 136
Strauch 69, 76, 84, 148, 155
Streitmittler 182
Streitwert 180
Streupflicht 157, **175**, 178
Sturm, Schäden durch **189**
   Sturmschaden 37, 190
Sühnebescheinigung 181

Tauben **205**, 210, 211
technische Standards **188**
Teich **205**–210
Teich, Kinder 205
Teilungserklärung 91, 149
Telefon 236
Terrarien 158
Terrasse 64, 74, 76
Tiere **210**
Tiere, Geruchsbelästigung 65
Tiere, Mieter 157
Tiere, Mietverhältnis **218**
Tiere, Mietvertrag 158
Tiere, Ruhestörung 127
Tiere, Schäden durch **189**, 195
Tiere, Wohnungseigentümergemeinschaft **216**
Tierhalterhaftung 211, 215
Tierhaltung **103**
Trampelpfade 227
Traufrecht **218**
Traufwasser 234
Treu und Glauben **218**
Trieb 76
Turnhalle 109

Überalterung 37, 190
Überbau **220**
überhängende Zweige 79, 80, 83, 196
Überwachungsanlagen 231
Überwachungsarbeiten 142
Überwachungspflicht 176
Umwelteinwirkungen 105, 160
unbestimmter Rechtsbegriff 131, 172, 219

Uneinsehbarkeit 106
unerlaubte Handlung 38, 108, 172, 206
Unkraut **221**
Unterhaltskosten, Einfriedung 88
Unterhaltungsarbeiten 103
Unterlassung **222**
Unterlassungsanspruch 23, 59, 78, 136, 172, 222
Unterlassungsklage 210
Unternehmer 139–143, 171, 207
unwägbare Stoffe, Zuführung 23
Unwetter 190, 198
Unzumutbarkeit 144
Urteilsdatenbanken 20, 71, 227, 238

Verätzung 172
Verbotsschild 206
Verbrauchsgüterkauf 139
Verbrennen, Gartenabfälle 57, 58
Verbrennen, Müll 57, 58
Verfahrensablauf 183
Verfolgungsrecht 55
Vergleich **223**
Vergleichsbehörde 181
Verjährung **225**
Verjährungsfrist 86, 139, 140, 142, 171
Verjährungsvorschriften 140
Verkehrsanschauung 149, 161, 231
Verkehrsauffassung **225**
Verkehrsflächen 75, 90
Verkehrslärm 132
Verkehrssicherheit 75
Verkehrssicherungspflicht **226**
Verkehrssicherungspflicht, Bäume 229
Verkehrssicherungspflicht, Kinder 110, 228
Verkehrssitte 231
Verkehrswert 40
Verletzung des Briefgeheimnisses 181
Vermieter 148

vermögensrechtliche Streitigkeiten 180
Verschmutzung 218
verschuldensunabhängig 38, 157, 164
Versetzung, Baum 69
Versicherung **230**
Versicherungsschutz 195
Versicherungsvertrag 187, 195
Vertiefung des Nachbargrundstückes, Schäden **189**
Vertrag 111–113, 138–145, 171, 187, 219, 231
Vertragsauslegung **231**
Verunreinigungen 212, 232
Verunstaltung 75
verwahrlost 155
Verweigerung der Lohnzahlung 143
Videobeobachtung **231**
Vögel 155, 158
Vogelhäuschen 156
Volksfest 120
vorbeugender Abwehranspruch 198
Vorgarten 230
Vorsatz 139

Wärmedämmung 88
Warnschilder 177, 198
Wartung 142
Wäsche 146, 154
Wäschespinne 154, **233**
Wasser **233**
Wassereinbruch 157
Wasserschäden 194
Werkvertrag 140, 142, 145

Wertminderung 40
Wespen 59
Widerrufsrecht 140, **236**
Widerspruch 59, 90, 223
Wildtauben 210
Wind 34, 38, 39, 58, 62, 66, 85, 109, 190, 192, 194
Windkraftanlage 109, 121, 188, **236**
Windschutz 34
Witterungseinflüsse 229
Wohnanlage **239**
Wohnlaubenentgelt 113
Wohnsitz 112, 180, 183–186
Wohnungseigentum **239**
Wohnungseigentümergemeinschaft, Tiere **216**
Wohnungseigentumsrecht 152
Wohnwagen **240**
Wurzelkappung 40
Wurzeln 86, **241**

Yorkshire-Terrier 158

Zahlungspflicht 144
Zaun 90, 95, **242**
Zeugen 183
Zierfische 158
Ziergarten 24
Ziergehölze, Grenze 70
Zimmerlautstärke 61
Zuführung unwägbarer Stoffe 23
zurückschneiden 33, 78, 83, 84
zuständige Behörden **243**
Zweige 83, **243**
Zwergkaninchen 158

Impressum

Mit 21 Abbildungen von:

Fotolia/Wolfgang Cibura: 159; Fotolia/Bernd Kröger: 237; Fotolia/sonne07: 166; Gartenschatz, Stuttgart: 36; Roland Spohn, Engen: 174; Siegfried Stein, Vastorf: 4; Friedrich Strauß, Au/Hallertau: 96; alle anderen Abbildungen von privat.

Umschlaggestaltung von Atelier Reichert, Stuttgart unter Verwendung eines Fotos von Atelier Reichert, Stuttgart, eines Fotos von Toni Sahm, München (Andrea Schweizer) und eines Fotos von Christian von Polentz/transit, Berlin (Robert Schweizer)

Gedruckt auf chlorfrei gebleichtem Papier

Unser gesamtes lieferbares Programm und viele
weitere Informationen zu unseren Büchern,
Spielen, Experimentierkästen, DVDs, Autoren und
Aktivitäten finden Sie unter **www.kosmos.de**

3., aktualisierte und erweiterte Auflage
© 2009, Franck-Kosmos Verlags-GmbH & Co. KG, Stuttgart
Alle Rechte vorbehalten
ISBN 978-3-440-11408-7
Lektorat: Carolin Küßner
Produktion: DOPPELPUNKT, Stuttgart
Printed in Slovakia/Imprimé en Slovaquie

Entspannt zum Traumgarten

Wolff/Throll (Hrsg.)
Mein schöner Garten
288 S., ca. 840 Abb.
€/D 24,90
€/A 25,60; sFr 44,90
Preisänderung vorbehalten
ISBN 978-3-440-10984-7

- Die Redakteure der größten europäischen Gartenzeitschrift verraten ihre jahrzehntelangen Erfahrungen und das neueste Wissen in diesem umfassenden Praxisbuch.

- Von der Aussaat bis zur Ernte, vom Apfelschorf bis zur Wühlmaus – das beliebte Standardwerk beantwortet alle Fragen rund um den Zier-, Obst-, Nutz- und Wassergarten.

www.kosmos.de/garten

KOSMOS

Wissen aus erster Hand

Wolff/Throll (Hrsg.)
Die große Kosmos Enzyklopädie der Gartenpflanzen
344 S., ca. 1.000 Abb.
€/D 34,90
€/A 35,90; sFr 62,–
Preisänderung vorbehalten
ISBN 978-3-440-11222-

- Die umfassende Pflanzenenzyklopädie mit mehr als 2.500 Pflanzen – von imposanten Gehölzen über duftende Rosen und Stauden bis zu aromatischen Kräutern und leckerem Obst.

- Die richtige Pflanzenauswahl für jeden Standort und die perfekte Pflege.

www.kosmos.de/garten